Xabi Alonso

82 Schémas de Jeu et Exercices de Passes, de Positionnement, de Possession et d'Attaques Tirés des Séances d'Entrainement du Bayer Leverkusen

+ Analyse Tactique

Publié par

Xabi Alonso

82 Schémas de Jeu et Exercices de Passes, de Positionnement, de Possession et d'Attaques Tirés des Séances d'Entrainement du Bayer Leverkusen

+ Analyse Tactique

Première publication en août 2024 par SoccerTutor.com
Deuxième publication en décembre 2024 par SoccerTutor.com

info@soccertutor.com | www.SoccerTutor.com

UK: 0208 1234 007 | **US:** (305) 767 4443 | **ROTW:** +44 208 1234 007

ISBN: 978-1-910491-76-8

Copyright: SoccerTutor.com Limited © 2024. Tous Droits Réservés.

Tous droits réservés. Aucune partie de cette publication ne peut être reproduite, stockée dans un système de recherche documentaire ou transmise sous quelque forme ou par quelque moyen que ce soit, électronique, mécanique, photocopie, enregistrement ou autre, sans l'autorisation écrite préalable du propriétaire du droit d'auteur. Il ne peut pas non plus être diffusé sous une forme de reliure ou de couverture autre que celle dans laquelle il est publié et sans une condition similaire, y compris cette condition, imposée à un acheteur ultérieur.

Edité par
Alex Fitzgerald - SoccerTutor.com

Diagrammes
Schémas conçus par SoccerTutor.com. Tous les diagrammes de ce livre ont été créés à l'aide du logiciel SoccerTutor.com Tactics Manager disponible chez www.SoccerTutor.com

Note: Bien que tous les efforts aient été faits pour assurer l'exactitude technique du contenu de ce livre, ni l'auteur ni les éditeurs ne peuvent accepter de responsabilité pour tout préjudice ou perte subi à la suite de l'utilisation de ce matériel.

Contenu

CONTENU

L'Incroyable Succès de Xabi Alonso au Bayer Leverkusen 8
Profil du Coach : Xabi Alonso 9
Les Trophées et les Records de Xabi Alonso au Bayer Leverkusen 11
Le Triomphe Historique du Bayer Leverkusen Invaincu en Bundesliga...13
La Série Historique de 51 matchs sans Défaite du Bayer Leverkusen 15
Principaux Aspects du Record d'Invincibilité du Bayer Leverkusen 16
Aspects Clés du Succès de Xabi Alonso au Bayer Leverkusen...18

Philosophie Tactique du Bayer Leverkusen de Xabi Alonso
Echauffements 28
1. Exercice d'Activation Dribble, Passe, et Echange de Position 29
2. Exercice d'Activation Dribble, Une-Deux et Déviation pour Echange de Position 30
3. Echauffement Travail de Vitesse, Mouvements Dynamiques, et Retour de Passe Rapide......... 31
4. Echauffement Technique et Agilité Passer, Recevoir et Dribbler Rapidement 32
5. Echauffement avec Une-Deux Technique, Bouge pour Recevoir, et Dribble avec Vitesse et Agilité ...33
6. Echauffement Variations de Gestes Techniques pour Passe, Volée, et Dribble avec Vitesse et Agilité.......34
7. Circuit d'Échauffement Passe et Reçoit, Une-Deux, et Court avec le Ballon 35
8. Triangle de Passes en Une Touche avec Exercice de Coordination 36
9. Triangle de Passes avec Exercice de Coordination et Contrôle Orienté..............................37
10. Triangles de Passes en Une Touche avec Exercices de Coordination et Passe & Va avec Pression Défensive..38
11. Circuit d'Echauffement avec Vitesse, Dynamisme, Agilité, et Passe en Mouvement...............39
12. Circuit de Rapidité, Agilité et Vitesse (RAV) 40
13. Circuit de Rapidité, Agilité et Vitesse (RAV) avec Ballon 41
Variation: Exercices Ajustés avec Barres au Sol et Verticales 42
14. Circuit de Conditionnement Physique avec Technique de Passe, Volée et Tête 43

Combinaisons de Passes...45
1. Combinaison de Passes Timing du Mouvement et Jeu en Soutien 47
2. Combinaison de Passes Timing du Mouvement et Jeu en Soutien avec Pression Défensive (Variation 1)...48
3. Combinaison de Passes Timing du Mouvement et Jeu en Soutien avec Pression Défensive (Variation 2)...49
4. Passe et Bouge avec Soutien du Joueur Central et Combinaison de Jeu 50
5. Circuit de Passes en Losange avec Une-Deux, Passe & Va, et Contrôle Orienté et Pression Défensive......51
6. Circuit de Passes en Losange avec Une-Deux, Passe & Va, Renversement de Jeu et Pression Défensive...52
7. Circuit de Passes avec 2 Ballons avec Joueurs de Liaison au Centre et Pression Défensive (Variation 1).......53

Contenu

8. Circuit de Passes avec 2 Ballons avec Joueurs de Liaison au Centre et Pression Défensive (Variation 2) 54
9. Combinaison de Passes d'un Bout à l'Autre et Jeu en Soutien pour Casser les Lignes (Variation 1) 55
10. Combinaison de Passes d'un Bout à l'Autre et Jeu en Soutien pour Casser les Lignes (Variation 2) 56

Bayer Leverkusen de Xabi Alonso : Tactiques de Construction 57

Bayer Leverkusen de Xabi Alonso Formation en 3-4-2-1 avec Latéraux Offensifs 59
Bayer Leverkusen de Xabi Alonso : Construction du Jeu en 3-2-5 60
Bayer Leverkusen de Xabi Alonso : Construction du Jeu en 2-3-5 (Variation) 63
Bayer Leverkusen de Xabi Alonso : Construction du Jeu en 4-2-4 64
Créer le Surnombre sur le Côté Droit du Terrain puis Renverser le Jeu 66
Construction du Bayer Leverkusen de Xabi Alonso en 4-2-4 depuis les Renvois aux 6 m 67

Combinaisons pour Construire le Jeu 68

1. Circuit de Combinaisons pour Construire et Casser la Ligne du Milieu d'un Bout à l'Autre (Variation 1) 69
2. Circuit de Combinaisons pour Construire et Casser la Ligne du Milieu d'un Bout à l'Autre (Variation 2) 70
3. Circuit de Passes Combinaisons pour Construire, Passe en Profondeur pour Casser Ligne du Milieu et Dribble 71
4. Circuit de Combinaisons pour Construire et Casser la Ligne du Milieu (Passe en Profondeur) 72
5. Circuit de Passes avec Combinaisons pour Construire, Renversement, et Passe & Va pour Casser la Ligne du Milieu 73
6. Circuit de Passes avec Pressing Varié pour Construire et Casser la Ligne du Milieu (1) 74
7. Circuit de Passes avec Pressing Varié pour Construire et Casser la Ligne du Milieu (2) 75
8. Circuit de Passes Construction en Position /Combinaisons à Travers Lignes de Passes Bloquées (Variation 1) 76
9. Circuit de Passes Construction en Position /Combinaisons à Travers Lignes de Passes Bloquées (Variation 2) 77
10. Circuit de Passes Construction en Position /Combinaisons à Travers Lignes de Passes Bloquées (Variation 3) 78
11. Circuit de Passes Construction en Position /Combinaisons à Travers Lignes de Passes Bloquées (Variation 4)) 79
12. Circuit de Passes Construction en Position /Combinaisons à Travers Lignes de Passes Bloquées (Variation 5) 80
13. Circuit de Passes Construction en Position /Combinaisons à Travers Lignes de Passes Bloquées (Variation 6) 81
14. Circuit de Passes Construction en Position /Combinaisons à Travers Lignes de Passes Bloquées (Variation 7) 82

Tactiques de Possession et Contrôle du Milieu du Bayer Leverkusen de Xabi Alonso 83

Dispositif en 3-2-5 en Phase de Possession du Bayer Leverkusen de Xabi Alonso 85
Le Tempo et le Rythme du Jeu de Possession du Bayer Leverkusen 86
Le Contrôle du Milieu du Bayer Leverkusen de Xabi Alonso (3-2-5) 87
Orientation du Corps et Conscience de l'Espace en Possession (3-2-5) 88

Contenu

Créer le Surnombre sur le Côté Droit du Terrain puis Renverser le Jeu (4-2-4) 90
Progression de la Possession vers l'Attaque du Bayer Leverkusen de Xabi Alonso 91

Jeux de Possession en Position 92

1. Jeu de Possession en Position Passer à Travers la Porte Centrale 4v4 (+3) 94
2. Jeu de Possession en Position Construction en 3-2 et Jeu Progressif par le Centre 5v5 (+3) 95
3. Jeu de Possession en Position à Trois Equipes 4v4 (+4) d'un Bout à l'Autre avec Rapidité 96
4. Jeu de Possession en Position Jeu en Soutien au Centre d'un Bout à l'Autre 5v5 (+3) 97
4.1. Coaching Positionnel d'Alonso durant l'Entrainement 98
4.2. Conseils d'Alonso pour les Mouvements de Soutien 99
4.3. Conseils d'Alonso pour les Joueurs sur les Côtés 100
5. Jeu de Possession en Position s'Ouvrir et s'Espacer pour Maximiser l'Espace et Jouer à Travers la Pression à 7v7 (+3) 101
6. Jeu de Possession Construction avec Différentes Structures Positionnelles à 8v8 (+4) 102
7. Jeu de Possession en Position à 8v8 (+5) avec Jokers en Forme de Plus (+) 103
8. Jeu de Possession en Position Jeu Progressif en Forme Offensive en 3-5 (du 2-3-5) à 8v8 (+6) .. 104
9. Jeu de Possession en Position Construction en 2-3 et Jouer à Travers les Lignes à 6v6 (+6) ... 105
10. Jeu de Possession en Position pour Construire en 3-2 et Jouer à Travers les Lignes 8v8 (+4) ... 106
10.1. Points de Coaching d'Alonso pour s'ouvrir sur les Côtés 107
10.2. Points de Coaching d'Alonso pour la Prise de Décision 108
10.3. Points de Coaching d'Alonso pour Casser les Lignes 109
11. Jeu de Possession en Position Construire en 4-2 et Jouer à Travers les Lignes à 8v8 (+6) 110
Coaching de Xabi Alonso Durant les Jeux de Possession en Position 111

Bayer Leverkusen de Xabi Alonso : Attaques dans le Dernier Tiers 112

Attaquer par l'Axe 113
Les Latéraux : Joueurs Offensifs Clés 114
Fluidité Tactique et Positionnelle en Attaque : Latéral Offensif Gauche Grimaldo 115
Le Latéral Droit Offensif Frimpong Utilisé comme "Ailier Avancé" 117
Surcharge de la Zone Finale par le Bayer Leverkusen pour Finir les Attaques 118

Schémas de Jeu Offensif en Positions 119

Bayer Leverkusen de Xabi Alonso Formation en 3-4-2-1 121
Mise en Place Schémas de Jeu en Position en 3-1-5 (à partir du 3-2-5) 122
1. Attirer le Pressing pour Sortir, Renverser et Passe en Pronfondeur du Milieu Offensif depuis le Demi Espace pour le Latéral 123
2. Défenseur Central Sort avec le Ballon, Renverse, et Passe en Profondeur vers le Latéral pour Centre dans la Surface 124
3. Soutien pour Ressortir, Renversement, Passe en Profondeur pour le Latéral et Centre en Retrait pour le Milieu Offensif 125
4. Renverser pour Sortir, Encore Renverser, Passe en Profondeur du Milieu Offensif vers l'Ailier et Courses de Soutien 126

Contenu

5. Passes Courtes pour Construire, Sortir, Buteur en Soutien et Course du Milieu Offensif en 3e Homme derrière la Défense...........127

6. Construction avec Passes Courtes, Sortir et Attaquer avec le Latéral Droit à l'Intérieur qui Dribble dans la Surface...........128

7. Renversement Aérien vers le Latéral Gauche, Course du Milieu Offensif en 3e Homme, Centre en Retrait et Finition...........129

8. Renversement Aérien vers le Latéral Droit, Course du Milieu Offensif en 3e Homme en Profondeur, Centre et Finition...........130

Schémas de Jeu en Position en Forme 2-5 (dans un 3-2-5)...........131

1. Renversement Aérien vers le Latéral Gauche, Soutien du Milieu Défensif, Passe en Profondeur et Centre en Retrait...........132

2. Passe Diagonale pour le Milieu Offensif, Passe & Va avec Buteur qui Reçoit dans la Surface et Tire...........133

3. Passe Diagonale vers le Milieu Offensif, Buteur Décroche pour Recevoir et Tir de Loin...........134

4. Passe Verticale au Buteur dos au But, Remise, Course du 3e Homme et Tir de Loin...........135

5. Passe en Profondeur du Milieu Défensif pour la Course du Buteur dans la Surface...........136

Schémas de Jeu Offensif en Positions + Finition avec 2e Ballons...........137

Schémas de Positionnement de Xabi Alonso + Préparation à la Finition avec 2e ballon...........138

1. Combinaison de Renversement, Passe en Profondeur pour Centre en Retrait + Finition avec Course sur 2e Ballon...........139

2. Combinaison de Renversement, Passe & Va en Profondeur pour Finition sur Centre en Retrait + Tir sur 2e Ballon...........140

3. Long Renversement, Passe & Va en Profondeur pour Finition sur Centre en Retrait + Tir de Loin sur 2e Ballon...........141

4. Long Renversement Aérien, Passe en Profondeur, Finition sur Centre en Retrait + Tir de Loin sur 2e Ballon...........142

Attaque et Finition...........143

1. Longue Transversale vers Joueur Excentré et Centre pour Finir dans la Surface contre un Défenseur + GB...........144

2. Compétition de Buts par Equipe Centrer et Finir avec Différents Types de Centres...........145

3. Construction, Combinaison Offensive sur le Côté, Centre et Finition + Jeu de Transition sur 2e Ballon...........146

Jeux d'Entrainement...........147

1. Jeu Réduit à 4v4 (+2 GB) "Vainqueur Reste"...........149

2. Jeu de Transition Construction contre Pressing Compact dans la Zone du Milieu 6v7 (+2 GB)...........150

3. Jeu Conditionné par des Zones, Combinaisons de la Défense à l'Attaque à 8v8 (+1) +2 GB...........151

4. Jeu à 6 buts avec Règle du Hors Jeu, Construction et Jeu en Profondeur pour Marquer à 9v9 (+1)...........152

5. Jeu par Zones Combinaison de Jeu de la Défense à l'Attaque à 9v9 (+2 GB) + Transition avec 2e Ballon...........153

6. Jeu à 6 Buts Construire et Créer des Occasions de Marquer à 9v9 (+2) avec Conditions Variables...........154

7. Jeu pour Construire et Créer des Occasions de Marquer à 9v9 (+1) + 2 GB avec Conditions Variables...........155

Contenu

Coups de Pied Arrêtés Offensifs 156

1. Coordination du Timing et des Mouvements des Courses dans la Surface et Finition sur Corners Sortants 157
2. Coordination du Timing et des Mouvements des Courses dans la Surface et Finition sur Coups Francs Excentrés 158
3. Coordination du Timing des Courses dans la Surface et Finition sur Coups Francs (au Niveau du Point de Penalty) 159
4. Coordination du Timing des Courses dans la Surface et Finition sur Coups Francs (au Niveau de la Surface) 160
5. Coordination du Timing et des Mouvements des Courses dans la Surface et Finition sur Coups Francs Rentrants 161
6. Recevoir une Touche Sous Pression, se Retourner et Centrer + Timing et Sens des Courses dans la Surface et Finition 162

L'Incroyable Succès de Xabi Alonso au Bayer Leverkusen

L'Incroyable Succès de Xabi Alonso au Bayer Leverkusen

Profil du Coach : Xabi Alonso

Carrière d'Entraîneur

- Bayer Leverkusen (2022 →)
- Real Sociedad B (2019 - 2022)

Carrière de Joueur

- Bayern Munich (2014 - 2017)
- Real Madrid (2009 - 2014)
- Liverpool (2004 - 2009)
- Real Sociedad (2000 - 2004)
- Real Sociedad B (1999 - 2000)

Entraîneur du Bayer Leverkusen

Xabi Alonso prend en charge le Bayer Leverkusen en octobre 2022, le club étant en difficulté à la 17e place du classement. À partir de là, il transforme l'équipe avec un style de jeu dynamique et fluide. La saison 2023-24 a vu une remarquable série de **51 matchs sans défaite toutes compétitions confondues**, avec des tactiques de haut niveau, de la qualité et de la cohérence. **Ils ont remporté la Coupe d'Allemagne DFB-Pokal deux années consécutives (2023 et 2024)** et le **titre de Bundesliga en 2023-24**, mettant fin à la domination de 11 ans du Bayern Munich.

Entraîneur de la Real Sociedad B

Xabi Alonso a commencé sa carrière d'entraîneur avec la Real Sociedad B en 2019, améliorant considérablement l'équipe en priorisant la possession et le pressing haut. **Ils sont promus en Segunda División pour la première fois en 60 ans (2020-21).**

Joueur pour les plus Grands Clubs

Xabi Alonso a eu une carrière de joueur exceptionnelle en tant que milieu de terrain central connu pour ses passes, sa vision du jeu et son intelligence tactique. Il a joué pour la **Real Sociedad, Liverpool**, le **Real Madrid** et le **Bayern Munich**, remportant les trophées suivants :

- 2 x **UEFA Champions League**
- 3 x **Bundesliga**
- 1 x **La Liga**
- 1 x **FA Cup**, 1 x **DFB-Pokal** (Coupe d'Allemagne)

Succès International avec l'Espagne

Xabi Alonso compte **114 sélections pour l'Espagne** et a joué un rôle clé dans son âge d'or, remportant deux fois le **Championnat d'Europe (2008 et 2012)** et la **Coupe du Monde (2010)**.

Coaching et Leadership

"Un grand leader inspire son équipe non seulement par ses mots, mais aussi par ses actions. En tant qu'entraîneur, vous devez donner l'exemple et gagner le respect de vos joueurs grâce à votre dévouement et à votre vision."

Xabi Alonso

L'Incroyable Succès de Xabi Alonso au Bayer Leverkusen

Les Trophées et les Records de Xabi Alonso au Bayer Leverkusen

2022-2023

DFB-Pokal (Coupe)

2023-2024

 +

Bundesliga (Championnat)   DFB-Pokal (Coupe)

Transformation, Invicibilité, et Succès National

Lorsque Xabi Alonso prend les rênes du Bayer Leverkusen en octobre 2022, l'équipe occupe la 17e place du championnat. À la fin de la saison 2022/23, ils s'étaient hissés à la 6e place et avaient remporté la Coupe d'Allemagne DFB-Pokal.

En 2023-2024, le **Bayer Leverkusen a réalisé une remarquable série de 51 matchs sans défaite toutes compétitions confondues**, faisant preuve de tactique de haut niveau, de qualité, de travail d'équipe et de cohérence. Alonso se concentre sur la possession, le contrôle du milieu, les latéraux offensifs, le pressing haut et les transitions rapides.

Ils ont **remporté le titre de Bundesliga, réalisant un exploit impensable de rester invaincus toute la saison tout en établissant les records du club de 90 points, 89 buts et 24 buts encaissés.** Ils ont également remporté deux **victoires consécutives en DFB-Pokal (2023 et 2024)**.

Compétitions Européennes

Alonso a guidé Leverkusen jusqu'aux **demi-finales de l'UEFA Europa League en 2022-2023 et à la finale en 2023-2024**. Bien que battus en finale, leurs performances ont souligné l'intelligence tactique d'Alonso et le statut grandissant de l'équipe sur la scène européenne.

Développement Collectif

Xabi Alonso a réussi à intégrer de jeunes talents comme **Florian Wirtz** et **Jeremie Frimpong**, devenus essentiels au succès de l'équipe. L'accent mis sur le développement des jeunes et l'innovation tactique a posé des bases solides pour l'avenir du club.

Xabi Alonso - Entraîneur d'Elite

À la fin de la saison, Alonso a **conforté son statut d'entraîneur d'élite**, alliant expertise tactique et connaissance du jeu, faisant de Leverkusen une force redoutable dans le football national et européen.

L'Incroyable Succès de Xabi Alonso au Bayer Leverkusen

L'Incroyable Succès de Xabi Alonso au Bayer Leverkusen

Le Triomphe Historique du Bayer Leverkusen Invaincu en Bundesliga

Le Tout Premier Titre du Bayer Leverkusen en Championnat

Lors de la saison 2023-24, le **Bayer Leverkusen a remporté le premier titre en Bundesliga de son histoire**. Sur leurs 34 matchs disputés, ils ont gagné **90 points (record du club)**. Ils ont terminé 17 points au-dessus du VfB Stuttgart et 18 points devant le Bayern Munich, remportant le titre à 5 journées de la fin et **établissant de nouveaux records de club avec 89 buts marqués et seulement 24 buts encaissés**.

Saison Invaincue et Quête du Triplé

L'équipe d'Alonso a non seulement remporté la Bundesliga, mais l'a fait **invaincue (28 victoires, 6 nuls en 34 matchs joués)**. Le Bayer Leverkusen a également disputé 51 matchs toutes compétitions confondues sans perdre, établissant ainsi un nouveau record allemand (détails page 15). Leur domination s'est étendue à la Bundesliga, à l'UEFA Europa League et à la DFB-Pokal (Coupe d'Allemagne), se positionnant pour un triplé potentiel, ne s'inclinant qu'en finale de l'Europa League contre une solide équipe de l'Atalanta.

L'Impact de Xavi Alonso pour Briser la Domination du Bayern

Xabi Alonso est devenu l'entraîneur du Bayer Leverkusen en octobre 2022 et le Bayern Munich a dominé la Bundesliga pendant de nombreuses années. Alonso visait à briser la domination du Bayern avec un mélange de jeunes talents et de joueurs expérimentés. Sa gestion et l'approche stratégique de Leverkusen leur ont donné une chance de défier le Bayern, même si cela a nécessité une exécution presque parfaite tout au long de la saison. C'est ce qu'ils ont accompli, et **Leverkusen a mis fin au règne de 11 ans du Bayern Munich en tant que champion de Bundesliga**, devenant la première équipe à le faire depuis le Borussia Dortmund de Jürgen Klopp en 2012. Le leadership et les connaissances tactiques de Xabi Alonso, associés à des signatures stratégiques, ont permis cette victoire et de faire grandir la réputation du club.

Joueurs Clés et Performances

La saison 2023-2024 du Bayer Leverkusen a été marquée par des performances de stars de la part de joueurs clés. **Le milieu offensif Florian Wirtz, joueur de la saison en Bundesliga, a contribué à 11 buts et 11 passes décisive**s, remportant 3 trophées de Joueur du Mois.

Le latéral gauche Alejandro Grimaldo a excellé avec 10 buts et 13 passes décisives, s'avérant essentiel à la fois en défense et en attaque. **Le latéral droit Jérémie Frimpong a apporté de la vitesse et du dynamisme avec 9 buts et 7 passes décisives**, avec un rôle plus proche de celui d'un ailier en phase offensive.

Granit Xhaka (milieu défensif) et **Jonas Hofmann (milieu offensif)** ont apporté une stabilité et une créativité cruciales au milieu de terrain, **Hofmann marquant 5 buts et contribuant à 7 passes décisives.**

Malgré les blessures, l'avant-centre **Victor Boniface a été très impressionnant avec 14 buts et 8 passes décisives en 23 apparitions**.

Ensemble, ces joueurs ont aidé le Bayer Leverkusen à établir des records, avec un titre historique de champion d'Allemagne à la clé.

L'Incroyable Succès de Xabi Alonso au Bayer Leverkusen

"Le football qu'il [Alonso] joue, les équipes qu'il crée, les transferts qu'il a faits, c'était absolument exceptionnel.

J'ai joué longtemps dans ma vie en Bundesliga, c'est super impressionnant. Non seulement le total des points, mais aussi la façon dont ils jouent.

Jürgen Klopp

L'Incroyable Succès de Xabi Alonso au Bayer Leverkusen

La Série Historique de 51 matchs sans Défaite du Bayer Leverkusen

Résultats du Bayer Leverkusen dans Toutes les Compétitions (12 août 2023 - 18 mai 2024)

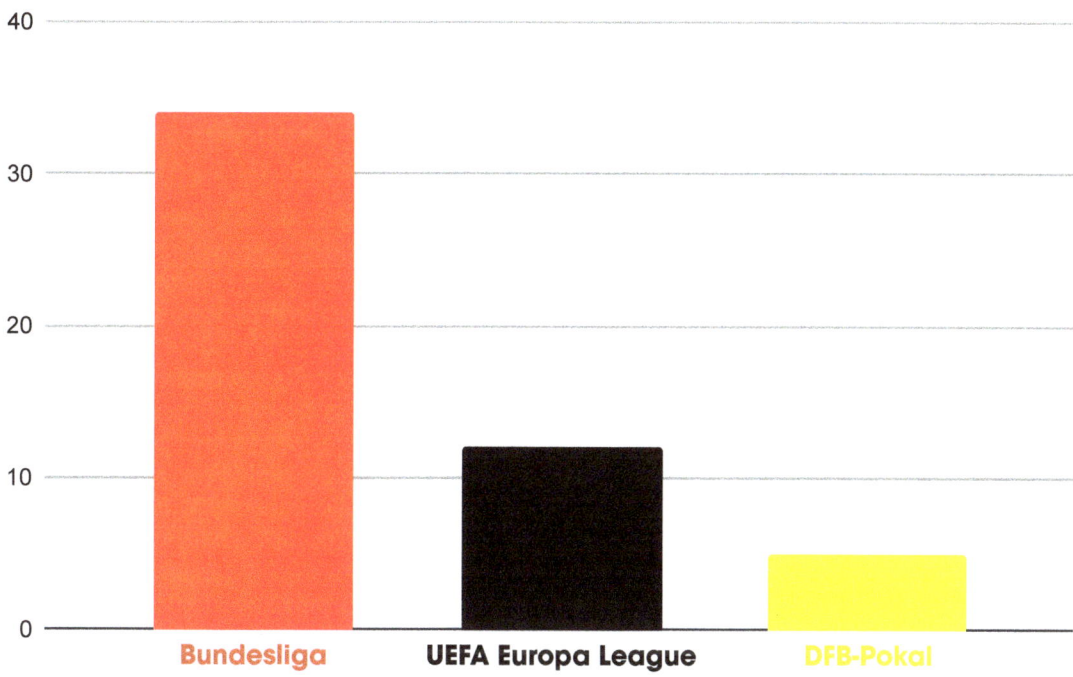

Voici le détail de l'incroyable série de 51 matchs sans défaite du Bayer Leverkusen au cours de la saison 2023-2024 :

- **Bundesliga:** 34 matchs invaincus *(28 victoires, 6 nuls)*
- **DFB-Pokal (Coupe d'Allemagne):** 5 matchs invaincus *(5 victoires)*
- **UEFA Europa League:** 12 matchs invaincus *(9 victoires, 3 nuls)*
- **Total:** 51 matchs invaincus *(42 victoires, 9 nuls)*

L'Incroyable Succès de Xabi Alonso au Bayer Leverkusen

Principaux Aspects du Record d'Invincibilité du Bayer Leverkusen

Ecrire l'Histoire

La série de 51 matches sans défaite de Xabi Alonso et du Bayer Leverkusen au cours de la saison 2023-2024 est un exploit monumental et constitue un jalon remarquable du football. **Il s'agit de l'un des records d'invincibilité les plus longs de l'histoire du football**, ce qui les place aux côtés d'équipes légendaires. Elle reflète les séries d'invincibilité de la grande équipe de l'AC Milan (58 matches de Serie A en 1991-93) et des « Invincibles » d'Arsenal (49 matches de Premier League en 2003-04). Cette série extraordinaire démontre la régularité exceptionnelle de l'équipe, son intelligence tactique et sa résilience mentale, établissant une nouvelle référence dans le sport et faisant du Bayer Leverkusen une force redoutable dans le jeu.

Régularité Sans Précédent

Enchaîner 51 matches sans défaite dans l'ère très compétitive du football moderne est spectaculaire et met en évidence **la capacité du Bayer Leverkusen à maintenir un niveau de performance élevé dans toutes les compétitions**, y compris la **Bundesliga, la DFB-Pokal** et l'**UEFA Europa League**. Cela témoigne de leur travail d'équipe, de leur discipline, de leur concentration, de leur adaptabilité et de la perspicacité tactique de leur entraîneur, Xabi Alonso.

Dominer Toutes les Compétitions

La domination du Bayer Leverkusen en Bundesliga s'est illustrée par une saison sans faute, invaincue de bout en bout, un exploit rare dans l'un des championnats les plus relevés au monde. De plus, ses séries d'invincibilité en DFB-Pokal (5 matches) et en UEFA Europa League (12 matches) ont démontré la capacité, la profondeur et la polyvalence de l'équipe, ainsi que la régularité de ses performances.

Innovations Tactiques et Développement des Jeunes

Sous la direction d'Alonso, Leverkusen a adopté un style de jeu dynamique et fluide, caractérisé par la construction du jeu depuis l'arrière, la possession du ballon, le contrôle du milieu de terrain, des latéraux offensifs, un pressing haut et des transitions rapides. Son accent sur l'intégration de jeunes talents comme **Florian Wirtz** et **Jeremie Frimpong** a non seulement amélioré les performances immédiates de l'équipe, mais a également assuré un brillant avenir au club. Cette **combinaison d'innovation tactique et de développement des jeunes** a été cruciale pour réaliser une telle série.

Mentalité de Gagnant

"L'aspect mental dans le football est aussi important que le physique. Construire un état d'esprit fort et résilient chez les joueurs peut faire la différence entre la victoire et la défaite.

Xabi Alonso

Aspects Clés du Succès de Xabi Alonso au Bayer Leverkusen

Xabi Alonso: De Joueur de Classe Mondiale à Entraîneur d'Elite

Xabi Alonso est largement reconnu comme l'un des meilleurs milieux de terrain de son époque. Sa transition de joueur à entraîneur s'est faite sans accroc, sa deuxième saison au Bayer Leverkusen démontrant sa capacité à élever l'équipe à un niveau où elle rivalise avec les meilleures équipes européennes. Alonso a conçu un **style de jeu innovant qui a produit des performances exceptionnelles**. Le Bayer Leverkusen, sous sa direction, joue **un football attrayant et passionnant avec une attaque implacable et efficace**.

Formation, Contrôle, Milieu à Double Pivot, et Joueurs Clés

La stratégie de Xabi Alonso met l'accent sur la possession, obtenue grâce à une formation polyvalente en **3-4-2-1 adaptable à différents scénarios**.

La défense comprend un trio de joueurs grands, rapides et athlétiques, à savoir **Jonathan Tah**, **Edmond Tapsoba** et **Odilon Kossounou**. Les arrières latéraux **Alex Grimaldo** et **Jeremie Frimpong** contribuent de manière impressionnante à la fois à l'attaque et à la défense.

Au milieu de terrain, un double pivot composé de **Granit Xhaka** et **Robert Andrich** (ou Exequiel Palacios), combine une grande capacité de passe avec une force défensive. Ce duo assure la stabilité et des transitions fluides entre la défense et l'attaque.

L'attaque est très polyvalente, avec F**lorian Wirtz**, **Jonas Hofmann** et **Victor Boniface** (ou Patrik Schick) qui constituent une menace dynamique et puissante.

Jeu de Possession et de Précision

La stratégie d'Alonso, axée sur la possession, ne consiste pas seulement à conserver le ballon, mais aussi à l'exploiter pour générer des occasions de marquer. Le Bayer Leverkusen a dominé la Bundesliga en termes de précision de passe et de prises réussies, ce qui témoigne de ses **compétences techniques et de son intelligence tactique.**

Contre-Pressing à Haute Intensité

Défensivement, **l'équipe d'Alonso excelle dans son contre-pressing agressif**, récupérant rapidement le ballon et perturbant le jeu de l'adversaire. Cette approche énergique est soutenue par une ligne défensive bien organisée et solide, et un milieu de terrain capable de briser les attaques et d'intercepter les passes en profondeur.

Transitions Offensives / Contre Attaques Efficaces

Les transitions offensives du Bayer Leverkusen sont rapides et efficaces, prenant souvent les adversaires au dépourvu grâce à leurs mouvements coordonnés. La tactique d'Alonso assure une défense compacte tout en permettant des contre-attaques explosives, créant de nombreuses occasions de but.

Philosophie Tactique du Bayer Leverkusen de Xabi Alonso

Philosophie Tactique du Bayer Leverkusen de Xabi Alonso

Organisation de l'Equipe

"Le succès dans le football n'est pas seulement une question de génie individuel. Il s'agit de créer une équipe où chaque joueur comprend son rôle et travaille ensemble vers un objectif commun."

Xabi Alonso

Philosophie Tactique du Bayer Leverkusen de Xabi Alonso

Bayer Leverkusen de Xabi Alonso: Formation en 3-4-2-1

[Diagramme tactique de la formation 3-4-2-1]

- **Hradecky (GB):** Gardien de but
- **Tapsoba (DCG):** Défenseur Central Gauche
- **Tah (DC):** Défenseur Central
- **Kossounou (DCD):** Défenseur Central Droit
- **Grimaldo (LOG):** Latéral Offensif Gauche
- **Frimpong (LOD):** Latéral Offensif Droit
- **Xhaka (MD):** Milieu Défensif
- **Andrich (MD):** Milieu Défensif
- **Hofmann (MO):** Milieu Offensif
- **Wirtz (MO):** Milieu Offensif
- **Boniface (BU):** Buteur
- **Autres Joueurs Notables Utilisés :** Hincapié, Stanisic, Palacios, Adli, Tella, et Schick.

Philosophie Tactique du Bayer Leverkusen de Xabi Alonso

Bayer Leverkusen de Xabi Alonso: Tactiques Offensives Clés

1. Philosophie Tactique et Style de Jeu

- **Xabi Alonso allie jeu de position et jeu relationnel** avec une discipline de position stricte, en se basant sur les mouvements et les interactions coordonnés pour créer un jeu fluide et dynamique.
- Utilise des concepts relationnels, **positionne les joueurs autour du ballon**, exploite les **1v1**, et s'assure d'être prêt pour contre-presser.
- **Stratégie hybride** = Phases offensives fluides et imprévisibles.

2. Un 3-4-2-1 Innovant avec Latéraux Offensifs

- **Les tactiques clés de Xabi Alonso reposent sur un 3-4-2-1** avec deux latéraux à des hauteurs différentes sur le terrain.
- Un latéral peut rejoindre la ligne défensive et l'autre en attaque (**forme en 4-2-4**) ou les deux peuvent monter (**3-2-5/2-3-5 shape**).
- Ce **déséquilibre stratégique et cette fluidité déroutent les adversaires**, créant des espaces et des ouvertures (occasions).

3. Focus sur la Possession et Contrôle du Milieu

- **Xabi Alonso met l'accent sur le contrôle du milieu de terrain pour dominer** les adversaires et les matchs du Bayer Leverkusen.
- *"Si vous contrôlez le milieu de terrain, vous contrôlez le jeu et vous avez plus de chances de gagner. Si vous gagnez le milieu de terrain, vous gagnez probablement le match."* - **Xabi Alonso**.
- Cet **accent sur la domination du milieu de terrain** a été un facteur clé du succès et de l'évolution tactique du Bayer Leverkusen.

Philosophie Tactique du Bayer Leverkusen de Xabi Alonso

Jeu Relationnel et Jeu de Position : Une Grande Influence sur le Style de Xabi Alonso

Echanges de Positions
- Dans le Jeu Relationnel, les joueurs échangent constamment leurs positions.
- Crée de l'imprévisibilité en attaque et complique le marquage adverse.
- Exemple: Le LOG Grimaldo prendra souvent la place de milieu de terrain offensif.

Formes en Triangles et Diamants
- Les formes en triangles et en losanges créent des lignes de passes sur le terrain.
- Maintenues pendant le match pour assurer plusieurs options de passes.
- Facilite la circulation rapide du ballon et le jeu en soutien.

Jeu de Position (Juego de Posición)
- Les joueurs occupent des zones spécifiques sur le terrain pour contrôler l'espace.
- Accent mis sur le maintien de l'équilibre.
- Assure un espacement optimal et maximise le nombre d'options de passes.

Rotations et Surnombres
- Les joueurs alternent leurs positions pour surcharger certaines zones du terrain.
- Crée une supériorité numérique autour du ballon pour faire progresser le jeu.
- Désorganise l'organisation défensive de l'adversaire.

Courses du Troisième Homme
- Les joueurs font des courses sans être directement impliqués dans le jeu initial.
- Ces joueurs deviennent disponibles en tant que troisième option.
- Ouvre des espaces et crée de nouvelles lignes de passe pour le(s) porteur(s).

Philosophie Tactique et Style de Jeu de Xabi Alonso

Philosophie Tactique de Xabi Alonso

En combinant un pressing intensif à toute épreuve, un jeu de position structuré et un jeu de possession, **Xabi Alonso a créé un style tactique innovant** qui a fait du Bayer Leverkusen l'une des meilleures équipes d'Europe, jouant bien au-dessus de sa catégorie. La philosophie d'Alonso **met l'accent sur le contrôle et la flexibilité tactique**. Il mélange une approche axée sur la possession et la vitesse avec des circuits de passes en triangle et des passes directes vers l'avant, ainsi qu'une solide organisation défensive, un pressing haut et des contre-attaques rapides.

Le Bayer Leverkusen joue avec une **vitesse élevée et un style de jeu offensif attrayant**. Nous avons décrit ici quelques-uns des éléments clés de la philosophie tactique d'Alonso et du Bayer Leverkusen.

3-4-2-1 : Domination et Fluidité

Le Bayer Leverkusen utilise principalement une formation en 3-4-2-1. Cette configuration met l'accent sur le contrôle du ballon et le contre-pressing, ce qui permet à l'équipe de dominer la possession, de récupérer rapidement le ballon après l'avoir perdu et de maintenir une défense organisée et solide. Ils commencent dans une formation 3-4-2-1, mais celle-ci se transforme souvent en 4-2-4 dans la pratique.

Jérémie Frimpong, l'arrière droit, fait le plus souvent office d'ailier droit, et l'arrière gauche **Alex Grimaldo** est plus proche d'un latéral traditionnel. Les l**atéraux ne sont pas limités ou confinés à des positions fixes** et sont libres d'échanger, ce qui permet de s'assurer qu'ils sont constamment en mouvement, ce qui produit une fluidité cruciale pour un jeu de construction efficace et appliquant une pression constante sur les joueurs/équipes adverses.

Principes de Jeu et Adaptabilité Tactique

L'équipe du Bayer Leverkusen de Xabi Alonso se caractérise par des principes de jeu clairs et un modèle de jeu bien défini. Ils ont la capacité d'adapter leurs tactiques en fonction des caractéristiques de leurs adversaires spécifiques. Cela leur a permis d'être compétitifs dans tous leurs matchs et de créer une régularité inégalée pour rivaliser avec le Bayern Munich et d'autres équipes d'élite en Europe.

Au cours de la saison 2023-24, Xabi Alonso a utilisé une **variété de dispositifs pour construire (4-2-4, 3-2-5 et 2-3-5)**, chacune d'entre elles étant analysée plus loin dans le livre. Cette polyvalence tactique **permet au Bayer Leverkusen de s'adapter aux différentes situations de jeu**, ce qui lui permet de modifier sa formation en fonction du déroulement du match et d'appuyer sur les vulnérabilités de son adversaire.

Construction Patiente et Structurée

Le Bayer Leverkusen construit le jeu depuis l'arrière avec des **passes courtes et précises**. L'objectif est de déplacer le ballon depuis la défense vers les zones d'attaque tout en gardant le contrôle et sans perdre la possession du ballon. Il y a une analyse complète du jeu de construction de Bayer Leverkusen dans une section ultérieure du livre : "*Bayer Leverkusen de Xabi Alonso : Tactiques de Construction.*"

Jeu de Possession, Contrôle du Milieu, et Initier les Attaques

Xabi Alonso privilégie le contrôle grâce à une possession de balle soutenue. L'équipe **développe méthodiquement le jeu depuis l'arrière, même sous pression**, les défenseurs jouant un rôle clé dans le lancement des attaques. **Le contrôle de la possession est crucial pour Xabi Alonso**, qui se concentre sur la construction patiente du jeu, attendant le bon moment pour faire des passes incisives et se créer des occasions de but. Cela permet au Bayer Leverkusen de **dicter le rythme des matchs et d'éviter de perdre le ballon**.

Le contrôle du milieu de terrain est vital pour Xabi Alonso. Les milieux de terrain du Bayer Leverkusen sont capables de garder le ballon, de distribuer des passes précises, de briser la ligne du milieu de terrain adverse et de faire progresser le jeu dans les espaces ouverts et/ou dans le dos de leurs adversaires. Des joueurs tels que le milieu offensif **Florian Wirtz** et l'arrière droit **Jérémie Frimpong** excellent à tirer parti de ces ouvertures créées.

Jeu de Position et Combinaisons de Passes

Avec le Bayer Leverkusen de Xabi Alonso, l'accent est mis sur le jeu de position. L'équipe est organisée de manière à ce que les joueurs soient **positionnés de manière optimale pour créer de nombreux choix de passes**, établir des triangles et des lignes de passes claires. Cette attention aux détails leur permet de garder le contrôle du ballon sous pression et de percer le milieu de terrain et les lignes défensives de leur adversaire.

Leur style de jeu est évolutif mais centré sur l'utilisation de séquences de passes pour faire progresser le ballon. Les joueurs restent souvent proches les uns des autres, ce qui permet des combinaisons rapides en un ou deux avec de nombreuses lignes de passe.

Le Rôle Clé de Florian Wirtz en Meneur de Jeu

Le milieu offensif et joueur offensif clé **Florian Wirtz** a excellé lors de la saison 2023-24, impliqué sur 37 buts toutes compétitions confondues (18 buts et 19 passes décisives).

Les succès du Bayer Leverkusen doivent beaucoup à l'habileté technique et à l'inventivité de Wirtz, qui a connu une saison individuelle incroyable. Il se **positionne constamment entre les lignes du milieu et de la défense adverse**, ce qui lui permet de recevoir le ballon, de se retourner rapidement et d'éliminer ses adversaires directs. À partir de ces positions, il est très habile pour jouer juste et dans le bon timing, avec des passes pour ses coéquipiers qui font des courses vers l'avant (profondeur), créant ainsi beaucoup d'occasions de but pour l'équipe.

Rôle Unique des Latéraux Dynamiques

Dans la façon dont il utilise les arrières latéraux, la tactique d'Alonso diffère des rôles traditionnels. Le **Bayer Leverkusen est plus flexible et moins prévisible**. En mettant l'accent sur le jeu de construction centrale, **Florian Wirtz** et **Jonas Hofmann** opèrent en tant qu'attaquants intérieurs, créant de l'espace pour les arrières latéraux **Alejandro Grimaldo** et **Jeremie Frimpong** pour attaquer dans les zones avancées sur les côtés. Ce dernier adopte souvent une position d'ailier très offensive, qui est décrite plus loin dans le livre.

Avec ces deux arrières latéraux offensifs, la **formation du Bayer Leverkusen passe à un 3-2-5 ou 2-3-5 en phase d'attaque**, ce qui rend l'équipe plus imprévisible et dangereuse pour ses adversaires, **créant souvent des surnombres pour terminer les attaques dans le dernier tiers**.

Légende des Diagrammes

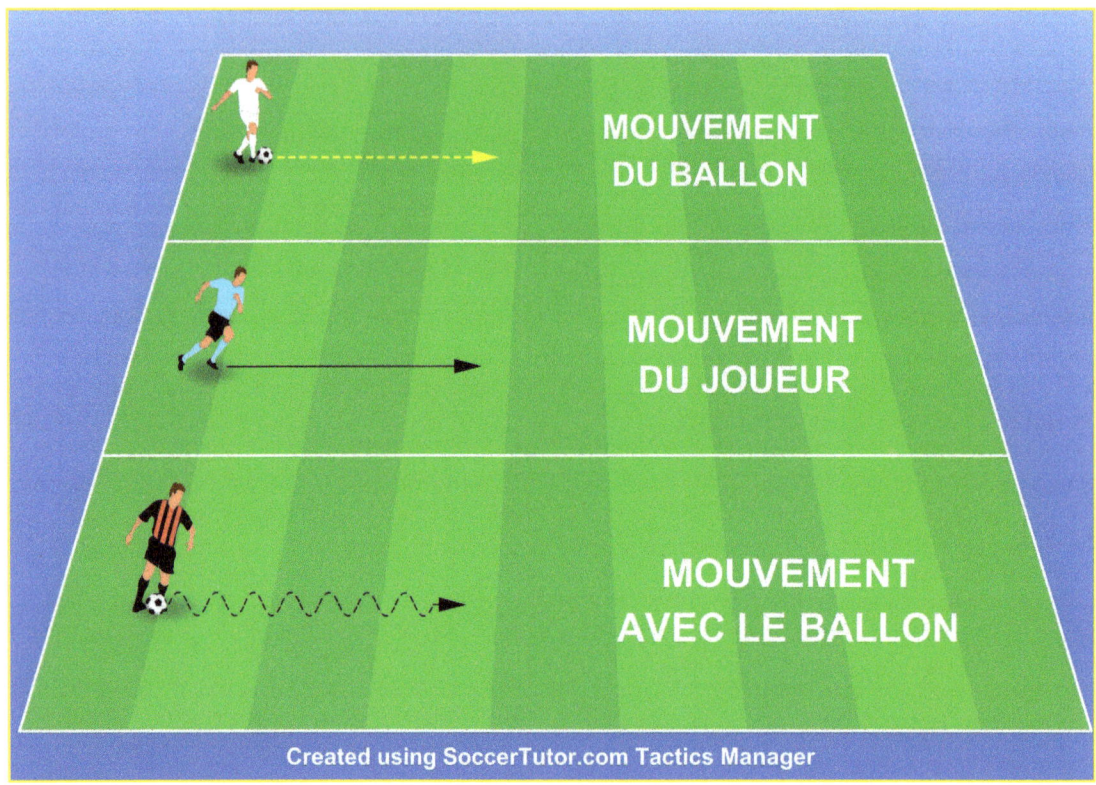

Format des Exercices et Tactiques

- Tous les exercices de ce livre sont **directement tirés des séances d'entraînement de Xabi Alonso au Bayer Leverkusen** entre 2022 et 2024.

- Chaque exercice comprend le sujet/le nom de l'exercice et des diagrammes clairs avec une description détaillée.

- Les exemples tactiques présentés dans le livre représentent des tactiques et des schémas de jeu récurrents observés lors des matchs du Bayer Leverkusen au cours de la saison 2023-24.

Le Style de Coaching de Xabi Alonso lors des Entraînements du Bayer Leverkusen

1. **Xabi Alonso tient des notes et tout est planifié à l'avance** pour s'assurer de l'attention portée au positionnement de chaque joueur, aux mouvements en angles, aux options de soutien et aux zones de réception dans les combinaisons de construction, les jeux de possession, les schémas de jeu et les jeux d'entraînement.

2. **Xabi Alonso participe activement à ses séances,** faisant souvent des pauses pour mettre en évidence les points clés de l'exercice.

3. **Le staff et les joueurs sont très concentrés** pendant les séances, avec des éloges et des encouragements constants pour les joueurs.

4. **Une atmosphère positive** est aussi maintenue entre les joueurs avant, pendant et après l'entraînement.

5. Veuillez **consulter la page 111 pour plus de détails sur la façon dont Xabi Alonso entraîne les jeux de possession**.

Echauffements

Directement Tirés des Séances de Xabi Alonso

Exercices de Xabi Alonso : Echauffements

1. Exercice d'Activation Dribble, Passe, et Echange de Position

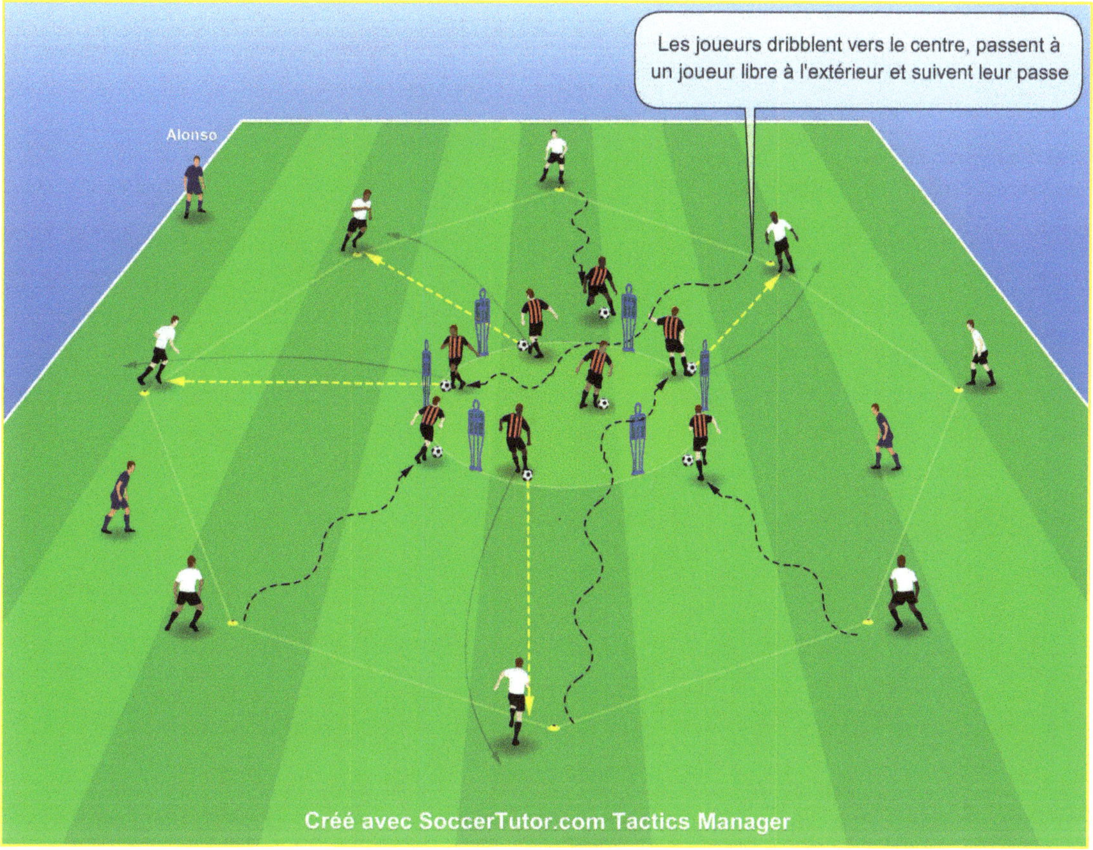

Les joueurs dribblent vers le centre, passent à un joueur libre à l'extérieur et suivent leur passe

Description de l'Exercice

- Tous les joueurs commencent depuis l'extérieur de l'octogone délimité.
- 8 joueurs (rouges dans le diagramme) dribblent vers le cercle central délimité par les mannequins et passenet à un joueur libre à l'extérieur.
- Après avoir fait leur passe, ils suivent le ballon pour se positionner à l'extérieur. Puis ils attendent de recevoir une passe.

Points de Coaching

1. Lorsqu'ils dribblent vers l'axe, les joueurs doivent éviter leurs coéquipiers et garder le ballon très près de leurs pieds.
2. Les joueurs font preuve d'une bonne concentration et d'une bonne vision en levant les yeux pour repérer un coéquipier libre à qui passer.

Source: Séance du Bayer Leverkusen de Xabi Alonso au terrain d'entraînement du Bayer 04 Leverkusen - 9 mai 2024

Exercices de Xabi Alonso : Echauffements

2. Exercice d'Activation Dribble, Une-Deux et Déviation pour Echange de Position

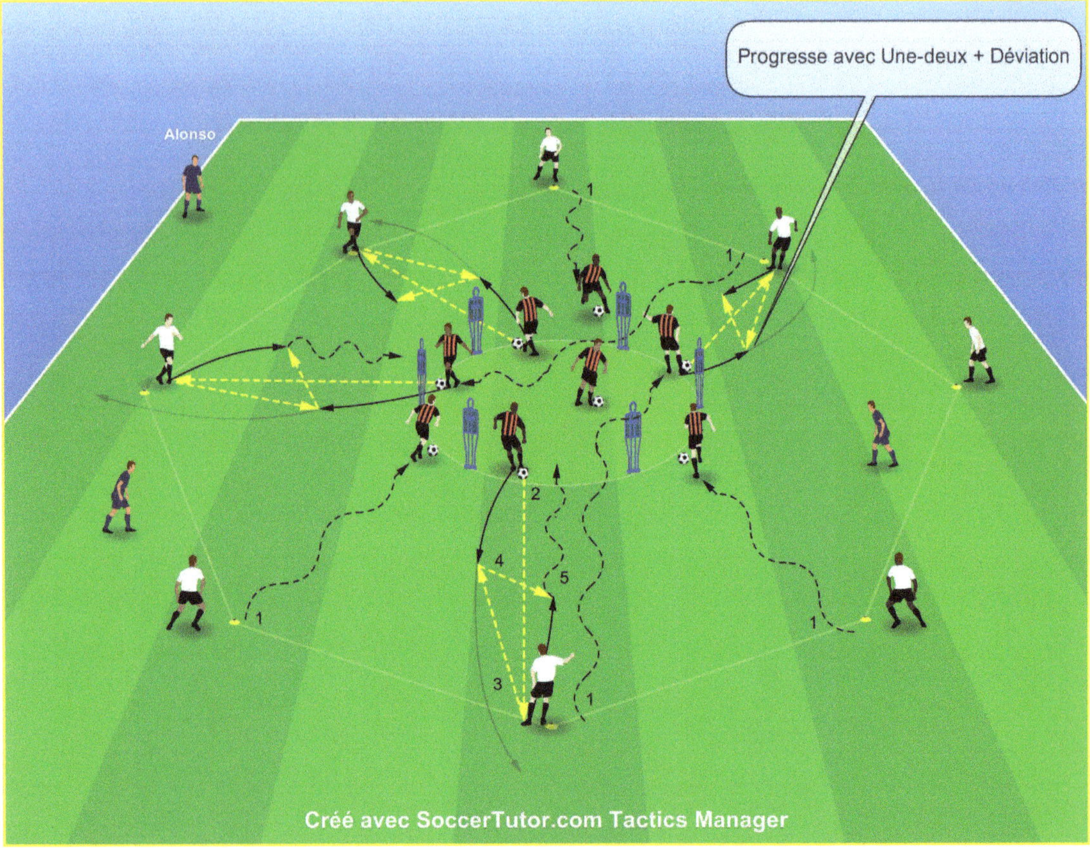

Il s'agit d'une évolution de l'exercice précédent.

Description de l'Exercice

1. Les 8 joueurs rouges commencent toujours par conduire le ballon vers le cercle central.

2-3. Rouge joue un une-deux avec un joueur **Blanc** libre à l'extérieur, en bougeant pour recevoir la remise.

4. Rouge remet la balle (déviation) pour **Blanc** qui avance pour recevoir. Après avoir joué leur passe, les joueurs **Rouges** vont à l'éxtérieur et attendent de recevoir.

5 → Les joueurs **Blancs** dribblent vers le cercle central puis passent à un joueur **Rouge** à l'extérieur (exercice d'échauffement en continu).

Source: Séance du Bayer Leverkusen de Xabi Alonso au terrain d'entraînement du Bayer 04 Leverkusen - 9 mai 2024

Exercices de Xabi Alonso : Echauffements

3. Echauffement Travail de Vitesse, Mouvements Dynamiques, et Retour de Passe Rapide

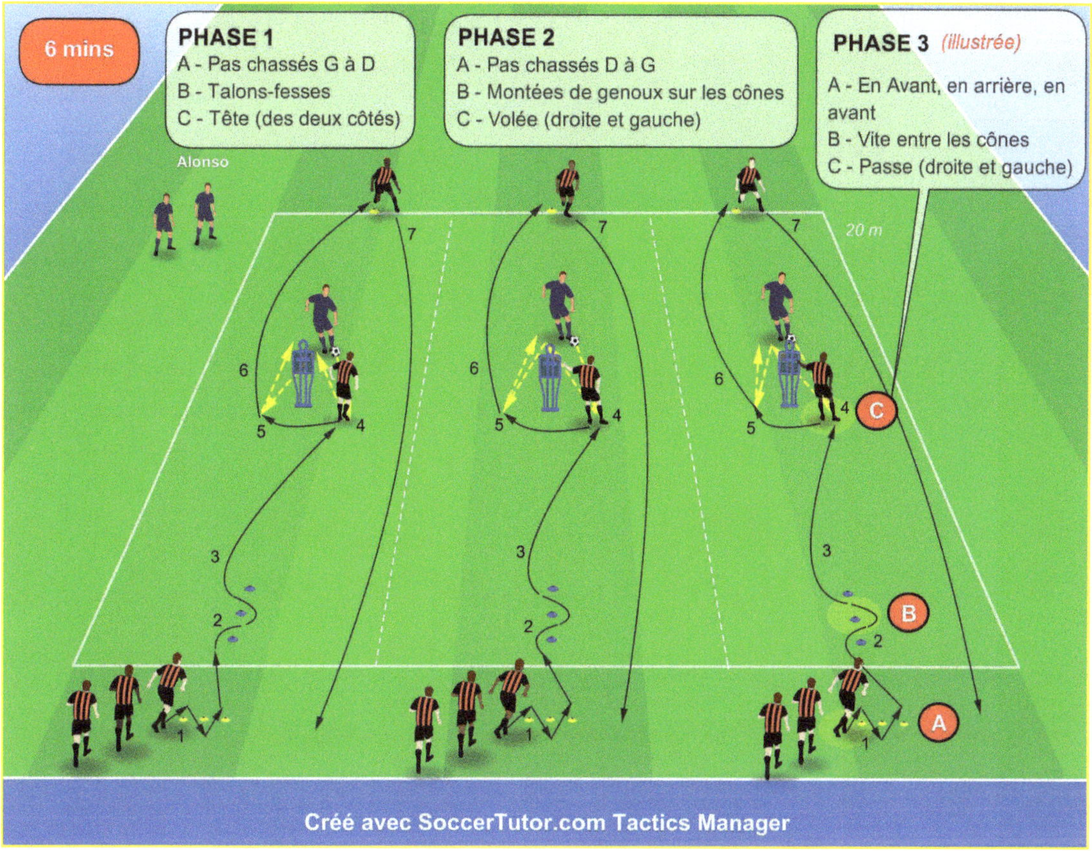

6 mins

PHASE 1
A - Pas chassés G à D
B - Talons-fesses
C - Tête (des deux côtés)

PHASE 2
A - Pas chassés D à G
B - Montées de genoux sur les cônes
C - Volée (droite et gauche)

PHASE 3 *(illustrée)*
A - En Avant, en arrière, en avant
B - Vite entre les cônes
C - Passe (droite et gauche)

La phase 3 est illustrée dans le diagramme.

Description (Phase 3)

1. Pas rapides en avant, en arrière, en avant, entre les 3 cônes jaunes.
2. Pas rapides à travers les 3 cônes bleus.
3. Course jusqu'au mannequin.
4-5. Le Coach donne le ballon (au sol) d'un côté du mannequin, le joueur lui remet, et répète de l'autre côté (2 x un-deux).
6. Sprint jusqu'au bout.
7. Retour au départ en trottinant.

Description (Phases 1 et 2)

Phase 1. Pas chassés à travers les cônes jaunes, talons-fesses aux cônes bleus, et passes de la tête avec le Coach.

Phase 2. Pas chassés à travers les cônes jaunes, montées de genoux aux cônes bleus, et passes de volée avec le Coach.

Source: Séance de Xabi Alonso au terrain d'entrainement du Bayer 04 Leverkusen - 15 février 2023

Exercices de Xabi Alonso : Echauffements

4. Echauffement Technique et Agilité Passer, Recevoir et Dribbler Rapidement

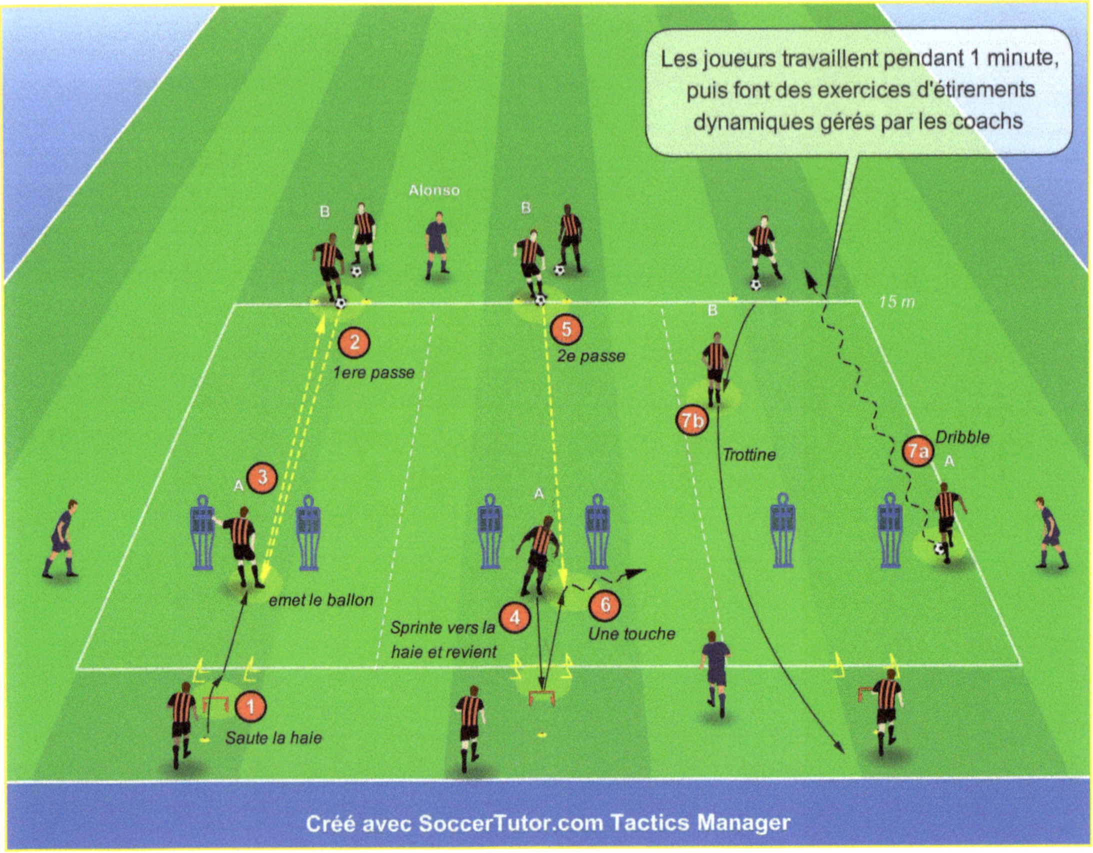

Les joueurs travaillent en couloir par groupes de 4.

Description de l'Exercice

1. **A** saute par dessus la haie rouge et court vers l'avant.
2. **B** passe la balle entre les mannequins vers **A**.
3. **A** a ajusté sa course vers l'avant pour recevoir la balle et la rend à **B**.
4. **A** sprinte en arrière vers la haie rouge puis à nouveau vers le mannequin.
5. **B** passe à nouveau la balle entre les mannequins vers **A**.
6. **A** fait un contrôle orienté vers le côté de l'un des mannequins.
7. **A** dribble jusqu'au bout et **B** trottine vers l'autre côté pour échanger les positions. Les 2 autres joueurs qui attendaient répètent la même séquence.

Source: Séance de Xabi Alonso au terrain d'entrainement du Bayer 04 Leverkusen - 17 mai 2024

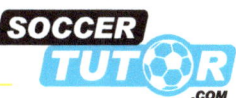

5. Echauffement avec Une-Deux Technique, Bouge pour Recevoir, et Dribble avec Vitesse et Agilité

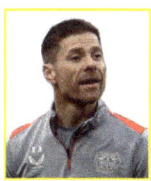

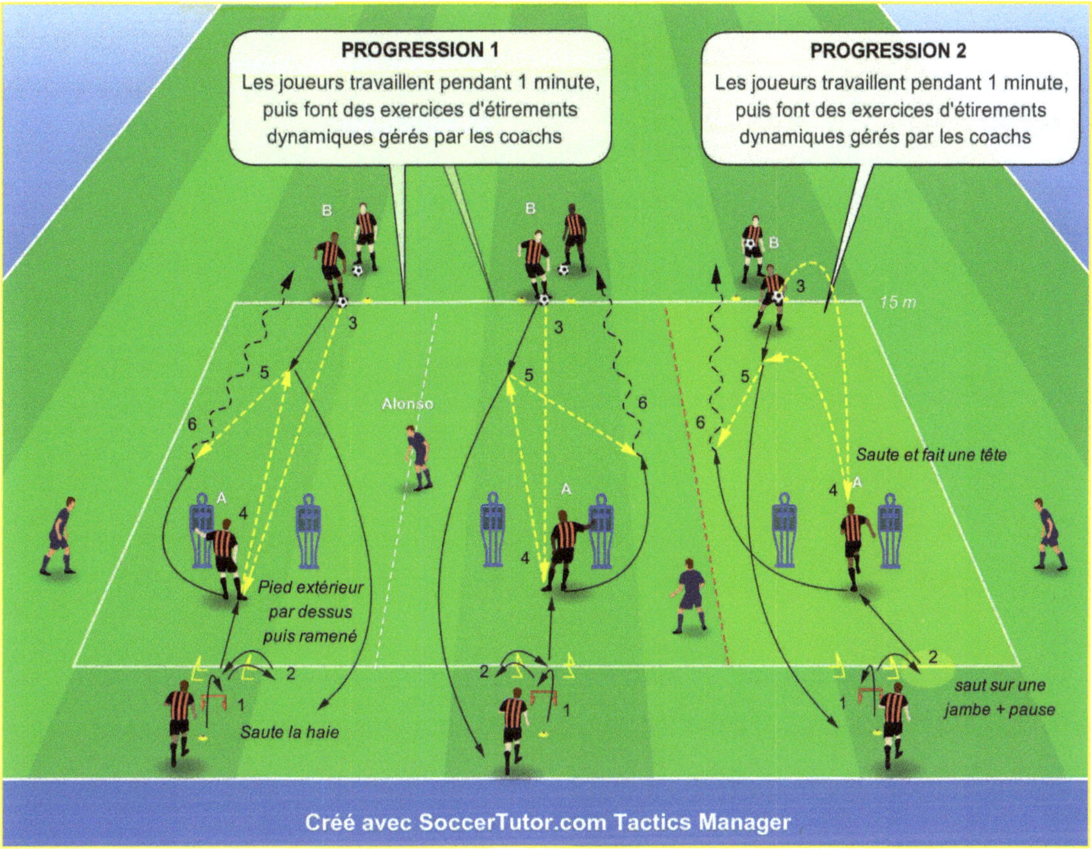
PROGRESSION 1
Les joueurs travaillent pendant 1 minute, puis font des exercices d'étirements dynamiques gérés par les coachs
PROGRESSION 2
Les joueurs travaillent pendant 1 minute, puis font des exercices d'étirements dynamiques gérés par les coachs
15 m
Alonso
Pied extérieur par dessus puis ramené
Saute la haie
Saute et fait une tête
saut sur une jambe + pause
Créé avec SoccerTutor.com Tactics Manager

Ceci est une évolution de l'exercice précédent.

Progression 1

1-2. A saute la haie rouge et déplace son pied extérieur par-dessus l'une des haies jaunes puis le ramène à l'intérieur.

3. B passe entre les mannequins à **A**, qui s'est avancé.

4-6. A passe en retrait à **B**, qui remet le ballon pour **A** qui a contourné le mannequin, reçoit, et dribble jusqu'au bout.

Progression 2

1-2. A saute la haie rouge et exécute un saut sur une jambe + pause.

3-4. B lance le ballon sur **A**, qui saute pour faire une tête et remettre à **B**.

5-6. B remet à **A** qui a contourné le mannequin, reçoit, et va jusqu'au bout.

→ **B** trottine de l'autre côté pour inverser les rôles. Les 2 autres joueurs qui attendaient répètent la séquence.

Source: Séance de Xabi Alonso au terrain d'entrainement du Bayer 04 Leverkusen - 17 mai 2024

Exercices de Xabi Alonso : Echauffements

6. Echauffement Variations de Gestes Techniques pour Passe, Volée, et Dribble avec Vitesse et Agilité

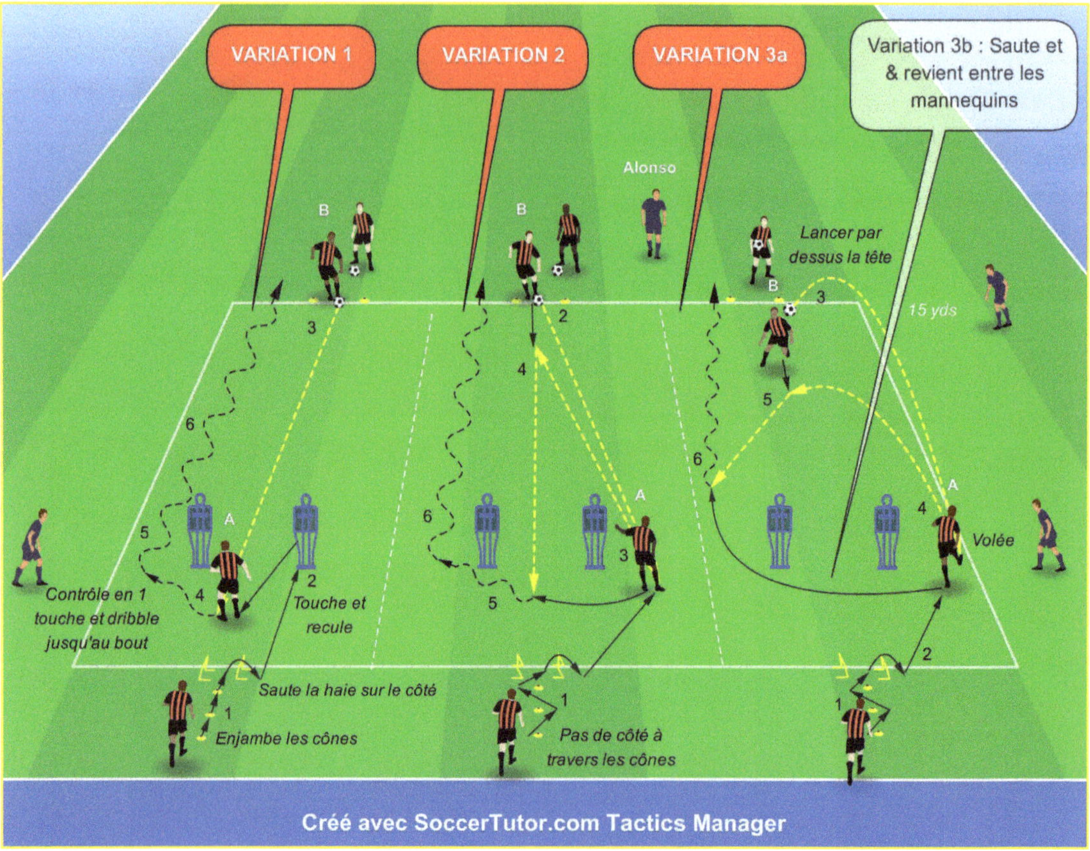

Variation 1

- **A** enjambe 3 cônes et saute une haie de côté, court pour toucher le mannequin et recule en angle. **B** passe à **A**, qui contrôle vers le côté de l'autre mannequin et dribble jusqu'à la fin.

Variation 2

- **A** se déplace latéralement à travers les cônes et la haie, et avance sur le côté du mannequin pour jouer une combinaison de 3 passes avec **B**.

- **A** reçoit la troisième passe, contrôle à côté de l'autre mannequin et dribble jusqu'à la fin.

Variation 3

- Les mêmes étapes 1 et 2 que Variation 2. **B** lance à **A** pour une volée. **B** remet à **A** qui contourne le mannequin, reçoit et va au bout.

- → **B** trottine de l'autre côté pour inverser les rôles. Les 2 autres joueurs qui attendaient répètent la séquence.

Source: Séance de Xabi Alonso au terrain d'entraînement du Bayer 04 Leverkusen - 17 mai 2024

Exercices de Xabi Alonso : Echauffements

7. Circuit d'Echauffement Passe et Reçoit, Une-Deux, et Court avec le Ballon

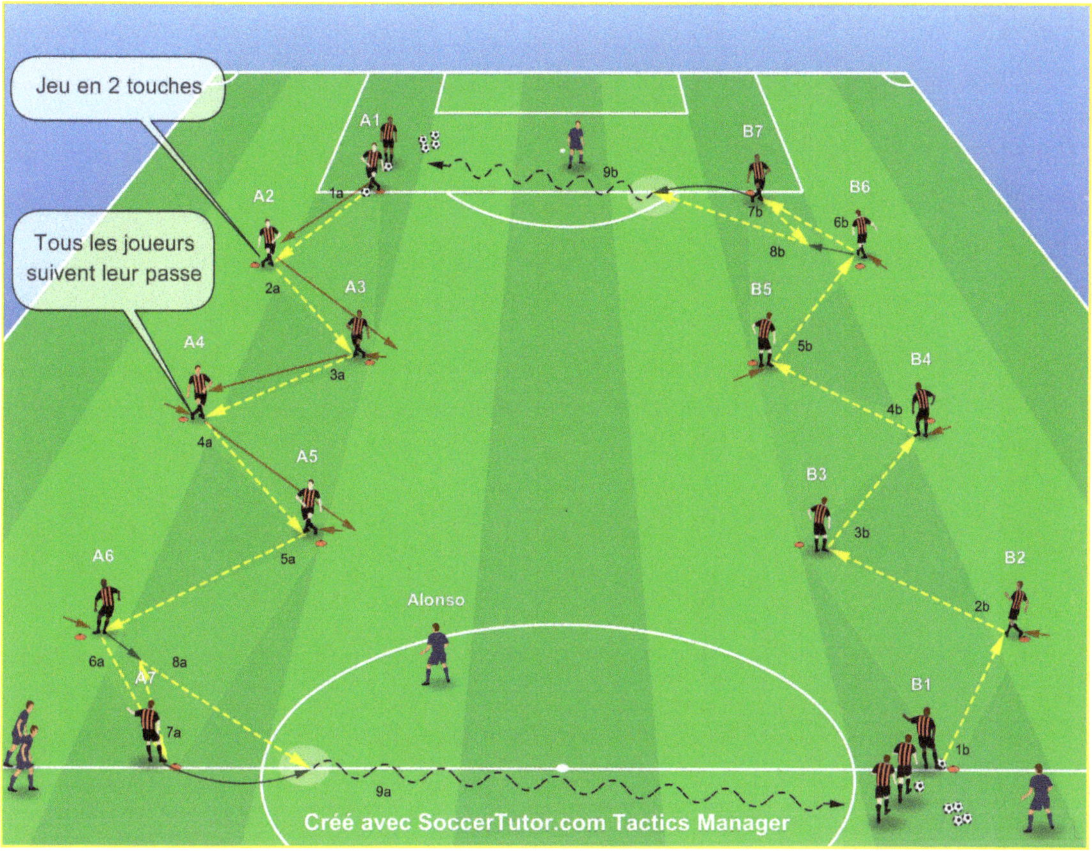

Cet exercice comporte 7 cônes délimités de chaque côté du terrain, créant 2 groupes, qui jouent simultanément (2 ballons).

Description de l'Exercice

1-5. Les joueurs passent au cône suivant puis s'y déplacent. Ils ont 2 touches pour recevoir et passer.

6-8. Au sixième cône **(A6/B6 sur le diagramme)**, un une-deux est joué avec **A7/B7**, qui se déplace ensuite pour recevoir le retour.

9. Ce joueur qui reçoit **(A7/B7)** court ensuite avec le ballon jusqu'au point de départ du groupe opposé, comme indiqué.

Points de Coaching

1. Les joueurs s'écartent légèrement de leur cône avant de recevoir.
2. Ils utilisent 2 touches tout au long pour recevoir puis passer au cône suivant.
3. Toujours précis + suivre sa passe.

Source: Séance de Xabi Alonso au terrain d'entrainement du Bayer 04 Leverkusen - 2023

Exercices de Xabi Alonso : Echauffements

8. Triangle de Passes en Une Touche avec Exercice de Coordination

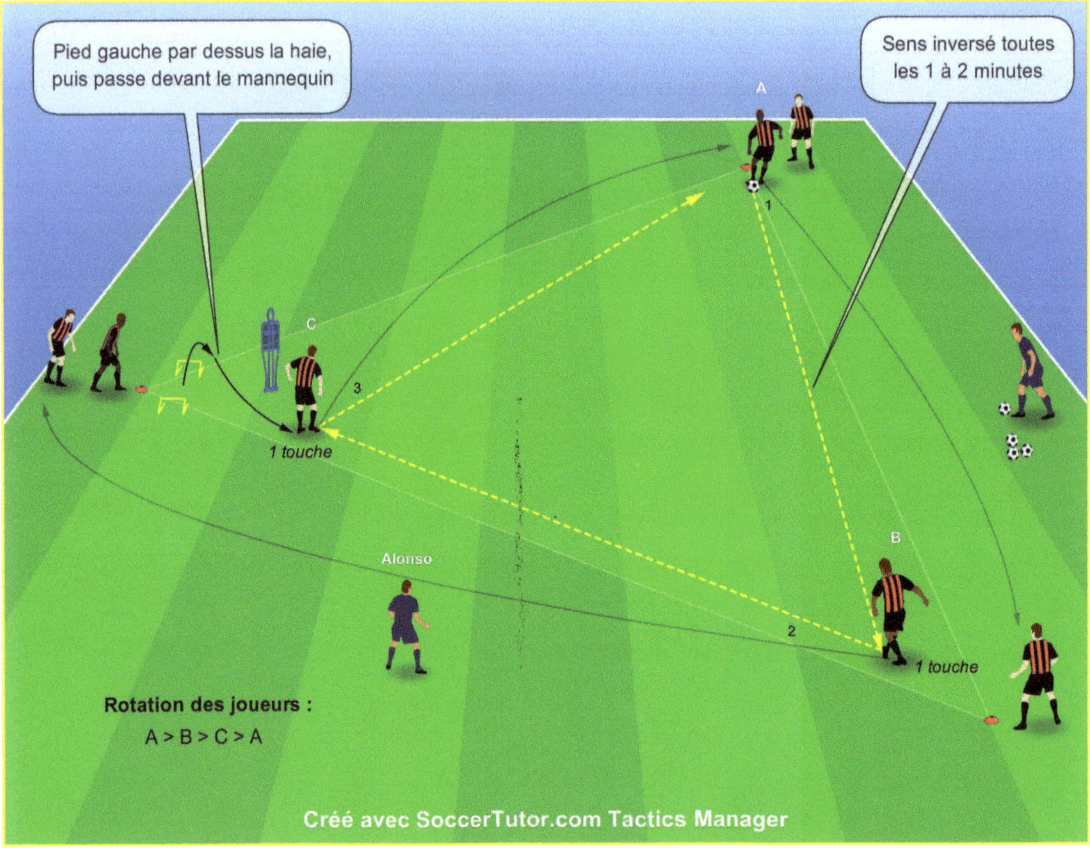

Les joueurs ont été observés travaillant en groupes de 7, comme montré.

Description de l'Exercice

1. **A** passe à **B**.
2. **B** passe à **C** en une touche.
3. **C** fait des petits pas, lève son pied gauche par dessus la haie pour toucher le sol, puis fait le mouvement inverse avant de passer devant le mannequin pour recevoir la passe de **B** et passe en une touche à la position de départ.

→ Le joueur suivant à la Position A continue et tous les joueurs alternent les positions: **A → B → C → A**.

→ Après 1 à 2 minutes, le sens du jeu est inversé.

Point de Coaching

- Les joueurs utilisent 1 touche tout le long et ont toujours leur corps positionné face à la direction de leur passe.

Source: Séance de Xabi Alonso au terrain d'entraînement du Bayer 04 Leverkusen - 2 décembre 2023

Exercices de Xabi Alonso : Echauffements

9. Triangle de Passes avec Exercice de Coordination et Contrôle Orienté

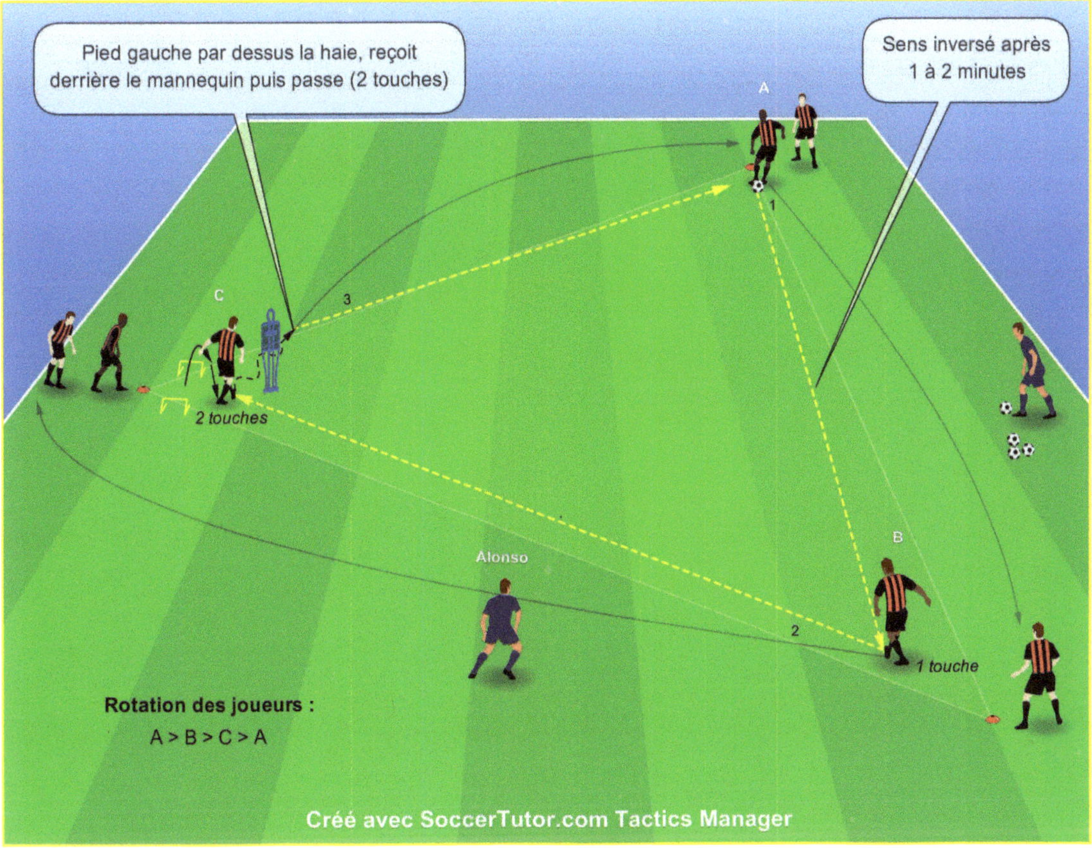

Ceci est une variante de l'exercice précédent.

Description de l'Exercice

1. **A** passe à **B**.
2. **B** passe à **C** en une touche.
3. **C** fait des petits pas, lève son pied gauche par-dessus la haie pour toucher le sol, puis fait l'inverse, reçoit la passe de **B** en contrôlant (1ère touche), puis fait une passe à la position de départ (2ème touche).

→ Le joueur suivant à la Position A continue et tous les joueurs alternent les positions: **A → B → C → A**.

→ Après 1 à 2 minutes, le sens du jeu est inversé.

Source: Séance de Xabi Alonso au terrain d'entraînement du Bayer 04 Leverkusen - 2 décembre 2023

Exercices de Xabi Alonso : Echauffements

10. Triangles de Passes en Une Touche avec Exercices de Coordination et Passe & Va avec Pression Défensive

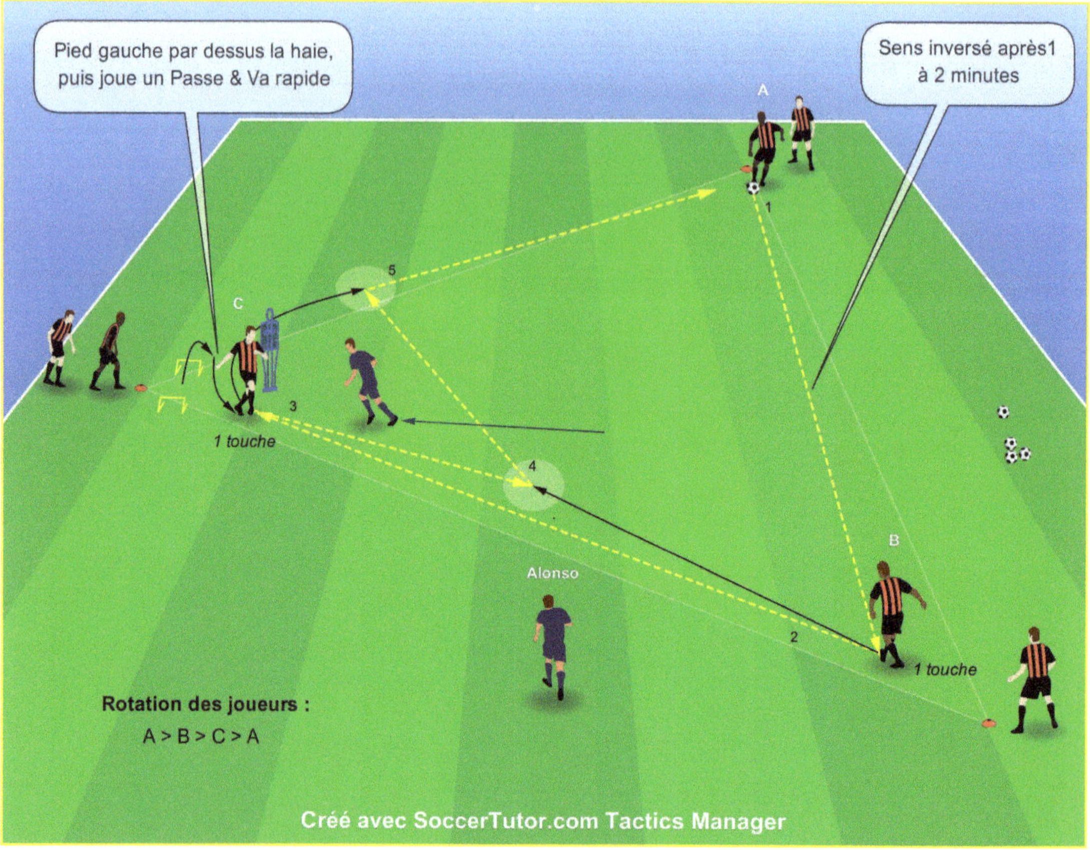

C'est une évolution de l'exercice précédent.

Description de l'Exercice

1. **A** passe à **B**.

2. **B** passe à **C** en une touche.

3. **C** fait des petits pas, lève son pied gauche par dessus la haie pour toucher le sol, puis ramène son pied et bouge devant le mannequin pour remiser pour la course de **B** (sous la pression passive du coach).

4-5. **B** avance pour recevoir la remise de **C** puis passe à nouveau à **C** qui reçoit de l'autre côté du mannequin. Cela complète le passe & va de **C**, qui passe à la position de départ.

→ Le joueur suivant en attente en Position A continue et tous les joueurs changent de position : **A → B → C → A**.

→ Après 1 à 2 minutes, la direction est inversée vers le sens anti-horaire.

Source: Séance de Xabi Alonso au terrain d'entraînement du Bayer 04 Leverkusen - 2 décembre 2023

Exercices de Xabi Alonso : Echauffements

11. Circuit d'Echauffement avec Vitesse, Dynamisme, Agilité, et Passe en Mouvement

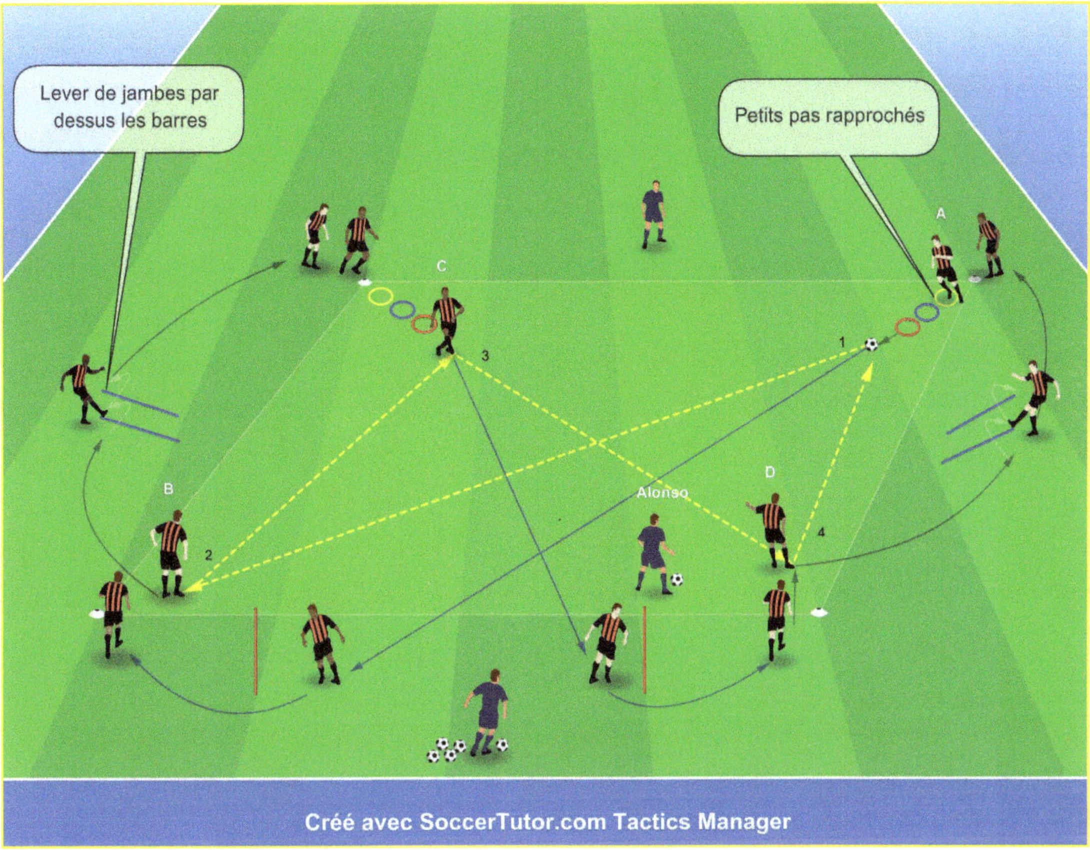

Il y a 4 positions de départ (A, B, C, et D).

Description de l'Exercice

1. **A** fait des petits pas à travers les anneaux de vitesse et passe à **B**. Il court ensuite en diagonale et autour du poteau jusqu'à la Position B.

2. **B** passe à **C**, court vers les 2 barres qui sont en angle de 45°, et lève une jambe sur chaque barre. Il trottine ensuite vers la Position C.

3. **C** fait des petits pas à travers les anneaux de vitesse et passe à **D**. Il court ensuite en diagonale et autour du poteau jusqu'à la Position D.

4. **B** passe à la Position A, court vers les 2 barres qui sont en angle de 45°, et lève une jambe sur chaque barre. Il trottine ensuite vers la Position A.

→ Le joueur suivant en attente continue et tous les joueurs alternent leurs positions à chaque fois : **A → B → C → D → A**.

Source: Séance de Xabi Alonso au terrain d'entraînement du Bayer 04 Leverkusen - 12 avril 2023

Exercices de Xabi Alonso : Echauffements

12. Circuit de Rapidité, Agilité et Vitesse (RAV)

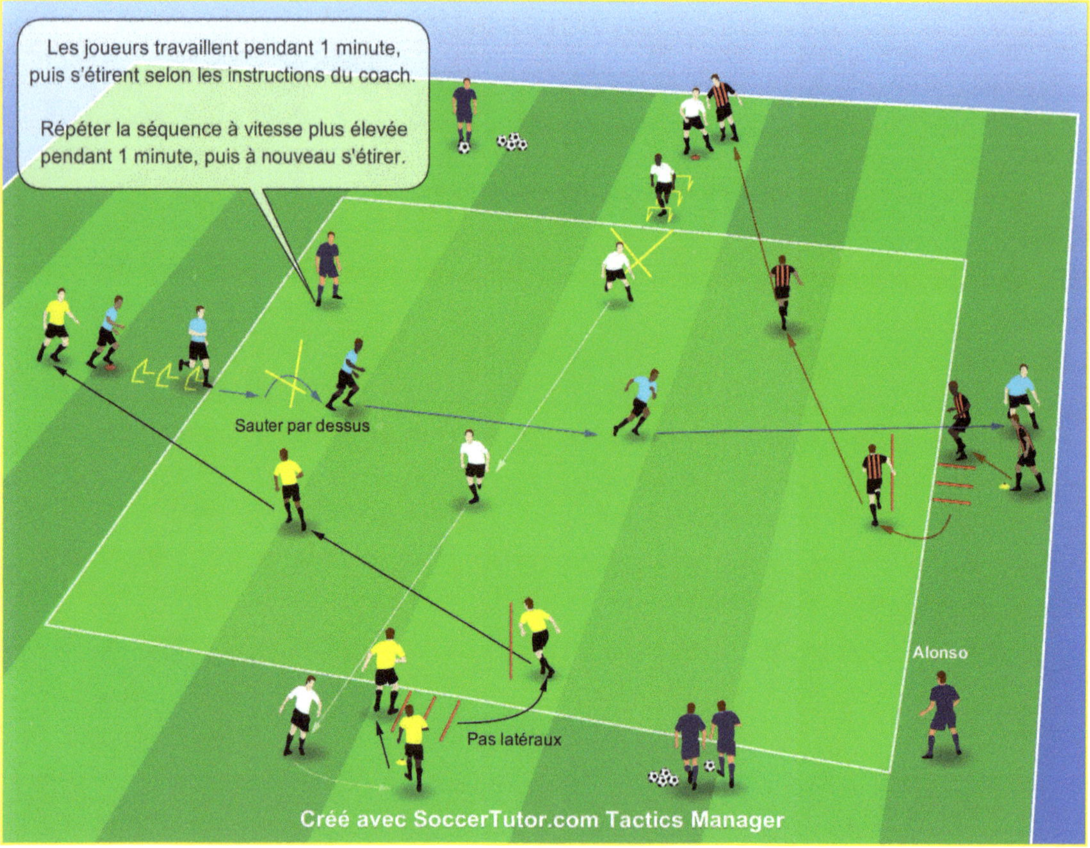

Les joueurs travaillent pendant 1 minute, puis s'étirent selon les instructions du coach.

Répéter la séquence à vitesse plus élevée pendant 1 minute, puis à nouveau s'étirer.

Les différentes couleurs sont illustrées juste pour distinguer les 4 stations différentes.

Description de l'Exercice

- 4 commencent en même temps aux 4 stations. Ils font leur exercice et vont dans un autre groupe.
- **JAUNE:** Pas latéraux à travers les barres au sol, course vers la droite du poteau, faire un changement de direction vers la gauche, et courir vers la Station Bleue.
- **BLEUE:** Enjamber les haies, sauter les barres en "X", courir à la Station Rouge.
- **BLANCHE:** Même que Bleue, puis courir à la Station Jaune.
- **ROUGE:** Pareil que Jaune, mais sur la gauche du poteau, puis courir à la Station Blanche.
- *Note: Les joueurs s'assurent de s'éviter au milieu de la zone. Il y a ensuite une évolution de l'exercice avec 2 ballons ajoutés (voir page suivante).*

Source: Séance de Xabi Alonso au terrain d'entraînement du Bayer 04 Leverkusen - 12 décembre 2023

Exercices de Xabi Alonso : Echauffements

13. Circuit de Rapidité, Agilité et Vitesse (RAV) avec Ballon

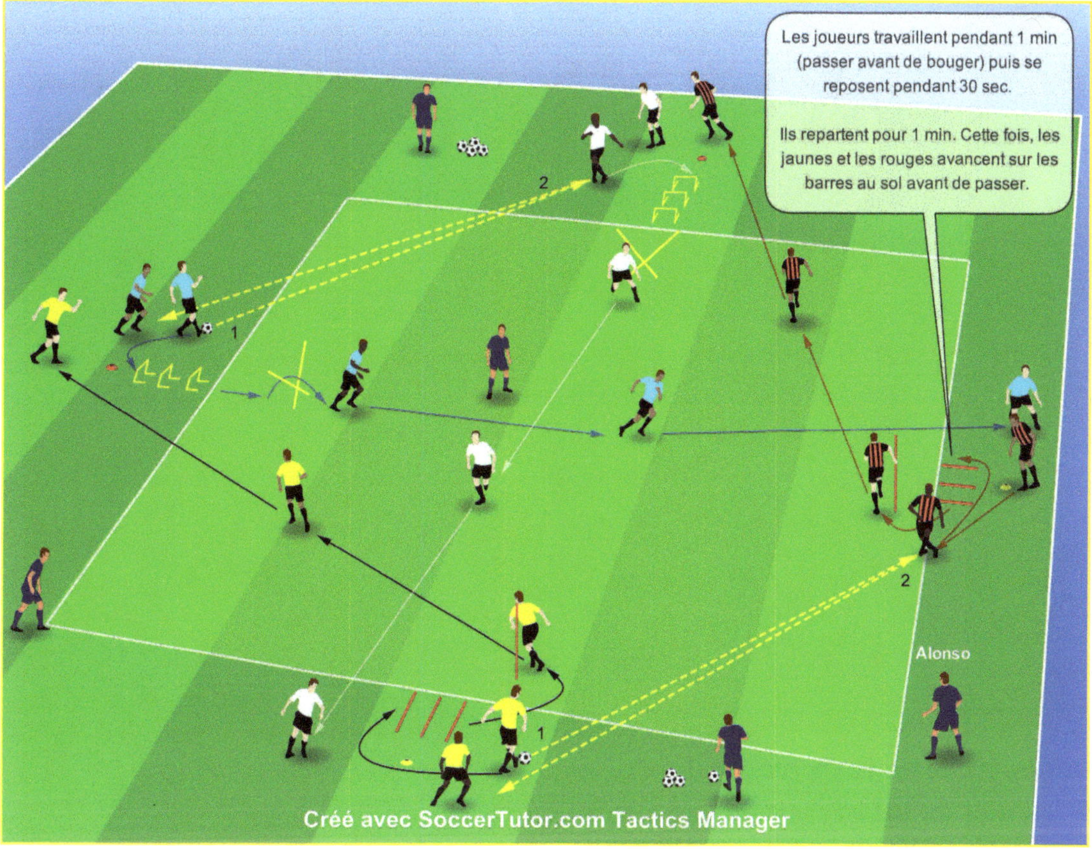

> Les joueurs travaillent pendant 1 min (passer avant de bouger) puis se reposent pendant 30 sec.
>
> Ils repartent pour 1 min. Cette fois, les jaunes et les rouges avancent sur les barres au sol avant de passer.

C'est une évolution de l'exercice précédent.

Description de l'Exercice

- Départ simultané des 4 stations.
- **JAUNE:** Passe au joueur rouge, pas latéraux sur les barres au sol, course sur la droite du poteau, et changement de direction vers la gauche (course vers la Station Bleue).
- **BLEUE:** Passe au joueur blanc, enjamber les haies, sauter sur les barres en "X", et courir vers la Station Rouge.
- **BLANCHE:** Passe au prochain joueur bleu en attente, même exercice que les bleus, puis course à la Station Jaune.
- **ROUGE:** Passe au prochain joueur jaune en attente, même exercice que les jaunes, puis course à la Station Blanche.
- *Note: En 1ere phase, tous les joueurs passent avant l'exercice. En 2e phase, les joueurs rouges et jaunes se déplacent entre les barres au sol avant de passer.*

Source: Séance de Xabi Alonso au terrain d'entraînement du Bayer 04 Leverkusen - 12 décembre 2023

Exercices de Xabi Alonso : Echauffements

Variation: Exercices Ajustés avec Barres au Sol et Verticales

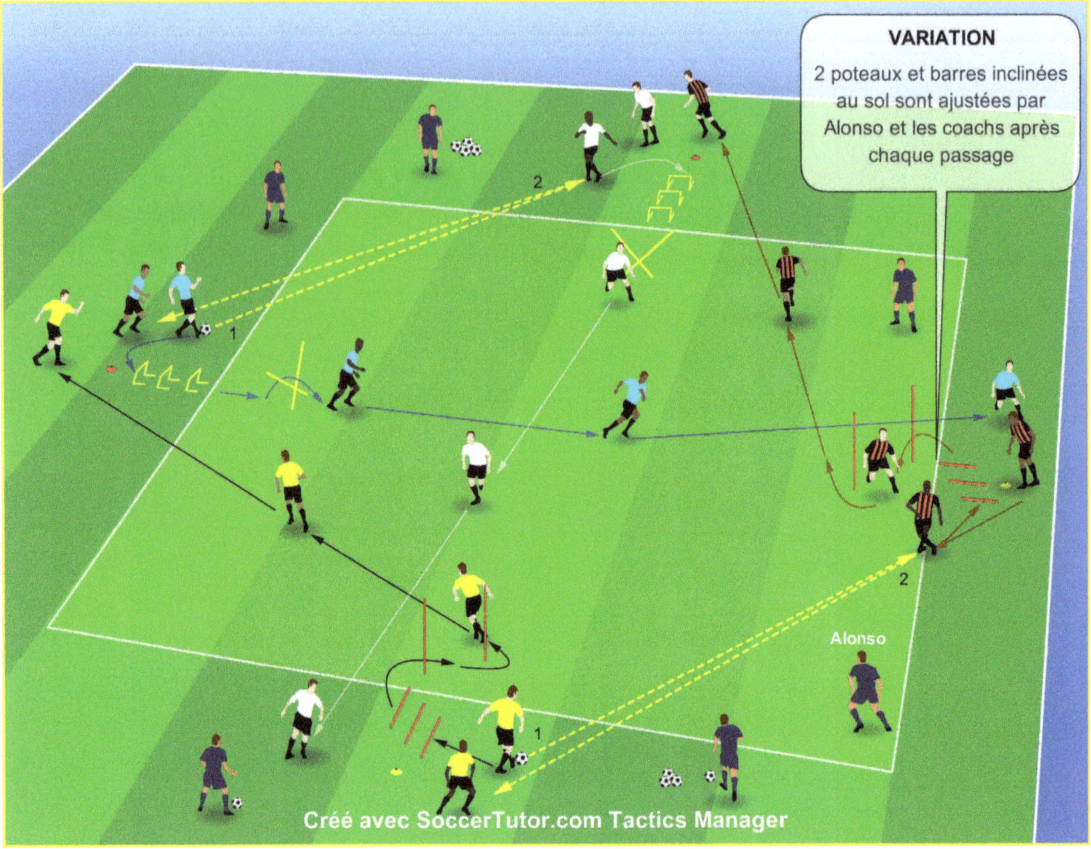

VARIATION
2 poteaux et barres inclinées au sol sont ajustées par Alonso et les coachs après chaque passage

Description de l'Exercice

- Cet exercice est le même que la variante présentée sur la page précédente avec quelques modifications mineures.

- Les angles et les positions des barres au sol pour les joueurs rouges et jaunes sont modifiés après chaque phase (répétition) de l'exercice.

- Il y a également 2 poteaux verticaux au lieu d'un pour les joueurs rouges et jaunes, pour lesquels les angles et les positions sont modifiés après chaque répétition.

- **BLEUS + BLANCS :** Les bleus et blancs passent avant de bouger pour faire les pas au-dessus des haies et sauter sur les poteaux en "X".

- **JAUNES + ROUGES :** Les rouges et jaunes font des pas latéraux à travers les barres au sol et slaloment à travers les 2 poteaux verticaux avant de passer.

Source: Séance de Xabi Alonso au terrain d'entraînement du Bayer 04 Leverkusen - 25 octobre 2023

Exercices de Xabi Alonso : Echauffements

14. Circuit de Conditionnement Physique avec Technique de Passe, Volée et Tête

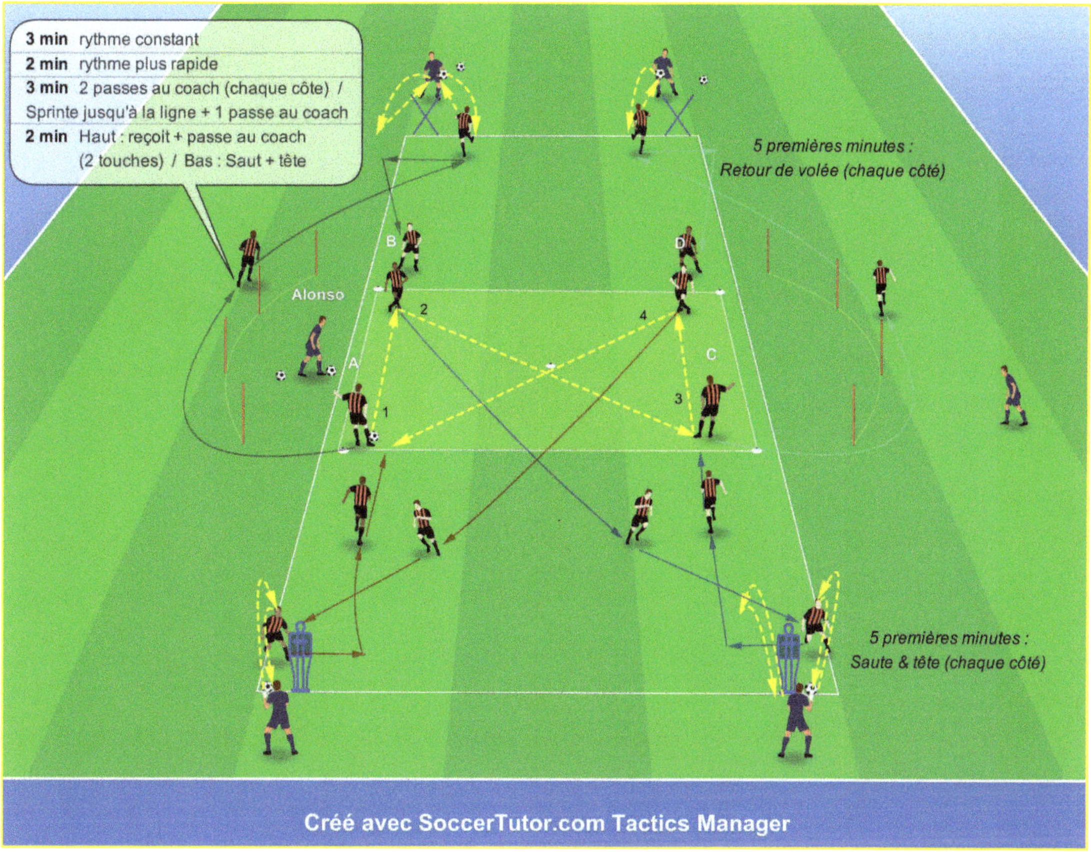

3 min rythme constant
2 min rythme plus rapide
3 min 2 passes au coach (chaque côté) / Sprinte jusqu'à la ligne + 1 passe au coach
2 min Haut : reçoit + passe au coach (2 touches) / Bas : Saut + tête

5 premières minutes : Retour de volée (chaque côté)

5 premières minutes : Saute & tête (chaque côté)

Créé avec SoccerTutor.com Tactics Manager

Description de l'Exercice

- **A** passe à **B** et court autour des poteaux rouges vers les barres bleues en "X". Le coach alterne le lancer à gauche et à droite pour une volée de **A**, qui passe ensuite en Position B. Ces mouvements sont illustrés par des **flèches noires**.

- **B** passe à **C** et court en biais vers le mannequin. Le coach alterne le lancer de ballon sur la gauche et la droite pour que **B** saute et remette de la tête. **B** va en Position C. Ces mouvements sont montrés avec des **flèches bleues**.

- **C** passe à **D**, réplique les actions de **A** côté opposé, et va en Position D. Ces mouvements sont montrés avec des **flèches bleu ciel**.

- **D** passe à **A**, réplique les actions de **B** côté opposé, et va en Position A. Ces mouvements sont montrés avec des **flèches rouges**.

- *Note: Les timings et variations sont détaillés sur le diagramme.*

Source: Séance de Xabi Alonso au terrain d'entraînement du Bayer 04 Leverkusen - 23 janvier 2024

Exercices de Xabi Alonso : Echauffements

*Images tirées du **Circuit de Conditionnement Physique avec Technique de Passe, Volée et Tête** de la page précédente. Haut - **Alejandro Grimaldo** remet de volée au coach. Bas - **Xabi Alonso** observe.*

Combinaisons de Passes

Directement Tirées des Séances de Xabi Alonso

Passes

"Je dis toujours que bien passer le ballon, c'est comme diriger un orchestre. Vous devez trouver le bon rythme et le bon timing pour faire ressortir le meilleur de vos coéquipiers. C'est une question de vision, de précision et de compréhension du jeu."

Xabi Alonso

Exercices de Xabi Alonso : Combinaisons de Passes

1. Combinaison de Passes Timing du Mouvement et Jeu en Soutien

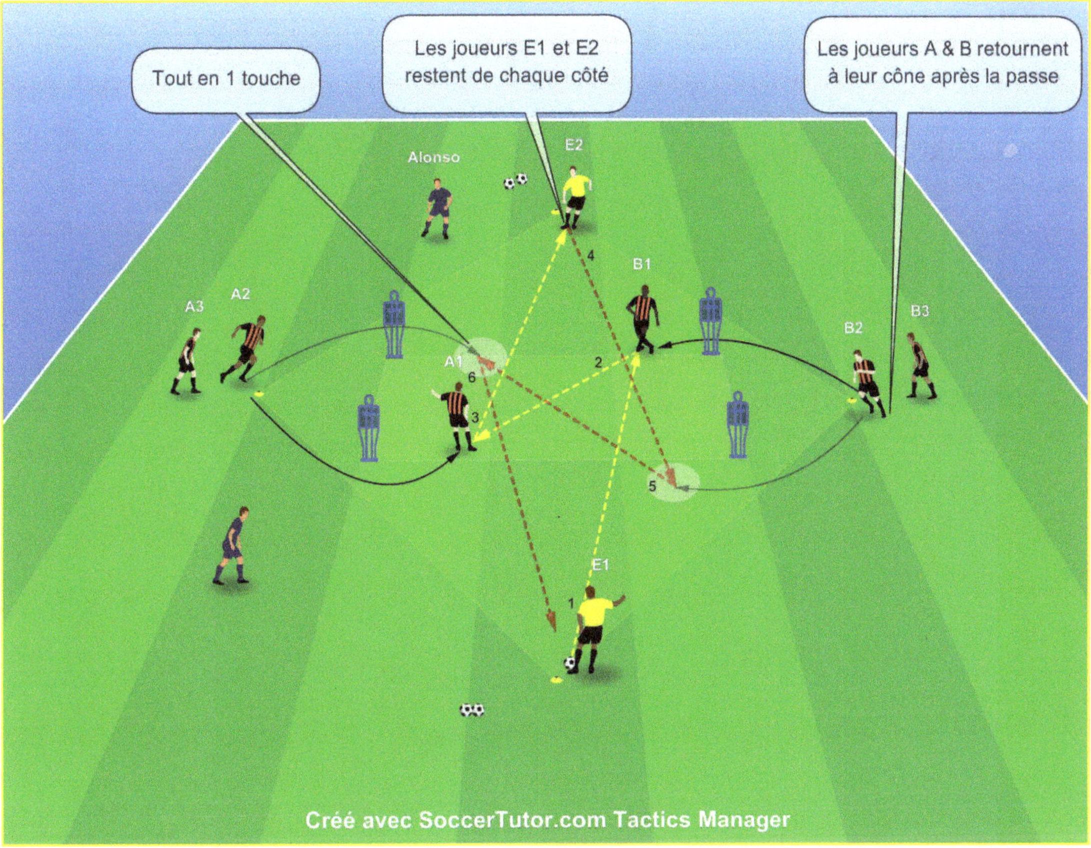

E1 et E2 reste de chaque côté. Les autres joueurs se déplacent vers le centre pour passer puis reviennent à la même position de départ derrière le cône jaune.

Description de l'Exercice

1. **E1** passe à **B1**, qui contourne le mannequin pour recevoir la passe.

2-3. **B1** passe à **A1**, qui contourne le mannequin et passe à **E2**. **B1** et **A1** retournent à leur cône par l'extérieur.

4-6. **E2** passe à **B2**, qui contourne l'autre mannequin de ce côté. **B2** passe à **A2**, qui donne à **E1**. **B2** et **A2** retournent à leur cône par l'extérieur.

→ La même combinaison continue avec : E1 → B3 → A3 → E2 → B1 → A1 → E1.

Note: Les joueurs utilisent 1 touche tout au long du circuit.

Source: Séance du Bayer Leverkusen de Xabi Alonso au terrain d'entraînement du Bayer 04 Leverkusen - 6 mars 2024

Exercices de Xabi Alonso : Combinaisons de Passes

2. Combinaison de Passes Timing du Mouvement et Jeu en Soutien avec Pression Défensive (Variation 1)

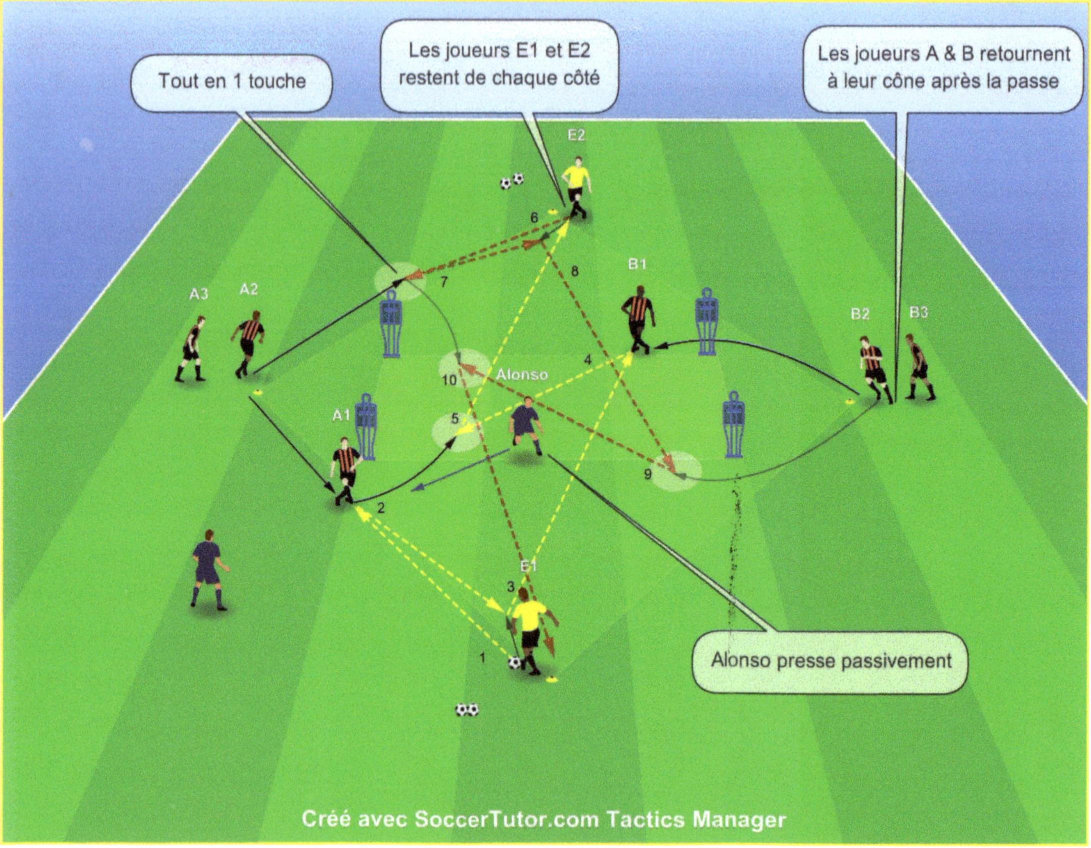

C'est une évolution de l'exercice précédent.

Description de l'Exercice

1-2. **E1** joue un une-deux avec **A1**, qui décroche pour recevoir et est pressé par le coach (**Alonso**).

3-5. **E1** passe à **B1**, qui contourne le mannequin et remise dans la course de **A1** qui avance. **A1** passe ensuite à **E2**.

→ **A1** et **B1** retournent à leur cône par l'extérieur.

6-7. **E2** joue un une-deux avec **A2**, qui bouge pour recevoir.

8-10. **E2** passe à **B2**, qui contourne le mannequin et remise dans la course de **A2** qui avance. **A2** passe ensuite à **E1**.

→ **A2** et **B2** retournent à leur cône par l'extérieur.

→ La même combinaison est répétée en débutant avec **E1** passant à **A3**.

<u>Note</u>: Les joueurs utilisent toujours 1 touche.

Source: Séance du Bayer Leverkusen de Xabi Alonso au terrain d'entraînement du Bayer 04 Leverkusen - 8 mai 2024

Exercices de Xabi Alonso : Combinaisons de Passes

3. Combinaison de Passes Timing du Mouvement et Jeu en Soutien avec Pression Défensive (Variation 2)

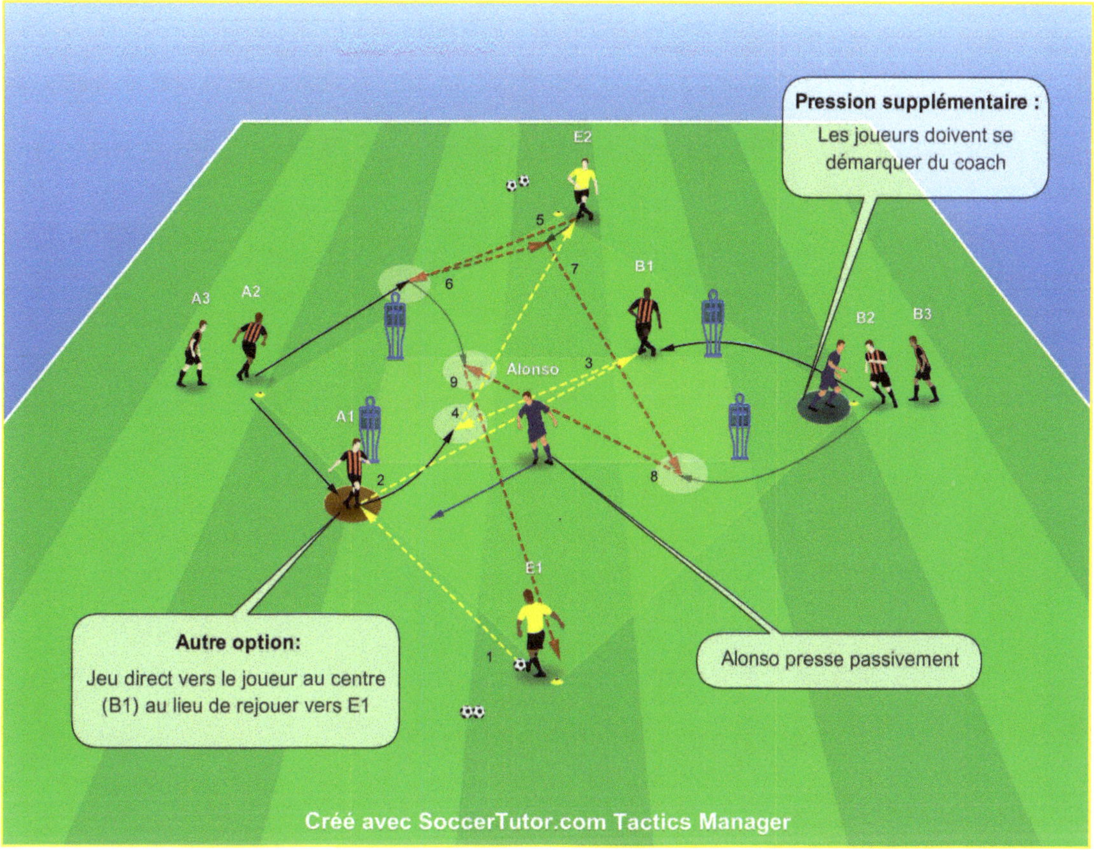

C'est une évolution de l'exercice précédent.

Practice Description

1. **E1** joue un une-deux avec **A1**, qui décroche pour recevoir et est pressé par le coach (**Alonso**).

2-4. **A1** joue un une-deux avec **B1**, qui contourne le mannequin pour remettre dans la course de **A1**. **A1** passe à **E2**.

→ **A1** et **B1** retournent à leur cône par l'extérieur.

5-6. **E2** joue un une-deux avec **A2**, qui bouge pour recevoir la passe.

7-9. **E2** passe à **B2**, qui contourne le mannequin et remet dans la course de **A2**. **A2** passe ensuite à **E1**.

→ **A2** et **B2** retournent à leur cône par l'extérieur.

→ La même combinaison est répétée en débutant avec **E1** passant à **A3**.

Note: Les joueurs utilisent toujours 1 touche.

Source: Séance du Bayer Leverkusen de Xabi Alonso au terrain d'entraînement du Bayer 04 Leverkusen - 8 mai 2024

Exercices de Xabi Alonso : Combinaisons de Passes

4. Passe et Bouge avec Soutien du Joueur Central et Combinaison de Jeu

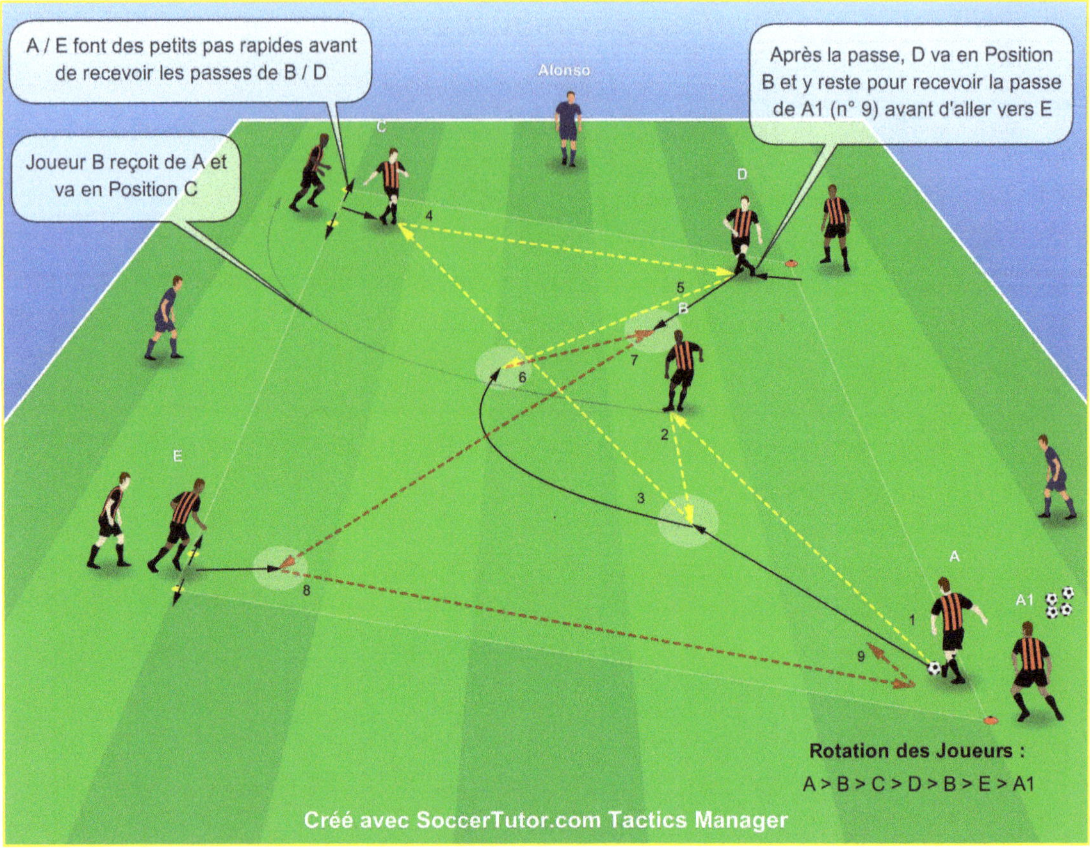

Les flèches jaunes montrent les premières passes avec tous les joueurs à leur position d'origine. Les flèches rouges montrent les passes après que A a repris le rôle de B en tant que joueur central.

Description de l'Exercice

1-3. **A** joue un une-deux avec **B**, puis passe à **C**. **A** devient le nouveau joueur central et **B** va en Position C.

4-5. **C** passe à **D** - il passe à **A**, qui est le nouveau joueur central en Position B.

6-7. **A** remise sur **D**, qui passe à **E**. **A** va en Position C et **D** reste au centre en Position B.

8-9. **E** passe au joueur suivant en attente (**A1**), qui passe à **D** en Position B au centre. **D** va vers **E**, **A1** va vers **B**.

→ Les joueurs alternent les positions:
A → B → C → D → B → E → A1.

Note: C et E font des petits pas rapides avant de recevoir.

Source: Séance de Xabi Alonso au terrain d'entraînement du Bayer 04 Leverkusen -20 septembre 2023

Exercices de Xabi Alonso : Combinaisons de Passes

5. Circuit de Passes en Losange avec Une-Deux, Passe & Va, et Contrôle Orienté et Pression Défensive

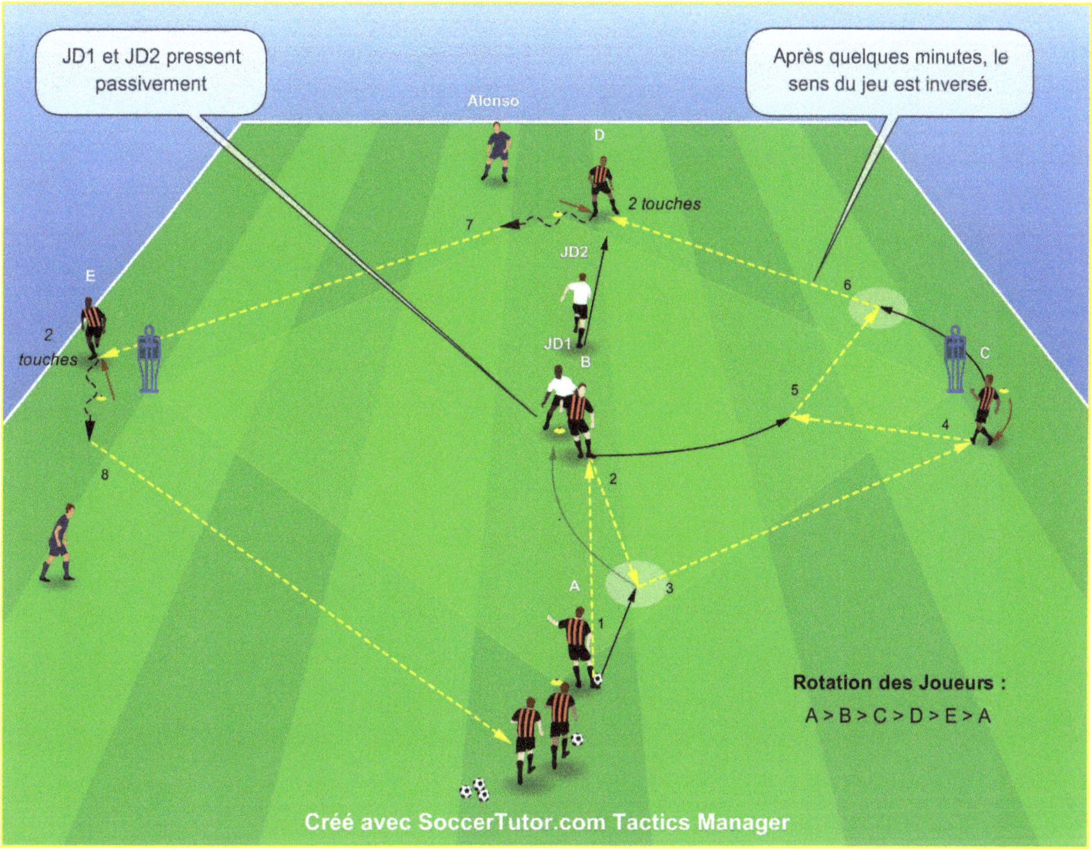

Les 2 joueurs jaunes pressent passivement pour rendre les actions plus réalistes.

Description de l'Exercice

1-2. **A** passe à **B**, qui remet à **A**, qui a avancé, alors qu'il est pressé par derrière par **JD1**.

3. **A** passe sur le côté à **C**, qui s'écarte de son cône pour recevoir.

4-5. **C** joue un passe et va avec **B**, qui se déplace sur le côté pour jouer la passe.

6. **C** passe à **D**, qui est pressé par **JD2**. Il éloigne le ballon de la pression avec un bon contrôle orienté.

7. Sur sa deuxième touche, **D** passe à **E**, qui s'écarte de son cône pour recevoir.

8. **E** fait aussi un bon contrôle orienté puis passe à la position de départ au joueur suivant en attente.

→ Les joueurs alternent les positions: **A → B → C → D → E → A**.

Source: Séance de Xabi Alonso au terrain d'entraînement du Bayer 04 Leverkusen - 20 septembre 2023

Exercices de Xabi Alonso : Combinaisons de Passes

6. Circuit de Passes en Losange avec Une-Deux, Passe & Va, Renversement de Jeu et Pression Défensive

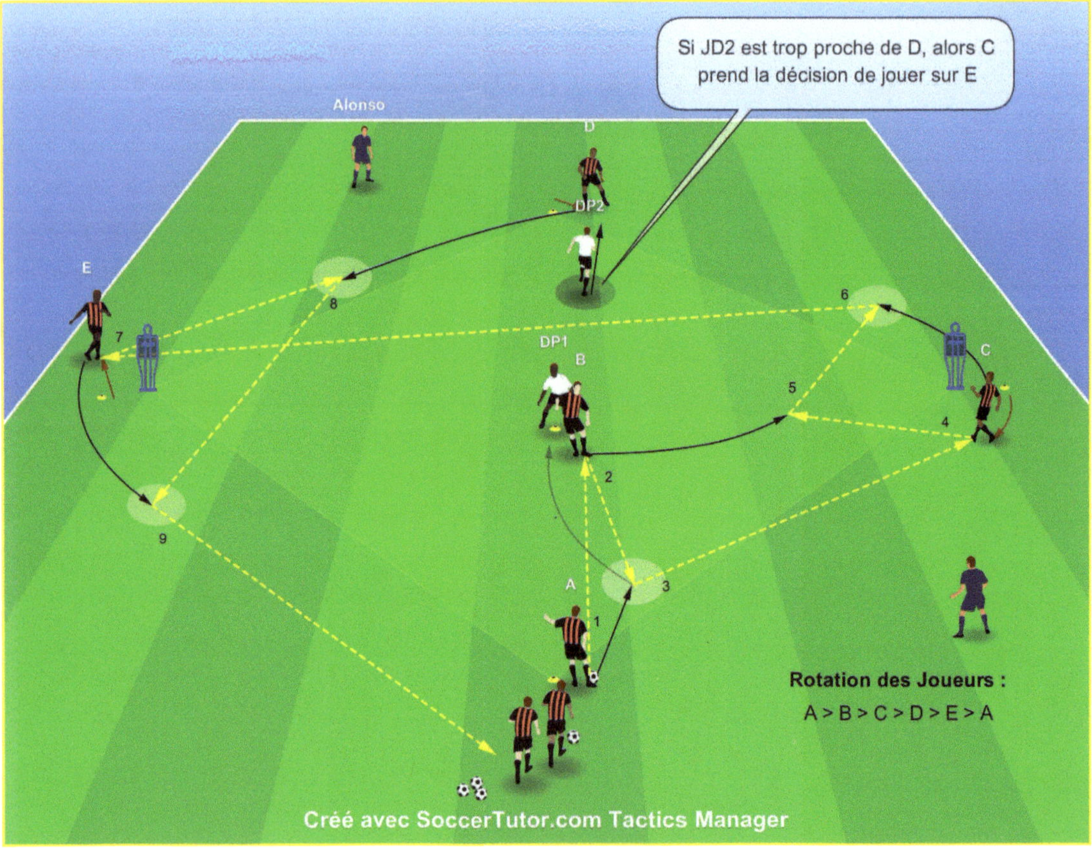

Si JD2 est trop proche de D, alors C prend la décision de jouer sur E

C'est une évolution de l'exercice précédent.

Description de l'Exercice

1-2. A passe à **B**, qui repasse à **A**, qui a avancé, alors qu'il est pressé par derrière par **JD1**.

3. A passe sur le côté à **C**, qui s'écarte de son cône pour recevoir.

4-5. C joue un passe et va avec **B**, qui se déplace sur le côté et s'échappe du marquage pour jouer le retour de passe.

6-7. C passe de l'autre côté du losange pour renverser sur **E**, qui remise pour **D**. **D** s'est écarté de son cône pour attirer la pression de **JD2**, puis change de direction pour recevoir la passe de **E**.

8-9. D passe à **E**, qui contourne le mannequin pour recevoir la remise et compléter le second passe & va. **E** passe à la position de départ au joueur suivant.

→ Les joueurs alternent les positions: A → B → C → D → E → A.

Source: Séance de Xabi Alonso au terrain d'entraînement du Bayer 04 Leverkusen - 20 septembre 2023

Exercices de Xabi Alonso : Combinaisons de Passes

7. Circuit de Passes avec 2 Ballons avec Joueurs de Liaison au Centre et Pression Défensive (Variation 1)

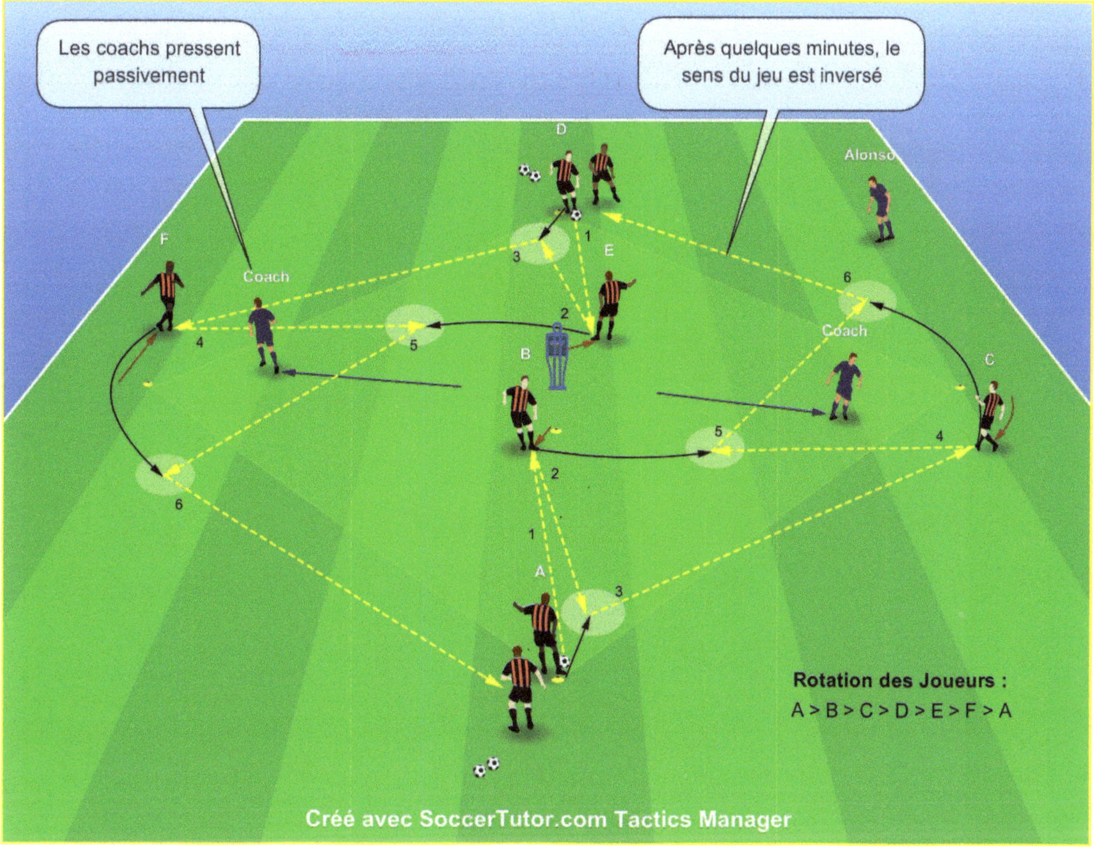

Les coachs pressent passivement

Après quelques minutes, le sens du jeu est inversé

Rotation des Joueurs :
A > B > C > D > E > F > A

L'exercice débute avec 2 ballons depuis A et D simultanément.

Description de l'Exercice

1-3. **A/D** joue une-deux avec **B/E**, puis joue sur le côté sur **C/F**.

4-5. **C/F** est pressé passivement par un coach, puis joue un passe & va avec **B/E**, qui se déplace sur latéralement.

6. **C/F** passe au joueur suivant en attente à la Position D/A et le circuit continue.

→ Les joueurs alternent les positions:
A → B → C → D → E → F → A.

Note: Les joueurs aux positions C et F s'écartent de leur cône avant de bouger pour recevoir, alors qu'ils sont mis sous pression par un coach.

Source: Séance du Bayer Leverkusen de Xabi Alonso au terrain d'entraînement du Bayer 04 Leverkusen - 2024

Exercices de Xabi Alonso : Combinaisons de Passes

8. Circuit de Passes avec 2 Ballons avec Joueurs de Liaison au Centre et Pression Défensive (Variation 2)

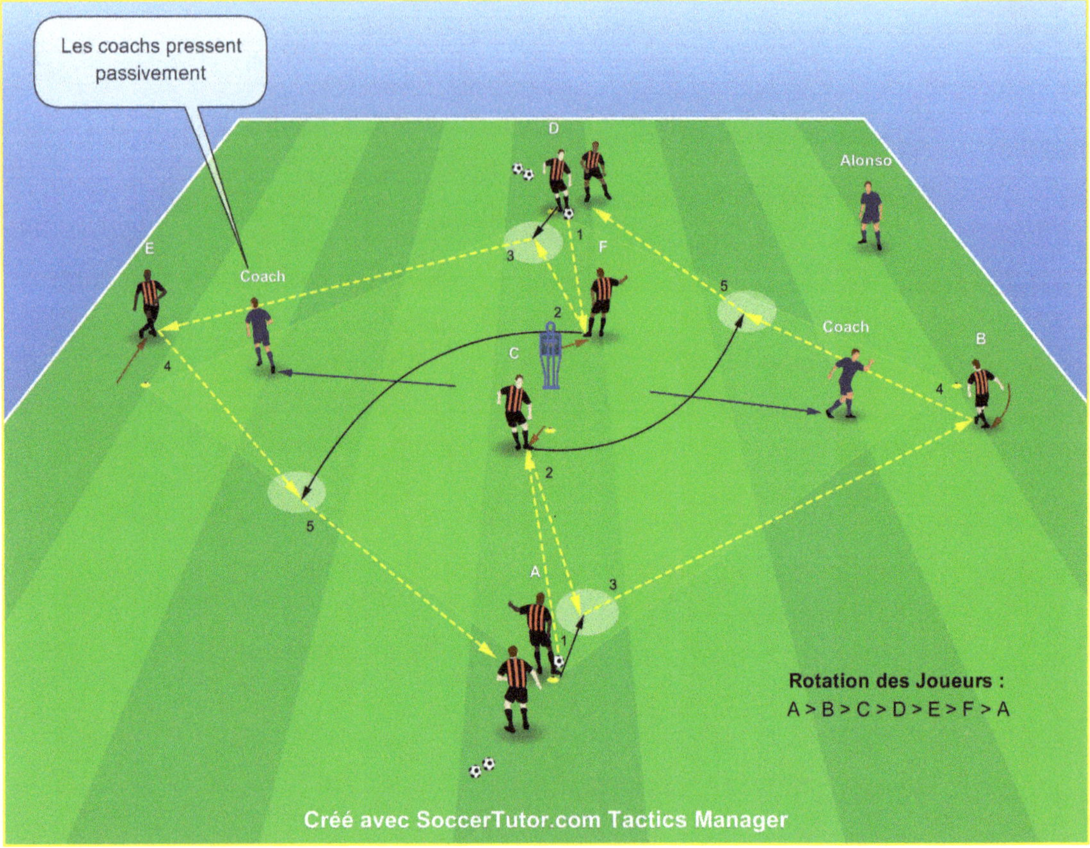

C'est une variation de l'exercice précédent.

Description de l'Exercice

1-3. A/D joue un une-deux avec **C/F**, puis passe sur le côté vers **B/E**.

4. B/E s'écarte de son cône, est mis sous pression passive par un coach, puis s'ouvre et passe (bien dosée) pour la course en courbe de **C/F**.

5. C/F passe au joueur suivant en attente à la Position D/A et le circuit continue.

→ Les joueurs alternent les positions:
A → B → C → D → E → F → A.

Note: Les joueurs aux positions B et E s'écartent de leur cône avant de bouger pour recevoir, alors qu'ils sont mis sous pression par un coach.

Source: Séance du Bayer Leverkusen de Xabi Alonso au terrain d'entraînement du Bayer 04 Leverkusen - 2024

Exercices de Xabi Alonso : Combinaisons de Passes

9. Combinaison de Passes d'un Bout à l'Autre et Jeu en Soutien pour Casser les Lignes (Variation 1)

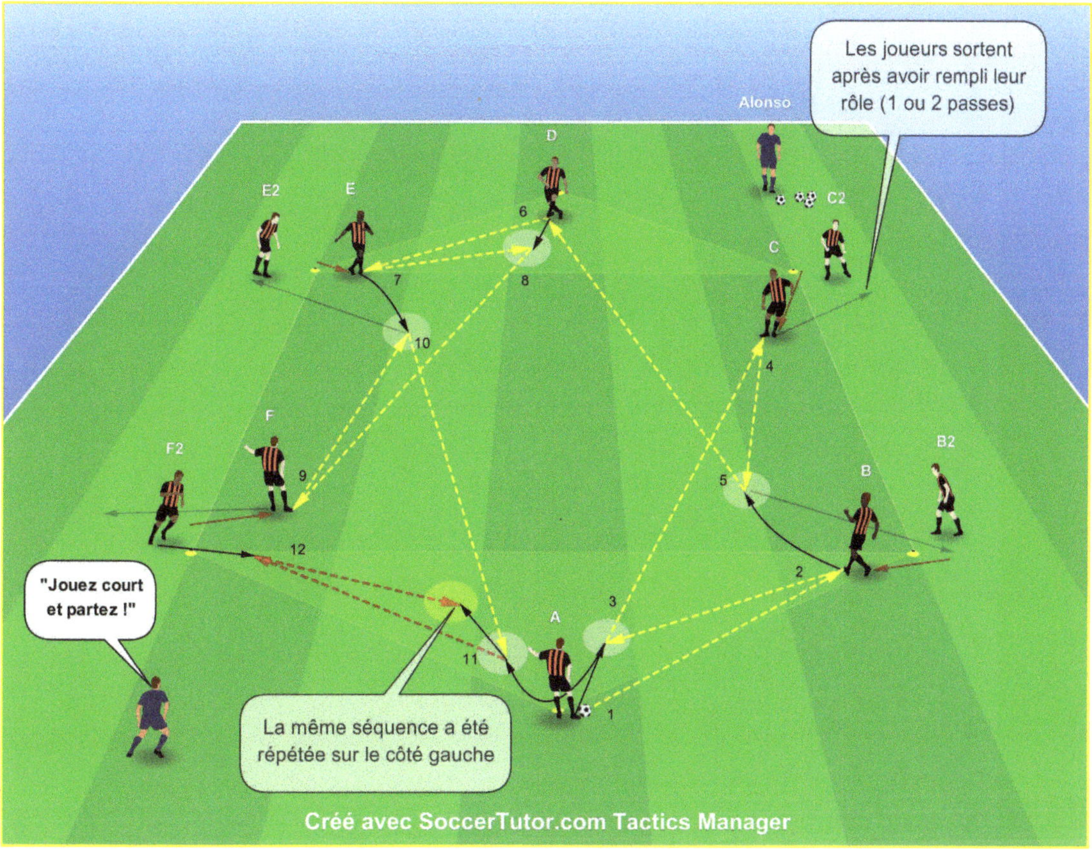

Les joueurs sont nommés de A à F pour mieux illustrer l'ordre de la séquence de passes. Il y a 2 joueurs aux positions B, C, E et F qui entrent et sortent tous après avoir apporté leur contribution (1 ou 2 passes) à la séquence de passes.

Description de l'Exercice

1-3. **A** joue un une-deux avec **B**, puis passe verticalement à **C**, qui décroche.

4-5. **C** remise pour **B** qui donne à **D**.

6-8. **D** joue un une-deux avec **E**, puis passe verticalement à **F**, qui bouge pour recevoir.

9-10. **F** remet le ballon à **E** pour qu'il complète la séquence avec une passe finale pour **A**.

11-12 → La même séquence est répétée symétriquement en partant de la gauche avec **A** jouant a une combinaison en une-deux avec **F2**, puis passant à **E2**.

Source: Séance du Bayer Leverkusen de Xabi Alonso au terrain d'entraînement du Bayer 04 Leverkusen - 2024

Exercices de Xabi Alonso : Combinaisons de Passes

10. Combinaison de Passes d'un Bout à l'Autre et Jeu en Soutien pour Casser les Lignes (Variation 2)

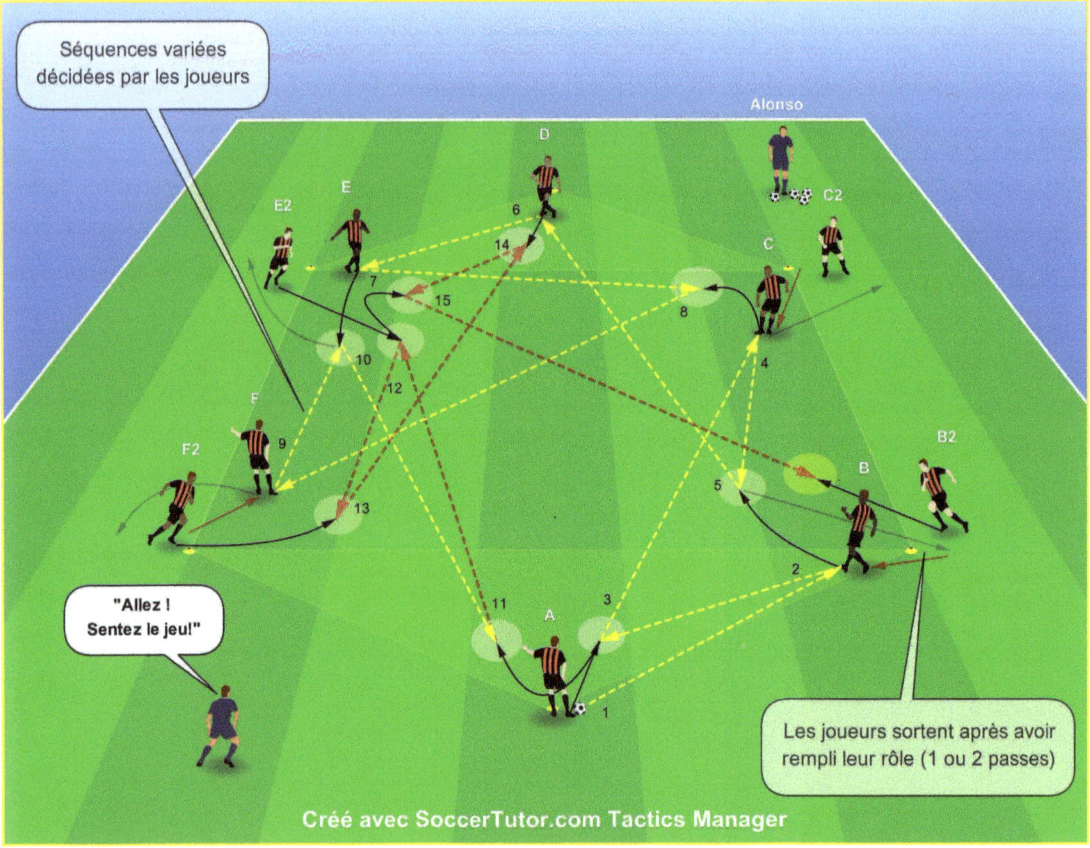

Il s'agit d'une variante de l'exercice précédent où les joueurs ont été vus en train d'utiliser diverses séquences avec prise de décision libre - le diagramme montre 2 des modèles qui ont été observés.

Description de l'Exercice

1-3. **A** joue un une-deux avec **B**, puis passe verticalement à **C**, qui décroche.

4-5. **C** remet le ballon pour **B** qui passe à **D**.

6-7. **D** passe à **E**, qui passe en retrait à **C**.

8-10. **C** passe diagonalement à **F**, qui remise pour **E** pour qu'il complète la séquence avec une passe finale pour **A**.

11-13. **A** passe à **E2**, qui remise pour **F2** tqui donne à **D**.

14-15. **D** fait une passe courte à **E2**, qui joue une passe diagonale vers **B2**.

16 → L'exercice est continu les joueurs créant leurs propres séquences de passes.

Source: Séance du Bayer Leverkusen de Xabi Alonso au terrain d'entraînement du Bayer 04 Leverkusen - 2024

Tactiques de Construction du Jeu du Bayer Leverkusen de Xabi Alonso

Flexibilité Tactique

"Le football est un jeu en constante évolution. Un bon entraîneur doit s'adapter et être prêt à changer de tactique pour s'adapter aux forces de l'équipe et contrer les adversaires."

Xabi Alonso

Bayer Leverkusen de Xabi Alonso Formation en 3-4-2-1 avec Latéraux Offensifs

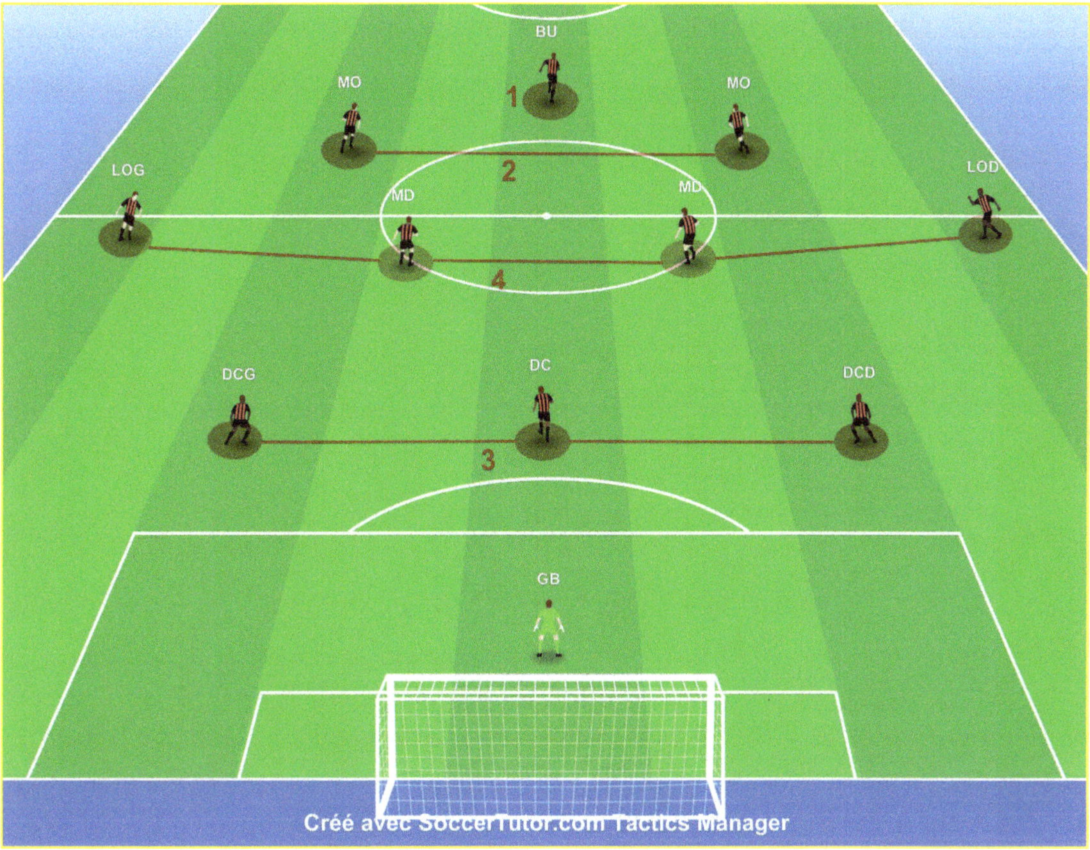

Durant la saison 2023-2024, **Xabi Alonso a mis en place le 3-4-2-1 comme formation principale pour son Bayer Leverkusen**.

Cette formation utilise la polyvalence des joueurs, permettant **des transitions fluides entre les défenses à 3 ou 4 joueurs**.

Dans cette section, nous montrons **comment diverses variantes de construction du jeu ont été utilisées efficacement** par l'équipe de Xabi Alonso pour jouer sous pression et casser les lignes pour progresser en attaque.

- **GB:** Gardien de But
- **DC:** Défenseur Central (Centre)
- **DCG:** Défenseur Central Gauche
- **DCD:** Défenseur Central Droit
- **LOG:** Latéral Offensif Gauche
- **LOD:** Latéral Offensif Droit
- **MD:** Milieu Défensif
- **MO:** Milieu Offensif
- **BU:** Buteur

Bayer Leverkusen de Xabi Alonso : Construction du Jeu en 3-2-5

1. Latéraux Hauts pour Construire en 3-2-5

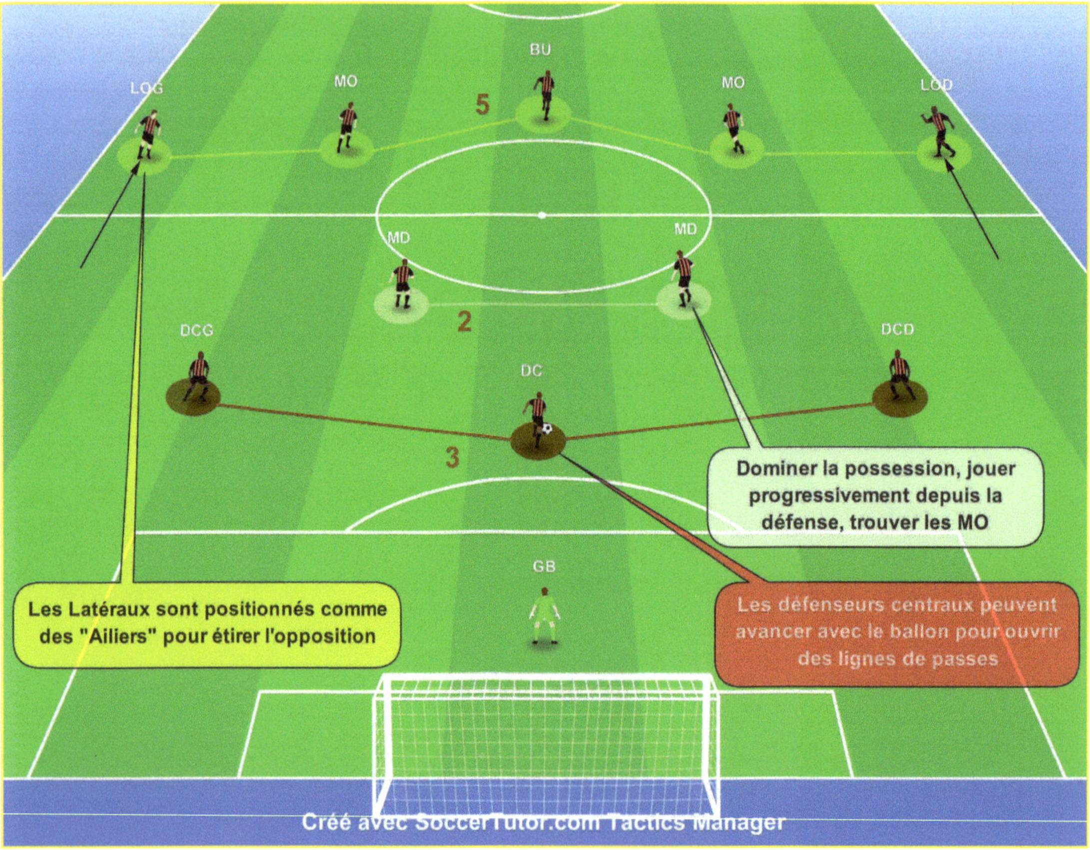

Pour construire le jeu depuis l'arrière avec une **défense à 3 joueurs**, le Bayer Leverkusen utilise une **forme en 3-2-5** avec les deux latéraux **(LOG & LOD)** positionnés haut dans la ligne du milieu de terrain et en attaque pour jouer en tant qu'ailiers.

La stratégie de Xabi Alonso s'articule autour du **contrôle de la possession** et de la circulation du ballon de la défense à l'attaque avec **patience et risque calculé**. Ce dispositif en 3-2-5 libère de l'espace pour les milieux défensifs (**MD**) et les milieux offensifs (**MO**). Les défenseurs centraux sont à l'aise pour jouer court et peuvent également porter le ballon vers l'avant.

Le but est de créer des surnombres et des ouvertures pour faire progresser le jeu à travers le centre.

Une fois que le ballon est joué aux milieux offensifs, l'équipe peut lancer des attaques rapides, souvent avec des surnombres.

Bayer Leverkusen de Xabi Alonso : Tactiques de Construction

2. Exemple Tactique de Construction en 3-2-5 v 2 Attaquants

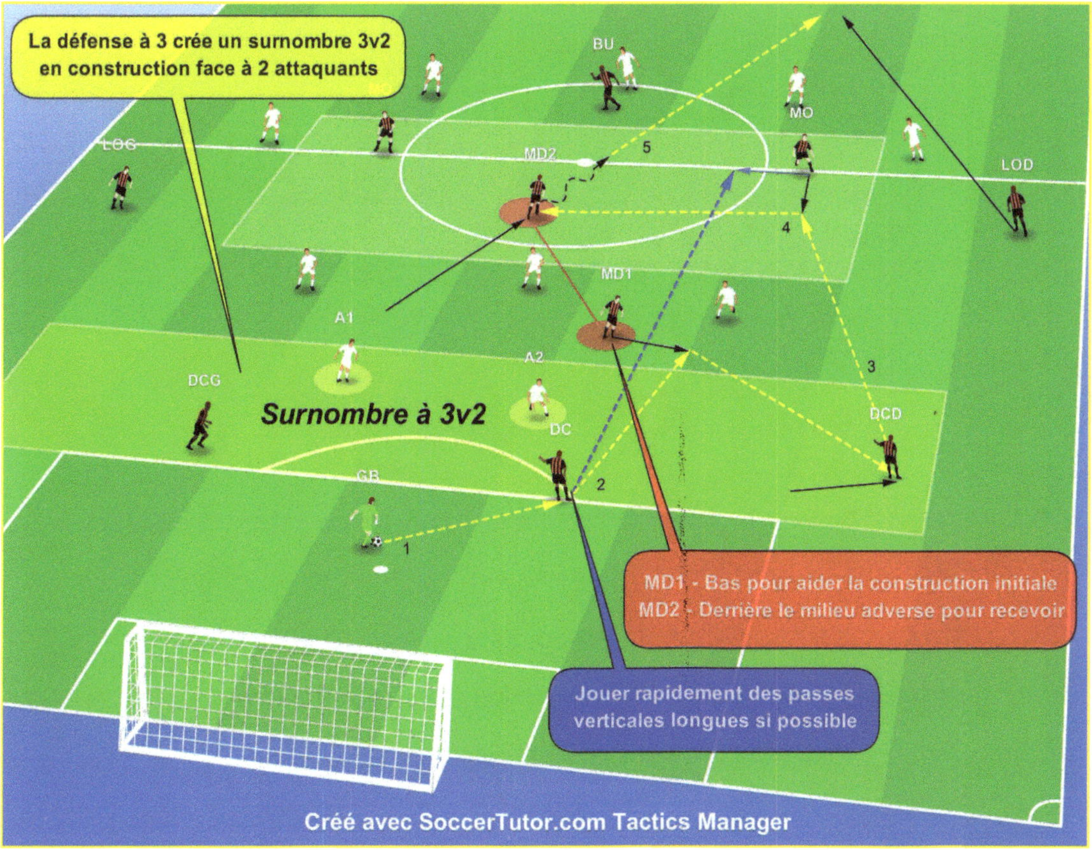

La défense à 3 crée un surnombre 3v2 en construction face à 2 attaquants

Surnombre à 3v2

MD1 - Bas pour aider la construction initiale
MD2 - Derrière le milieu adverse pour recevoir

Jouer rapidement des passes verticales longues si possible

Créé avec SoccerTutor.com Tactics Manager

Le point clé à souligner ici est que les **milieux défensifs (MD) peuvent varier leur jeu entre passes/mouvements verticaux et horizontaux** pour être imprévisibles et perturber l'opposition autant que possible. Dans cet exemple tactique face à une formation en 3-5-2, le **Bayer Leverkusen contrecarre le pressing des 2 attaquants adverses en utilisant 3 joueurs dans leur phase de construction (surnombre 3v2)**. Leur forme de construction en 3-2-5 leur permet de **progresser par l'axe**, ce qui est l'objectif principal de l'équipe pendant cette phase.

Les latéraux (**LOG** & **LOD**) restent écartés. Les milieux défensifs (**MD**) se positionnent derrière la première ligne de pression (derrière A1 et A2), ajustant leurs rôles en fonction du côté où est joué le ballon. Ici, le **MD1** descend plus bas pour aider à la construction, tandis que le **MD2** avance derrière la ligne de milieu de terrain adverse, prêt à recevoir entre les lignes.

MD2 est capable de recevoir après la passe de rebond de **MD1** à **DCD**, et **MO** décroche pour servir de joueur de liaison. À partir de là, le Bayer peut passer à l'attaque avec un surnombre potentiel de 6v5.

Note: S'il y a une ligne de passe claire et que le risque n'est pas trop grand, les défenseurs cherchent à jouer une longue passe vers l'avant à un joueur libre, comme le montre la flèche bleue dans le diagramme.

Bayer Leverkusen de Xabi Alonso : Tactiques de Construction

3. Exemple Tactique de Construction en 3-2-5 v 1 Attaquant

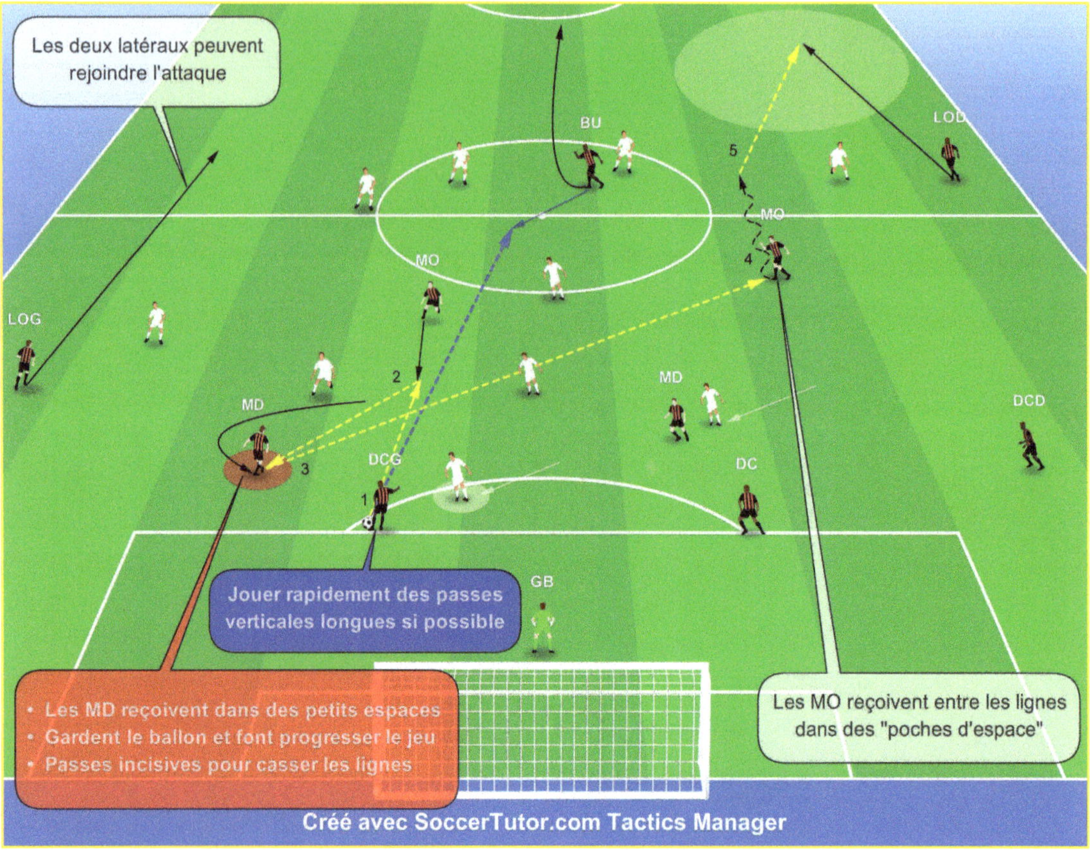

Dans cet exemple tactique contre la formation 4-3-3, le Bayer Leverkusen se concentre sur le jeu depuis l'arrière avec des **passes incisives sous pression**.

Les milieux défensifs (**MD**) sont essentiels, recevant le ballon dans des espaces restreints, conservant la possession et **faisant progresser le jeu avec des passes tranchantes et verticales**. Ces passes visent à trouver les **milieux offensifs (MO) positionnés entre les lignes dans des « poches d'espace »**.

Cela neutralise efficacement 5 ou 6 joueurs adverses, créant des opportunités pour libérer le latéral droit (**LOD**) ou l'avant-centre (**BU**) dans des zones dangereuses.

Les deux latéraux peuvent rejoindre l'attaque, créant potentiellement une situation avantageuse à 4 contre 4 dans le dernier tiers.

Si aucune option de ce type ne se matérialise autour du ballon, les **MD** ont la possibilité de réinitialiser le jeu, maintenant le contrôle et la fluidité dans la construction.

Note: S'il y a une ligne de passe claire et que le risque n'est pas trop grand, les défenseurs chercheront toujours à jouer une longue passe de l'arrière vers l'avant vers un joueur libre s'ils le peuvent, comme le montre la flèche bleue sur le diagramme.

Bayer Leverkusen de Xabi Alonso : Construction du Jeu en 2-3-5 (Variation)

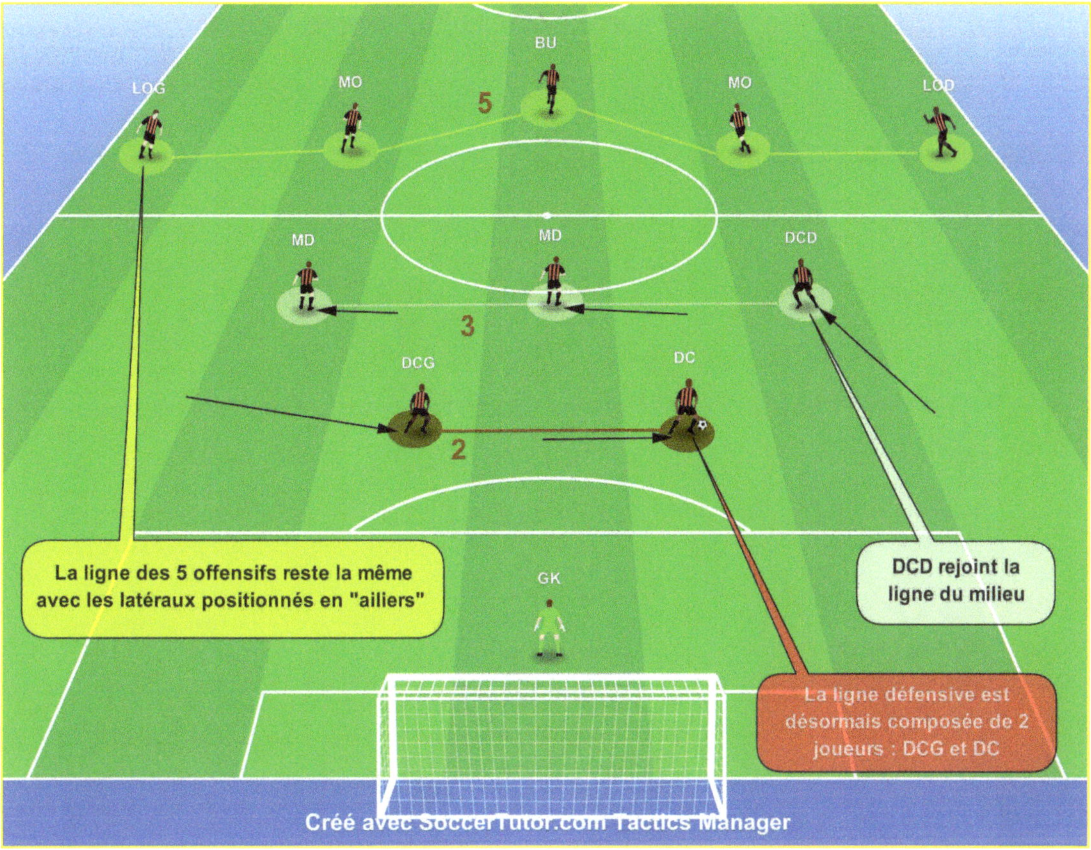

Dans cette variante tactique, le Bayer Leverkusen est capable d'utiliser une configuration en 2-3-5.

Le défenseur central droit (DCD) rejoint la ligne du milieu, formant un trio temporaire avec les 2 milieux défensifs (**MD**).

Cette rotation modifie la configuration de l'équipe, créant une présence au milieu de terrain plus compacte et dynamique. Le mouvement du **DCD** dans la ligne du milieu ajoute un soutien supplémentaire, permettant à l'équipe de conserver la possession plus facilement sous pression contre certains adversaires et systèmes.

Cet ajustement offre également de la flexibilité dans la création de jeu, car **la position avancée du DCD peut aider à surcharger le milieu de terrain**, perturber la structure de l'adversaire et faciliter des transitions plus fluides de la défense à l'attaque.

Bayer Leverkusen de Xabi Alonso : Tactiques de Construction

Bayer Leverkusen de Xabi Alonso : Construction du Jeu en 4-2-4

1. Construction en 4-2-4 avec Latéral Offensif Droit Avancé

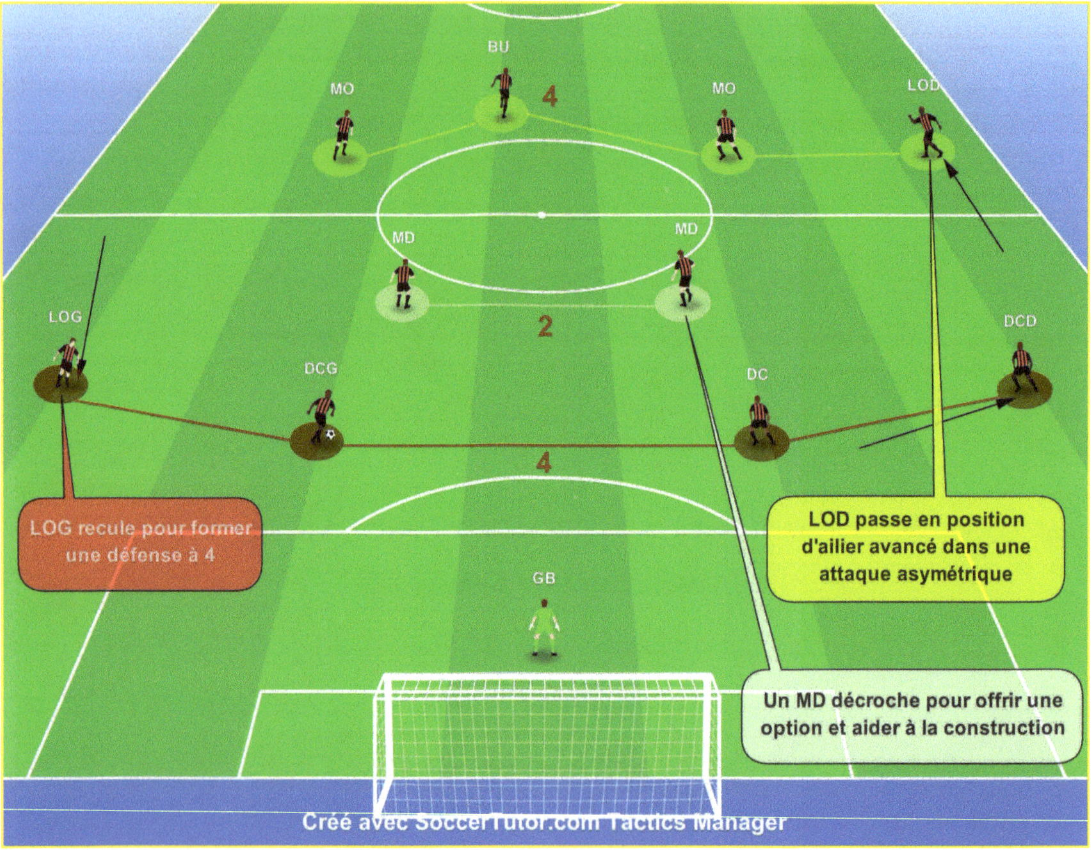

LOG recule pour former une défense à 4

LOD passe en position d'ailier avancé dans une attaque asymétrique

Un MD décroche pour offrir une option et aider à la construction

Lorsqu'elle construit avec une **défense à 4 joueurs**, l'équipe utilise une **configuration en 4-2-4** avec le latéral gauche (**LOG**) qui recule et le latéral droit (**LOD**) qui avance.

Pour passer de la formation initiale en 3-4-2-1 à une configuration en 4-2-4, le défenseur central droit (**DCD**) se déplace en position d'arrière droit et le **LOG** recule en position d'arrière gauche, comme montré.

Les milieux défensifs (**MD**) restent en place. Le **LOD** avance en ailier droit, et le milieu offensif (**MO gauche**) se recentre pour une attaque à 4.

Note: Des joueurs polyvalents permettent à Leverkusen d'ajuster sa forme pendant la construction, créant des options de passes adaptables selon le pressing des différents adversaires.

Bayer Leverkusen de Xabi Alonso : Tactiques de Construction

2. Exemple Tactique de Construction en 4-2-4 v 2 Attaquants

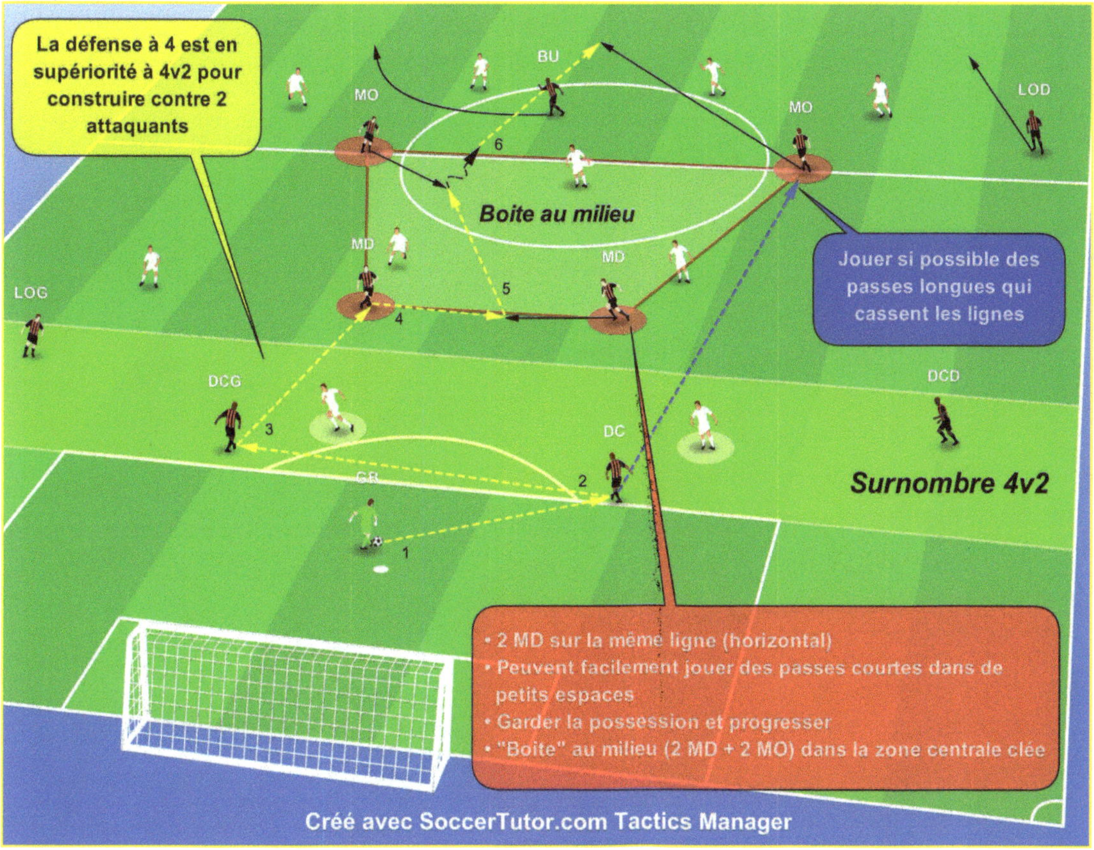

[Diagramme : La défense à 4 est en supériorité à 4v2 pour construire contre 2 attaquants. Boite au milieu. Jouer si possible des passes longues qui cassent les lignes. Surnombre 4v2.

- 2 MD sur la même ligne (horizontal)
- Peuvent facilement jouer des passes courtes dans de petits espaces
- Garder la possession et progresser
- "Boite" au milieu (2 MD + 2 MO) dans la zone centrale clée]

Dans sa forme en 3-4-2-1, le Bayer de Xabi Alonso peut passer à une défense à 4 pour construire le jeu, comme indiqué sur la page précédente. Cet ajustement est particulièrement efficace contre les équipes qui pressent avec 2 attaquants, créant un avantage **4 v 2 en phase de construction.**

TLe double pivot des 2 milieux défensifs (**MD**) peut varier ses alignements horizontaux et verticaux - cet exemple met en évidence la configuration horizontale.

Le défenseur central (**DC**) reçoit du GB et initie le jeu, avec le **DCD** positionné comme arrière droit et les **MD** en soutien derrière la première ligne de pression.

Les **MD** sont alignés horizontalement, ce qui permet des passes courtes et contrôlées dans des espaces restreints. Les défenseurs et les **MD** travaillent ensemble pour conserver la possession et faire progresser le jeu par l'axe.

La configuration en "Boite" dans la zone centrale du milieu de terrain offre un avantage de plus en 4 v 3 une fois que le Bayer Leverkusen a passé le pressing initial.

Note: S'il y a une ligne de passe claire et que le risque n'est pas trop grand, les défenseurs chercheront à jouer une longue passe de l'arrière vers l'avant à un joueur libre, comme le montre la flèche bleue sur le diagramme.

Bayer Leverkusen de Xabi Alonso : Tactiques de Construction

Créer le Surnombre sur le Côté Droit du Terrain puis Renverser le Jeu

![Diagramme tactique]

Cet exemple montre comment l'équipe du Bayer Leverkusen de Xabi Alonso surcharge le côté droit du terrain lors de la construction du jeu depuis l'arrière.

Leur but est de créer un surnombre à 5 v 4 (surligné) pour conserver la possession et faire progresser le jeu vers l'attaque.

Les 2 milieux défensifs (**MD**) peuvent s'aligner horizontalement ou verticalement. Dans cet exemple, ils commencent bas et parallèles, s'adaptant en fonction du pressing de l'adversaire. **Un MD monte tandis que l'autre reste en arrière**.

Cette tactique perturbe la structure défensive de l'adversaire et l'oblige à s'adapter, ce qui ouvre des espaces. La flexibilité du Bayer permet de contrôler le jeu et de briser efficacement les défenses.

Dans le diagramme, **l'opposition est entraînée sur un côté. Le surnombre à 5 v 4 permet au Bayer de jouer de la droite vers le centre, puis de basculer le jeu** vers le côté faible où il existe une situation favorable de 2 v 1 à exploiter.

Bayer Leverkusen de Xabi Alonso : Tactiques de Construction

Construction du Bayer Leverkusen de Xabi Alonso en 4-2-4 depuis les Renvois aux 6 m

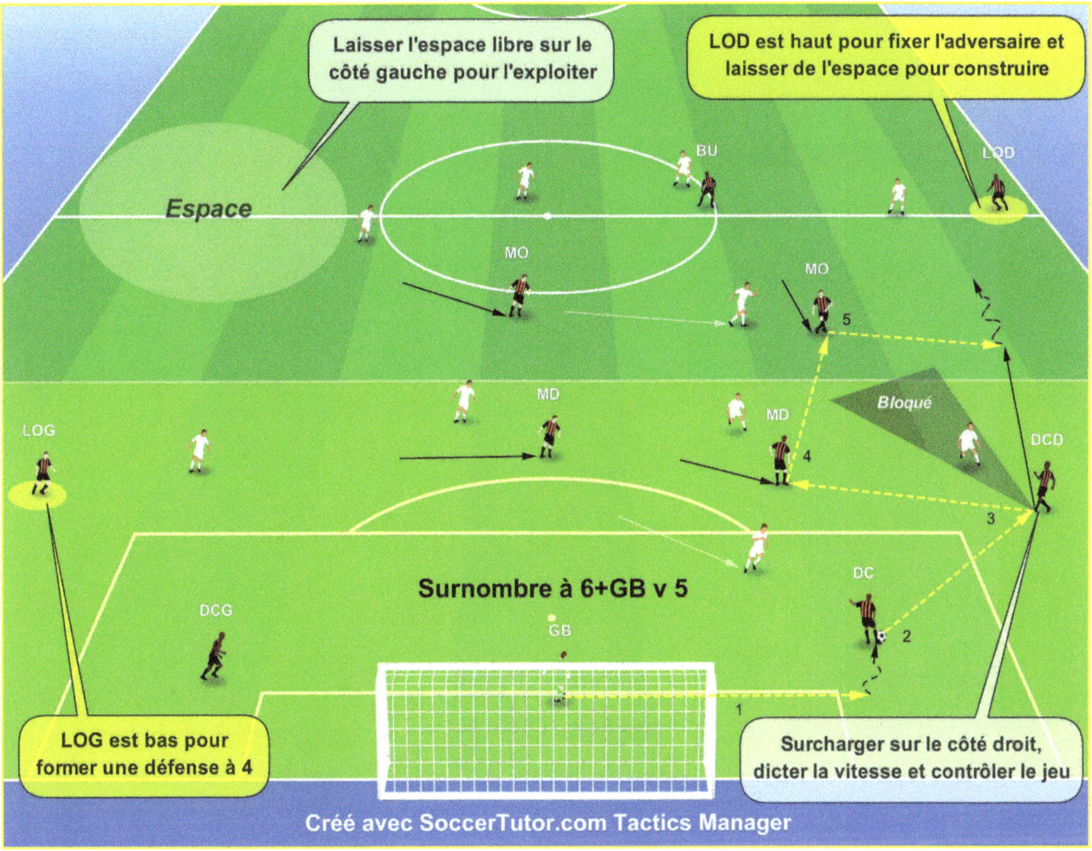

Dans cet exemple tactique, le Bayer Leverkusen joue contre l'un 4-3-3 et adopte une configuration en 4-2-4 pour construire le jeu à partir d'un renvoi aux 6 mètres.

L'arrière latéral gauche (**LOG**) est en retrait dans le cadre d'une défense à 4 et l'arrière latéral droit (**LOD**) est placé haut pour fixer l'adversaire et créer de l'espace pour la phase de construction.

Cette approche est **similaire à la tactique utilisée par Roberto De Zerbi**. Elle implique 6 joueurs plus le gardien de but pour créer un avantage numérique de 6 (+GB) v 5.

Lors de la construction depuis les 6 m, l'accent est souvent mis sur la surcharge du côté droit, aidant l'équipe de Xabi Alonso à battre le pressing, avancer le ballon et dicter le rythme, la vitesse et le contrôle depuis l'arrière.

Lorsque **l'équipe adverse se déplace pour contrer cette surcharge**, **un espace s'ouvre sur le côté gauche**, idéal pour un renversement du jeu vers le latéral gauche (**LOG**).

Combinaisons pour Construire le Jeu

Directement Tirées des Séances de Xabi Alonso

Exercices de Xabi Alonso : Combinaisons pour Construire le Jeu

1. Circuit de Combinaisons pour Construire et Casser la Ligne du Milieu d'un Bout à l'Autre (Variation 1)

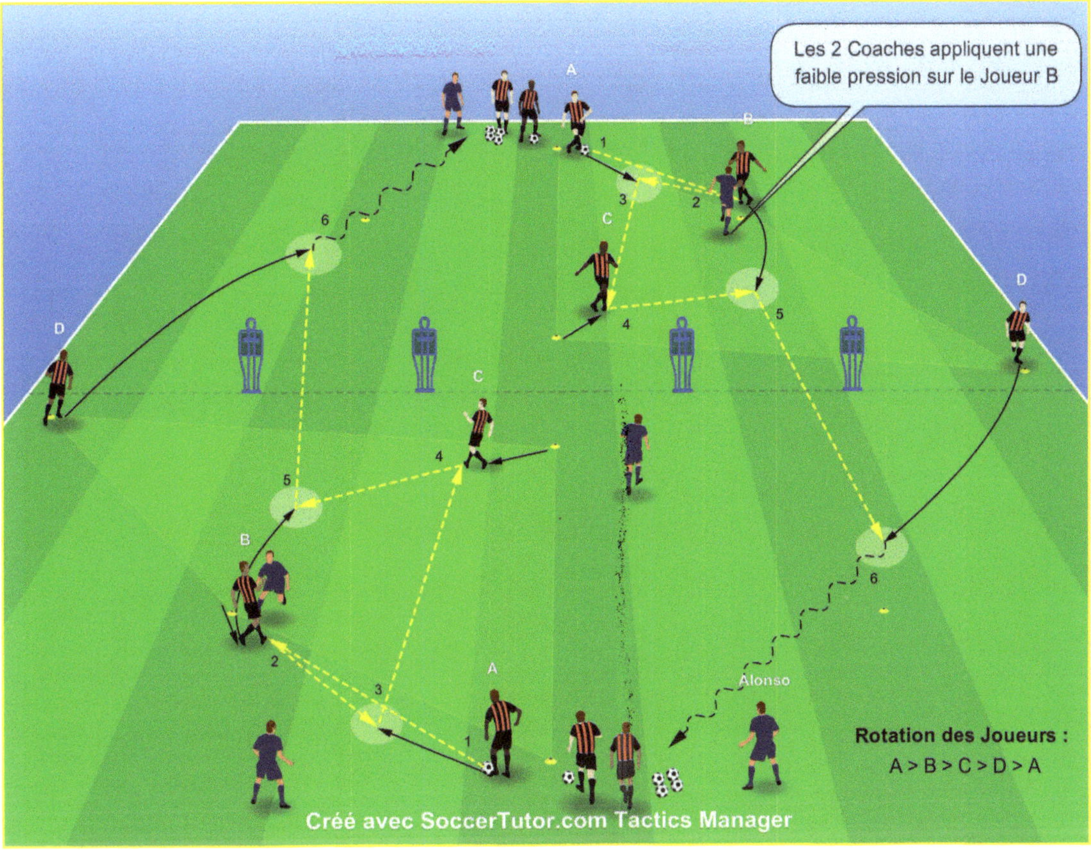

Description de l'Exercice

La séquence démarre avec 2 ballons (un à chaque extrémité avec le joueur A).

1-2. A joue un une-deux avec B. Le Coach presse passivement B pour forcer la passe en retrait vers A.

3-4. A passe verticalement à C, qui se démarque du cône pour mettre le ballon dans la course de B.

5. B joue une passe en profondeur entre les mannequins, bien dosée dans la course de D derrière la ligne du milieu.

6. D reçoit et dribble jusqu'à la Position A à l'opposé.

→ Les joueurs alternent continuellement leurs positions : A → B → C → D → A.

→ La même séquence se répète lorsque les joueurs suivants jouent.

Source: Séance de Xabi Alonso au terrain d'entraînement du Bayer 04 Leverkusen - 1er mai 2024

Exercices de Xabi Alonso : Combinaisons pour Construire le Jeu

2. Circuit de Combinaisons pour Construire et Casser la Ligne du Milieu d'un Bout à l'Autre (Variation 2)

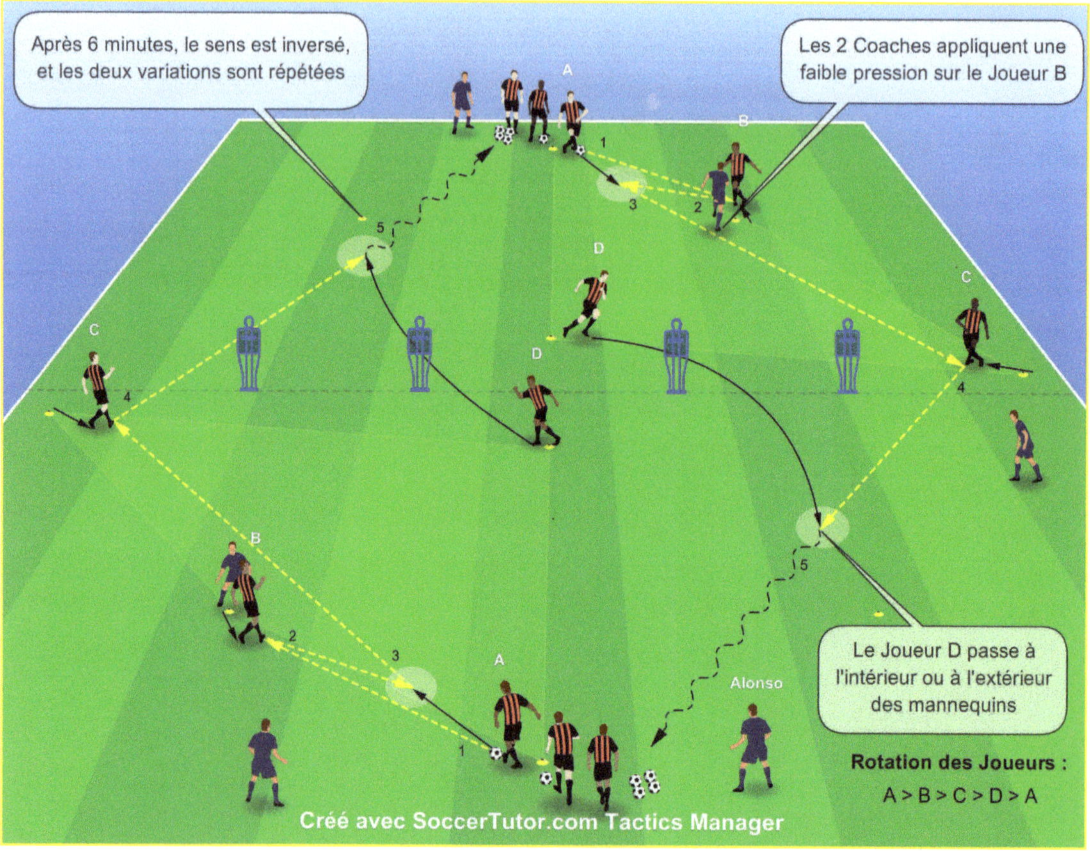

Il s'agit d'une variante de l'exercice précédent.

Description de l'Exercice

1-2. **A** joue un une-deux avec **B**. Le Coach presse passivement **B** pour forcer la passe en retrait vers **A**.

3-4. **A** passe sur le côté à **C**, qui joue derrière la ligne du milieu dans la course de **D**.

5. **D** reçoit et dribble jusqu'à la Position A à l'opposé.

Note: D peut passer à l'intérieur ou à l'extérieur des mannequins pour recevoir la passe en profondeur de C.

→ Les joueurs alternent continuellement leurs positions : A → B → C → D → A.

→ La même séquence se répète lorsque les joueurs suivants jouent.

→ Après 6 minutes, le sens du jeu est inversé - la variation de la page précédente et celle-ci sont répétées en sens inverse.

Source: Séance de Xabi Alonso au terrain d'entraînement du Bayer 04 Leverkusen - 1er mai 2024

Exercices de Xabi Alonso : Combinaisons pour Construire le Jeu

3. Circuit de Passes Combinaisons pour Construire, Passe en Profondeur pour Casser Ligne du Milieu et Dribble

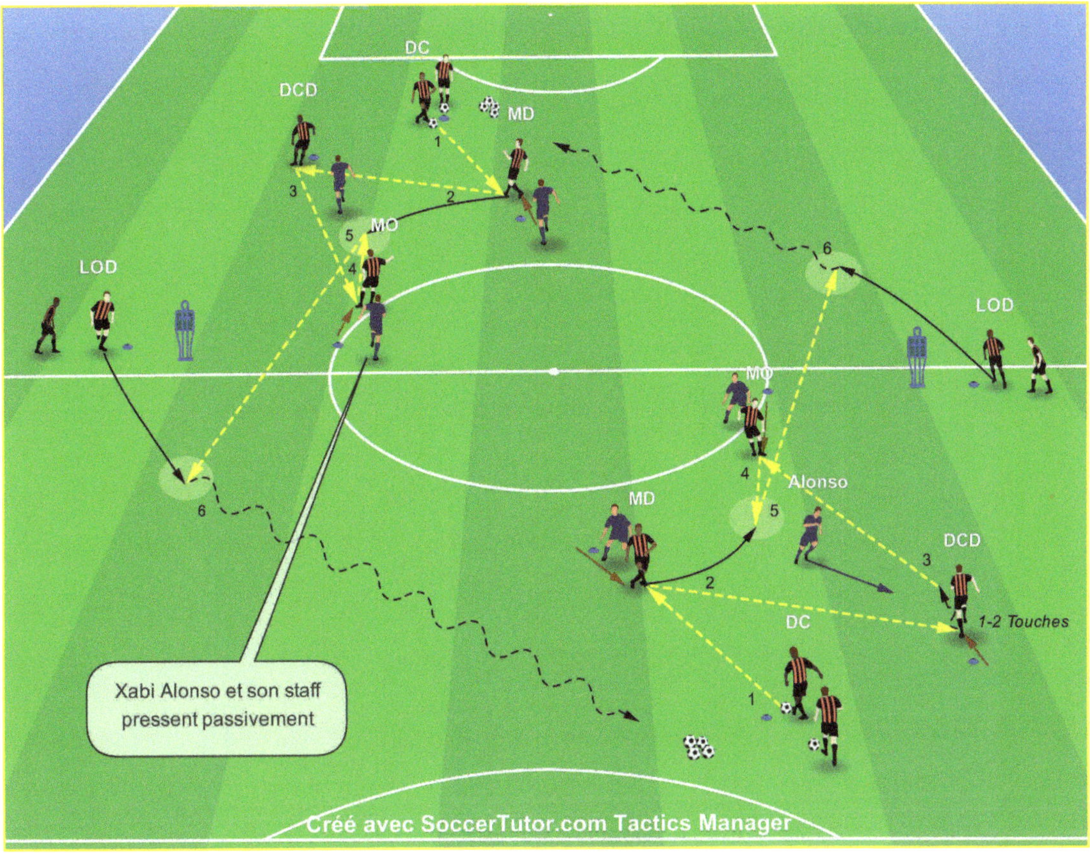

Description de l'Exercice

La séquence démarre simultanément avec 2 ballons (une à chaque extrémité avec DC).

1. **DC** passe à **MD** et le Coach presse passivement par derrière.

2-3. **MD** passe à **DCD** et un autre Coach presse. **DCD** reçoit en une touche puis touche à nouveau pour passer à **MO**.

4. **MO** est aussi pressé par derrière par un Coach, donc il remet le ballon pour **MD**.

5. **MD** joue une passe en profondeur vers l'autre côté du terrain (cassant la ligne du milieu), dosée dans la course en profondeur de **LOD**.

6. **LOD** reçoit la passe et dribble jusqu'à la Position DC à l'opposé.

→ Les joueurs alternent leurs positions: **DC → MD → DCD → MO → LOD → DC**.

→ La même séquence se répète lorsque les joueurs suivants jouent.

Source: Séance de Xabi Alonso au terrain d'entraînement du Bayer 04 Leverkusen - 2024

Exercices de Xabi Alonso : Combinaisons pour Construire le Jeu

4. Circuit de Combinaisons pour Construire et Casser la Ligne du Milieu (Passe en Profondeur)

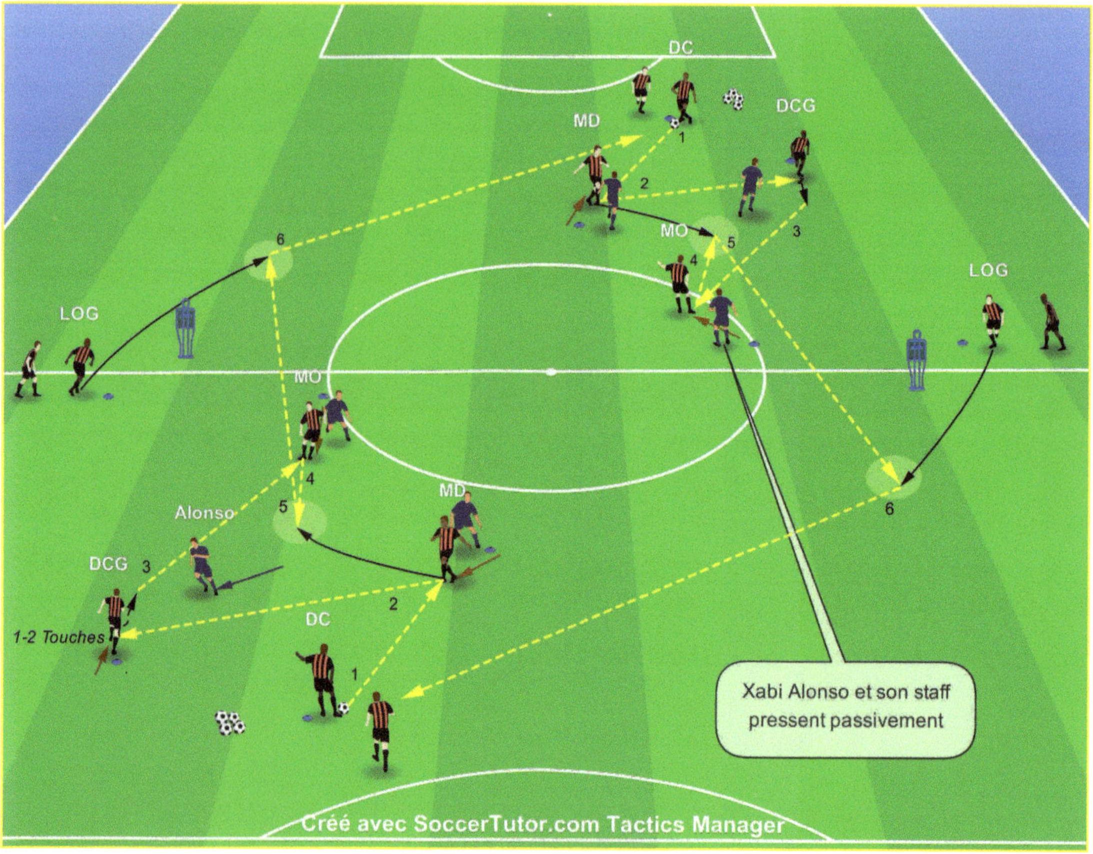

Description de l'Exercice

La séquence démarre simultanément avec 2 ballons (une à chaque extrémité avec DC).

1. **DC** passe à **MD** et le Coach presse passivement par derrière.

2-3. **MD** passe à **DCG** et un autre Coach presse passivement. **DCG** reçoit en une touche puis passe à **MO**.

4. **MO** est aussi pressé par derrière par un Coach, donc il remet le ballon pour **MD**.

5. **MD** passe en profondeur vers l'autre côté du terrain (cassant la ligne du milieu), bien dosé dans la course de **LOG**.

6. Contrairement à la première variation, **LOG** passe sans contrôle à Position DC à l'opposé (au lieu de dribbler).

→ Les joueurs alternent leurs positions: **DC → MD → DCG → MO → LOG → DC**.

→ La même séquence se répète lorsque les joueurs suivants jouent.

Source: Séance de Xabi Alonso au terrain d'entraînement du Bayer 04 Leverkusen - 2024

Exercices de Xabi Alonso : Combinaisons pour Construire le Jeu

5. Circuit de Passes avec Combinaisons pour Construire, Renversement, et Passe & Va pour Casser la Ligne du Milieu

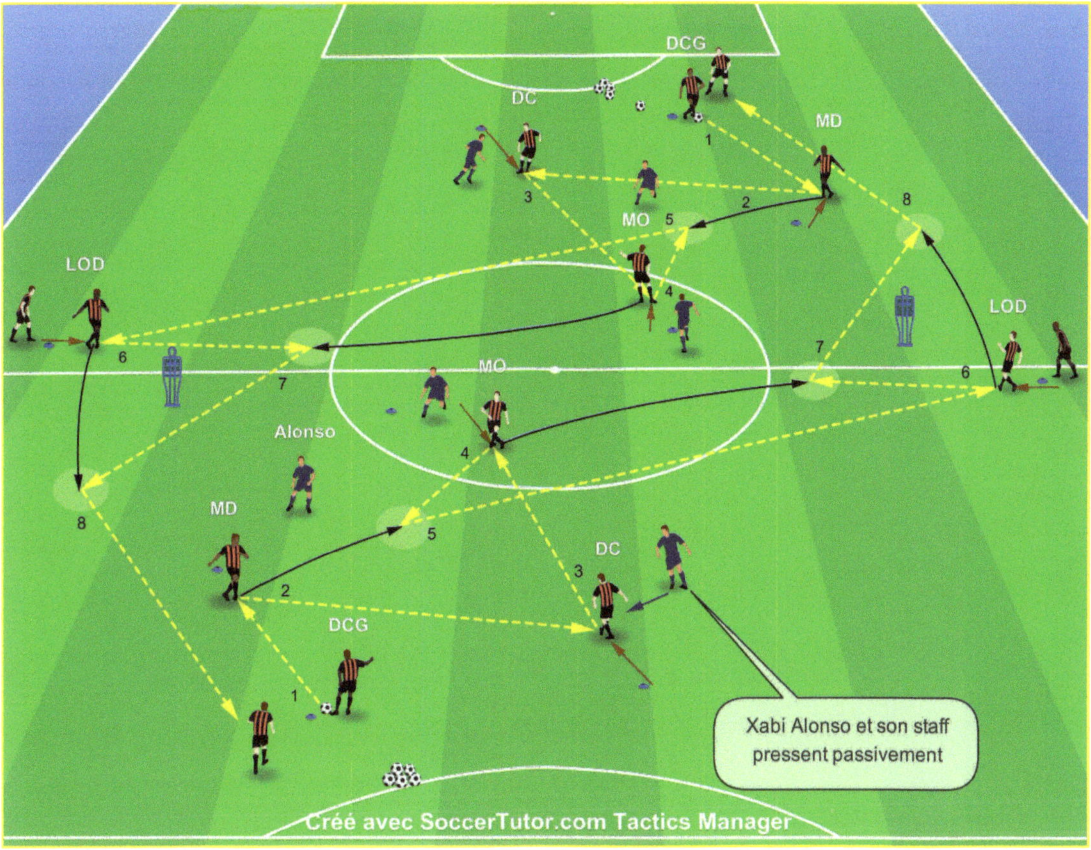

Description de l'Exercice

La séquence démarre simultanément avec 2 ballons (une à chaque extrémité avec DCG).

1-2. **DCG** passe à **MD**, qui passe latéralement à **DC**. Le Coach presse.

3-4. **DC** passe à **MO** sous la pression passive d'un coach, puis **MO** remet à **MD** qui progresse.

5. **MD** renverse le jeu sur **LOD** devant le mannequin.

6-7. **LOD** joue un passe & va avec **MO** (qui se déplace latéralement) et reçoit après avoir contourné le mannequin.

8. **LOD** passe à la Position DCG à l'opposé pour compléter la séquence.

→ Les joueurs alternent leurs positions : **DCG → MD → DC → MO → LOD → DCG**.

→ La même séquence se répète lorsque les joueurs suivants jouent.

Source: Séance de pré-saison de Xabi Alonso avec le Bayer à Donaueschingen, Allemagne - 29 juillet 2024

Exercices de Xabi Alonso : Combinaisons pour Construire le Jeu

6. Circuit de Passes avec Pressing Varié pour Construire et Casser la Ligne du Milieu (1)

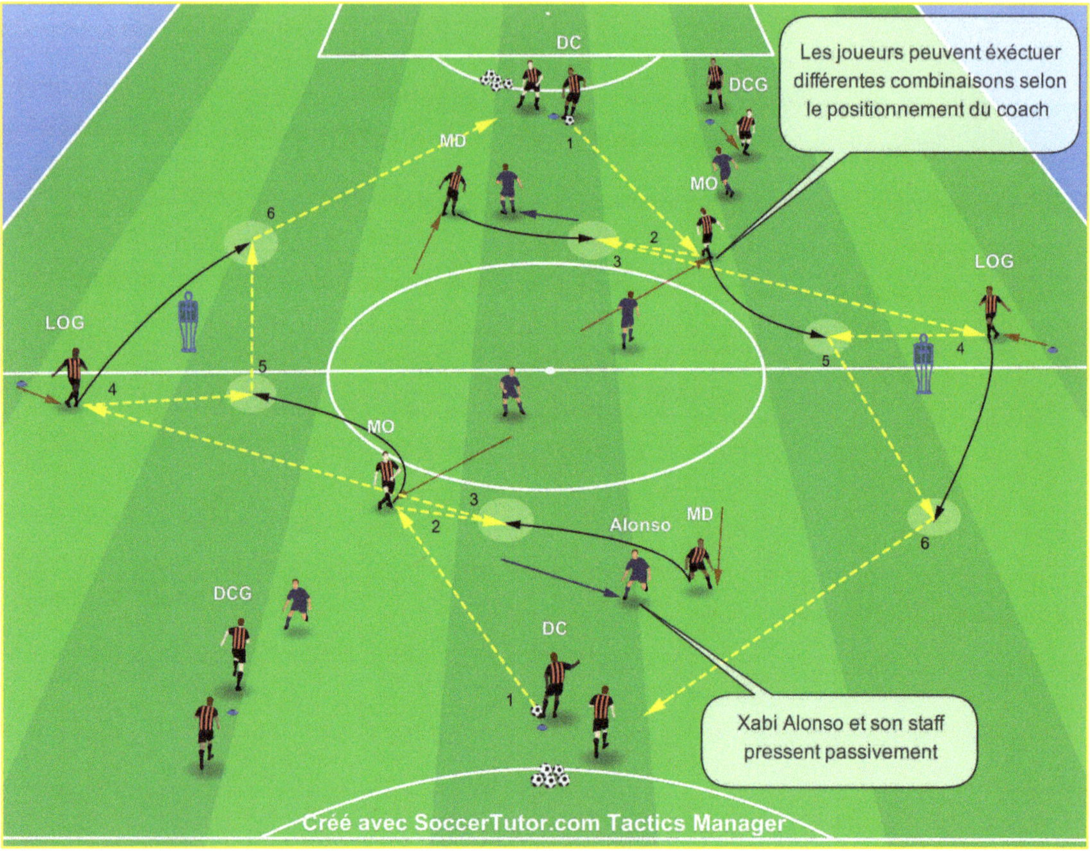

Description de l'Exercice

Dans cette évolution des exercices précédents, les joueurs exécutent des combinaisons basées sur le type de pressing appliqué par les entraîneurs.

1-2. Le Coach bloque la passe vers **MD**, donc **DC** passe à **MO**, puis **MD** bouge pour recevoir la passe suivante.

3-6. **MD** passe sur le côté à **LOG**, qui joue un passe & va avec **MO**, puis passe à la Position DC à l'opposé.

→ Les joueurs alternent les positions : **DC** → **MD** → **DCG** → **MO** → **LOG** → **DC**.

→ Les joueurs suivants commencent.

→ De nombreuses combinaisons différentes sont observées et 2 autres exemples sont présentés sur la page suivante.

Source: Séance de Xabi Alonso au terrain d'entraînement du Bayer 04 Leverkusen - 2 décembre 2022

Exercices de Xabi Alonso : Combinaisons pour Construire le Jeu

7. Circuit de Passes avec Pressing Varié pour Construire et Casser la Ligne du Milieu (2)

Description de l'Exercice

Ce diagramme montre 2 variantes de l'exercice de la page précédente.

BAS 1-2. **Alonso** bloque la passe vers **MO**, donc **DC** passe à **MD**, qui passe ensuite à **MO**.

3-4. **MO** passe en retrait à **DCG** qui avance et passe sur le côté à **LOG**.

5-7. **LOG** joue un passe & va avec **MO**, puis passe à la Position DC à l'opposé.

HAUT 1-4. Le Coach presse avec une course courbée, ce qui force **DC** et **MD** à jouer 4 passes pour trouver **MO**.

5-6. **MO** passe en retrait à **DCG** qui avance et passe sur le côté à **LOG**.

7-9. **LOG** joue un passe & va avec **MO**, puis passe à la Position DC à l'opposé.

→ The players rotate their positions: **DC** → **MD** → **DCG** → **MO** → **LOG** → **DC**.

→ Les joueurs suivants commencent.

Source: Séance de Xabi Alonso au terrain d'entraînement du Bayer 04 Leverkusen - 2 décembre 2022

Exercices de Xabi Alonso : Combinaisons pour Construire le Jeu

8. Circuit de Passes Construction en Position / Combinaisons à Travers Lignes de Passes Bloquées (Variation 1)

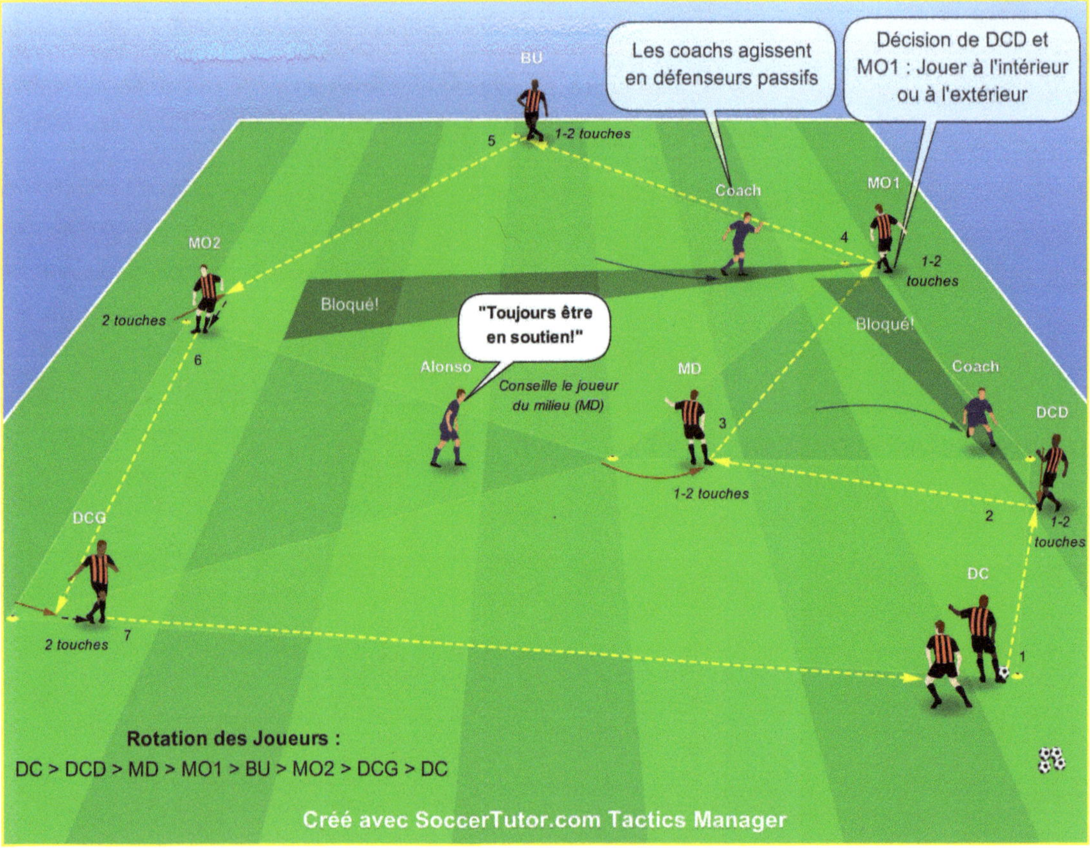

Les **Rôles Positionnels** sont 3 défenseurs centraux (DCG, DC, & DCD), 1 milieu défensif (MD), 2 milieux offensifs (MO), et l'avant-centre (BU) du 3-4-2-1 du Bayer.

Description de l'Exercice

1. DC passe à **DCD** et un coach presse de façon à bloquer la passe vers **MO1**.

2-4. DCD passe à **MD**, qui se décale pour recevoir, et passe à **MO1**. **MO1** est pressé par un coach qui bloque un renversement, donc il passe à **BU**.

5-7. BU passe à **MO2**, qui passe en retrait à **DCG**. DCG passe au joueur suivant qui attend en Position DC.

→ La même séquence est répétée alors que les joueurs changent de position :
DC → DCD → MD → MO1 → BU → MO2 → DCG → DC.

Point Clé : MD agit comme joueur de liaison pour déplacer le ballon vers **MO1** en contournant la ligne de passe bloquée.

Source: Séance de Xabi Alonso au terrain d'entraînement du Bayer 04 Leverkusen - 2 décembre 2022

Exercices de Xabi Alonso : Combinaisons pour Construire le Jeu

9. Circuit de Passes Construction en Position / Combinaisons à Travers Lignes de Passes Bloquées (Variation 2)

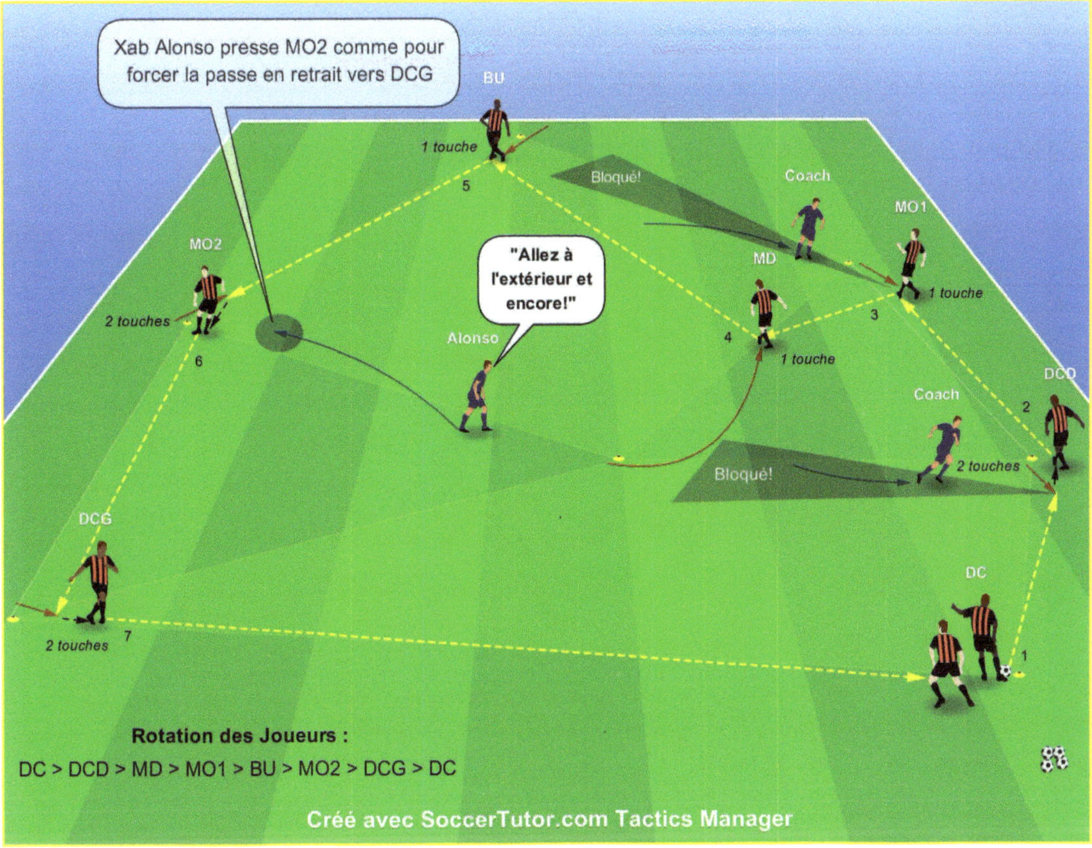

*Les **Rôles Positionnels** sont 3 défenseurs centraux (DCG, DC, & DCD), 1 milieu défensif (MD), 2 milieux offensifs (MO), et l'avant-centre (BU) du 3-4-2-1 du Bayer.*

Description de l'Exercice

1. DC passe à **DCD** et un coach presse pour bloquer la passe intérieure vers **MD**.

2-4. DCD passe à vers l'avant à **MO1**, qui est aussi pressé pour bloquer la passe vers **BU**. **MO1** remet pour la course vers l'avant de **MD**, qui passe ensuite à **BU**.

5-7. BU passe à **MO2** (pressé par **Alonso**), qui passe en retrait à **DCG**. **DCG** passe au joueur suivant attendant en Position DC.

→ La même séquence se répète lorsque les joueurs changent de position: DC → DCD → MD → MO1 → BU → MO2 → DCG → DC.

Point Clé: MO1 agit en joueur de liaison pour trouver **MD**, et **MD** agit en joueur de liaison pour trouver **BU**.

Source: Séance de Xabi Alonso au terrain d'entraînement du Bayer 04 Leverkusen - 2 décembre 2022

Exercices de Xabi Alonso : Combinaisons pour Construire le Jeu

10. Circuit de Passes Construction en Position / Combinaisons à Travers Lignes de Passes Bloquées (Variation 3)

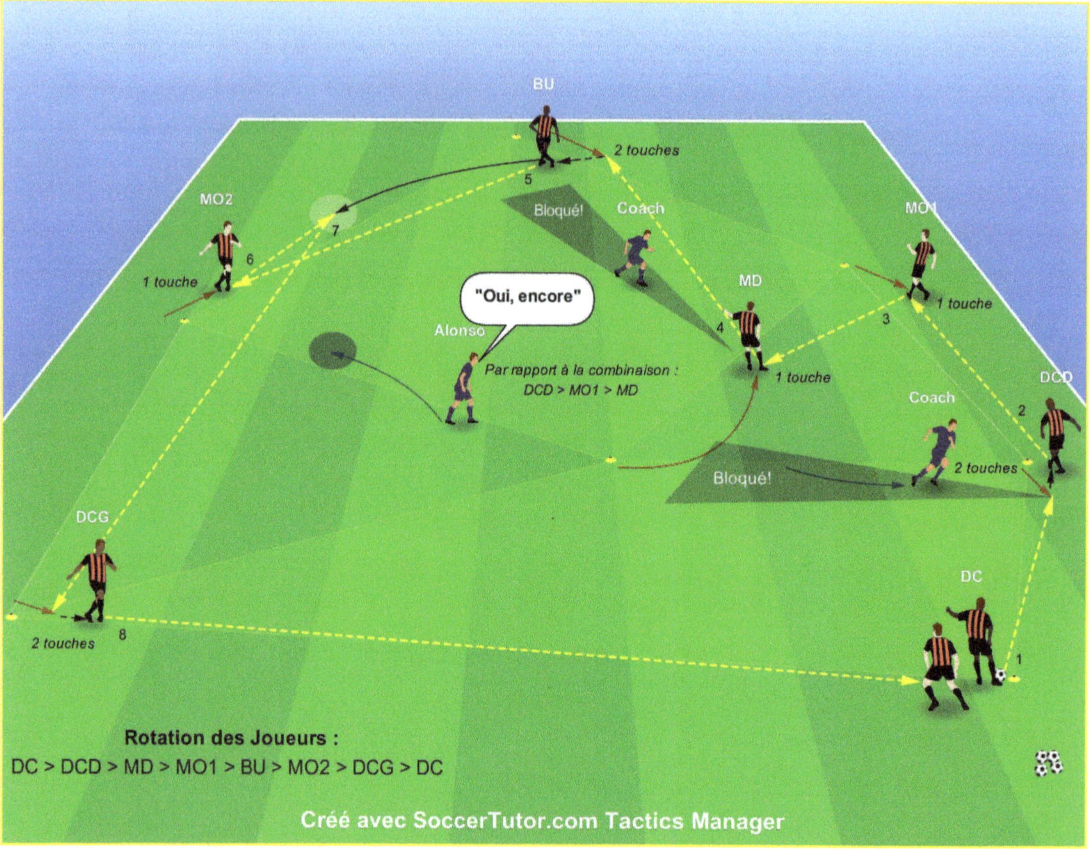

Les **Rôles Positionnels** sont 3 défenseurs centraux (DCG, DC, & DCD), 1 milieu défensif (MD), 2 milieux offensifs (MO), et l'avant-centre (BU) du 3-4-2-1 du Bayer.

Description de l'Exercice

1. **DC** passe à **DCD** et un coach presse de façon à bloquer la passe intérieure vers **MD**.

2-3. **DCD** passe vers l'avant à **MO1**, qui remet dans la course de **MD**. **MD** est pressé par un coach bloquant la ligne de passe directe vers **BU**. Pour contourner, **BU** se déplace pour créer un angle pour recevoir une passe vers l'avant.

4-8. **MD** passe à **BU**, qui reçoit et joue un une-deux avec **MO2**, avant de passer à **DCG**. **DCG** passe au joueur suivant qui attend en Position DC.

→ La même séquence se répète lorsque les joueurs changent de position: **DC → DCD → MD → MO1 → BU → MO2 → DCG → DC**.

Source: Séance de Xabi Alonso au terrain d'entraînement du Bayer 04 Leverkusen - 2 décembre 2022

Exercices de Xabi Alonso : Combinaisons pour Construire le Jeu

11. Circuit de Passes Construction en Position / Combinaisons à Travers Lignes de Passes Bloquées (Variation 4)

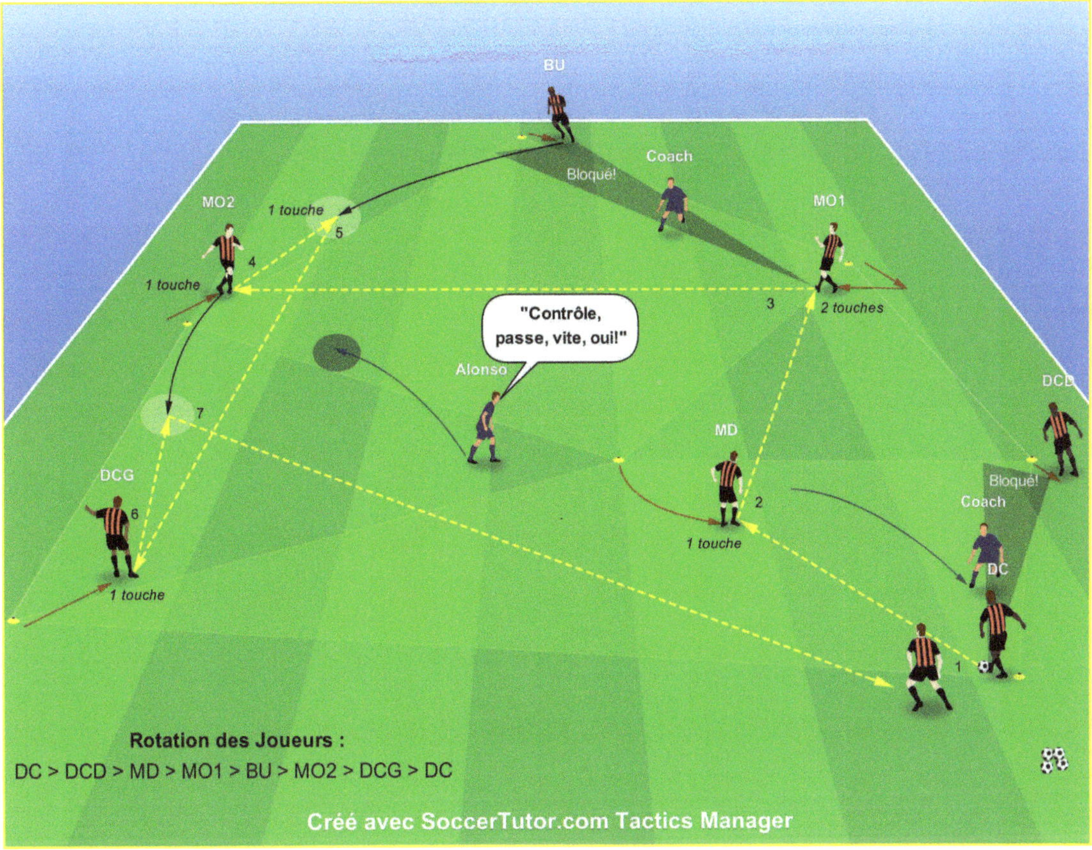

Les **Rôles Positionnels** sont 3 défenseurs centraux (DCG, DC, & DCD), 1 milieu défensif (MD), 2 milieux offensifs (MO), et l'avant-centre (BU) du 3-4-2-1 du Bayer.

Description de l'Exercice

1. Alors que l'entraîneur presse de façon à bloquer la passe à **DCD**, **DC** passes to **MD**, qui joue vers l'avant sur **MO1**.

2-3. Le coach presse pour bloquer la passe à **BU**, donc **MO1** passe sur le côté à **MO2**.

4-5. MO2 remet dans la course vers l'avant de **BU** et il passe à **DCG**.

6-7. DCG met aussi dans le course de **MO2** et il passe au joueur suivant attendant en Position DC.

→ La même séquence est répétée lorsque les joueurs changent de position: **DC → DCD → MD → MO1 → BU → MO2 → DCG → DC**.

Source: Séance de Xabi Alonso au terrain d'entraînement du Bayer 04 Leverkusen - 2 décembre 2022

Exercices de Xabi Alonso : Combinaisons pour Construire le Jeu

12. Circuit de Passes Construction en Position / Combinaisons à Travers Lignes de Passes Bloquées (Variation 5)

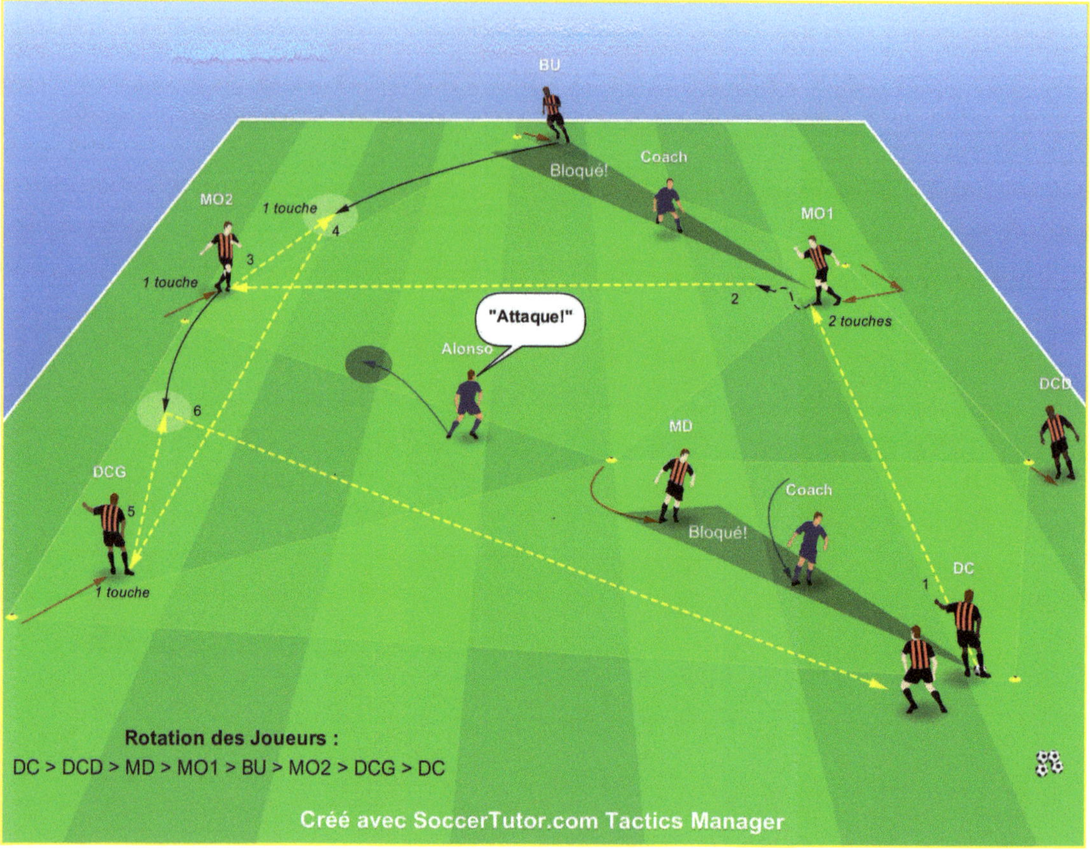

*Les **Rôles Positionnels** sont 3 défenseurs centraux (DCG, DC, & DCD), 1 milieu défensif (MD), 2 milieux offensifs (MO), et l'avant-centre (BU) du 3-4-2-1 du Bayer.*

Description de l'Exercice

1. **DC** passe à **MO1** avec le coach qui bloque la passe simple vers **MD**.
2. Un autre coach presse pour bloquer la passe à **BU**, donc **MO1** reçoit et passe de l'autre côté à **MO2**.

3-4. **MO2** remet le ballon pour la course de **BU** et celui-ci passe à **DCG**.

5-6. **DCG** remise pour la course de **MO2** et il passe au joueur suivant attendant en Position DC.

→ La même séquence est répétée alors que les joueurs changent de position:
DC → DCD → MD → MO1 → BU → MO2 → DCG → DC.

Source: Séance de Xabi Alonso au terrain d'entraînement du Bayer 04 Leverkusen - 2 décembre 2022

Exercices de Xabi Alonso : Combinaisons pour Construire le Jeu

13. Circuit de Passes Construction en Position / Combinaisons à Travers Lignes de Passes Bloquées (Variation 6)

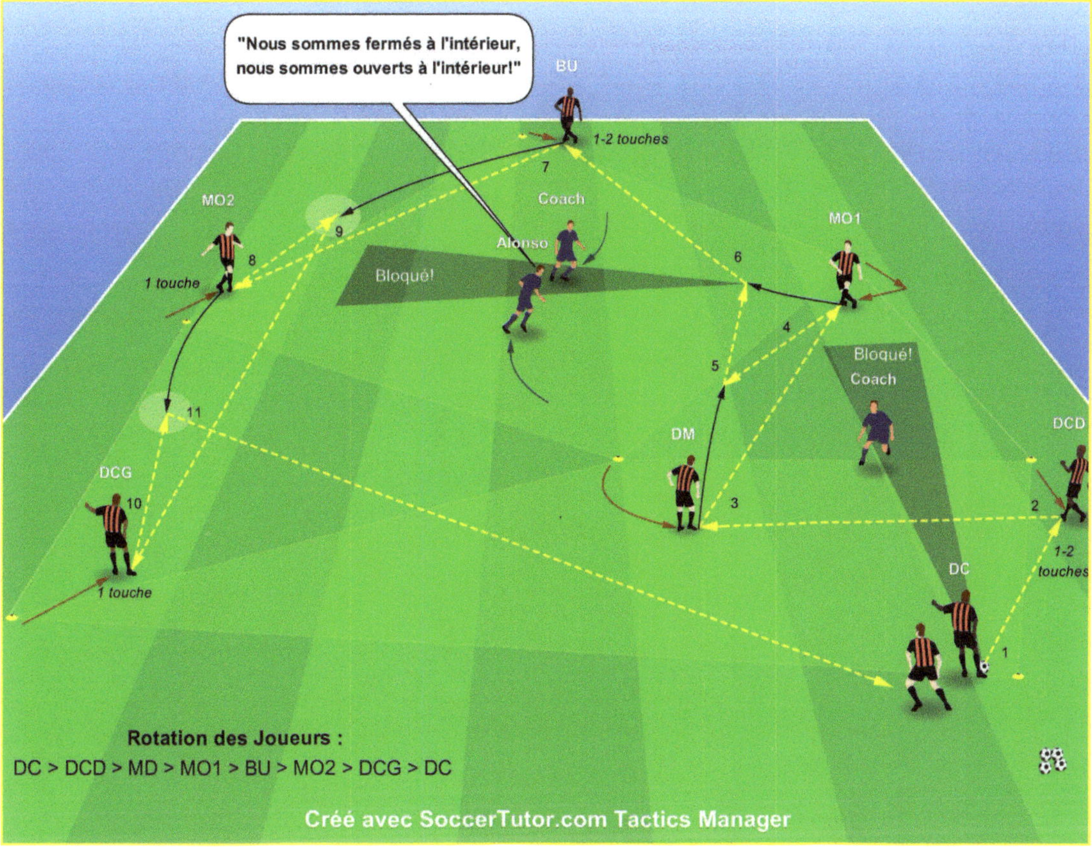

Les **Rôles Positionnels** sont 3 défenseurs centraux (DCG, DC, & DCD), 1 milieu défensif (MD), 2 milieux offensifs (MO), et l'avant-centre (BU) du 3-4-2-1 du Bayer.

Description de l'Exercice

1-2. Le coach bloque la passe vers **MO1**. **DC** passe à **DCD**, qui passe ensuite à l'intérieur à **MD** alors que le coach arrive.

3-5. **MD** a ensuite l'espace pour jouer une combinaison à 3 passes avec **MO1**, comme montré.

6. Avec la passe vers **MO2** bloquée par 2 coachs, **MO1** passe à **BU**.

7-9. **BU** joue un une-deux avec **MO2** puis passe à **DCG**.

10-11. **DCG** remet le ballon dans la course de **MO2** qui passe au joueur suivant attendant en Position DC.

→ La même séquence est répétée alors que les joueurs changent de position : DC → DCD → MD → MO1 → BU → MO2 → DCG → DC.

Source: Séance de Xabi Alonso au terrain d'entraînement du Bayer 04 Leverkusen - 2 décembre 2022

Exercices de Xabi Alonso : Combinaisons pour Construire le Jeu

14. Circuit de Passes Construction en Position / Combinaisons à Travers Lignes de Passes Bloquées (Variation 7)

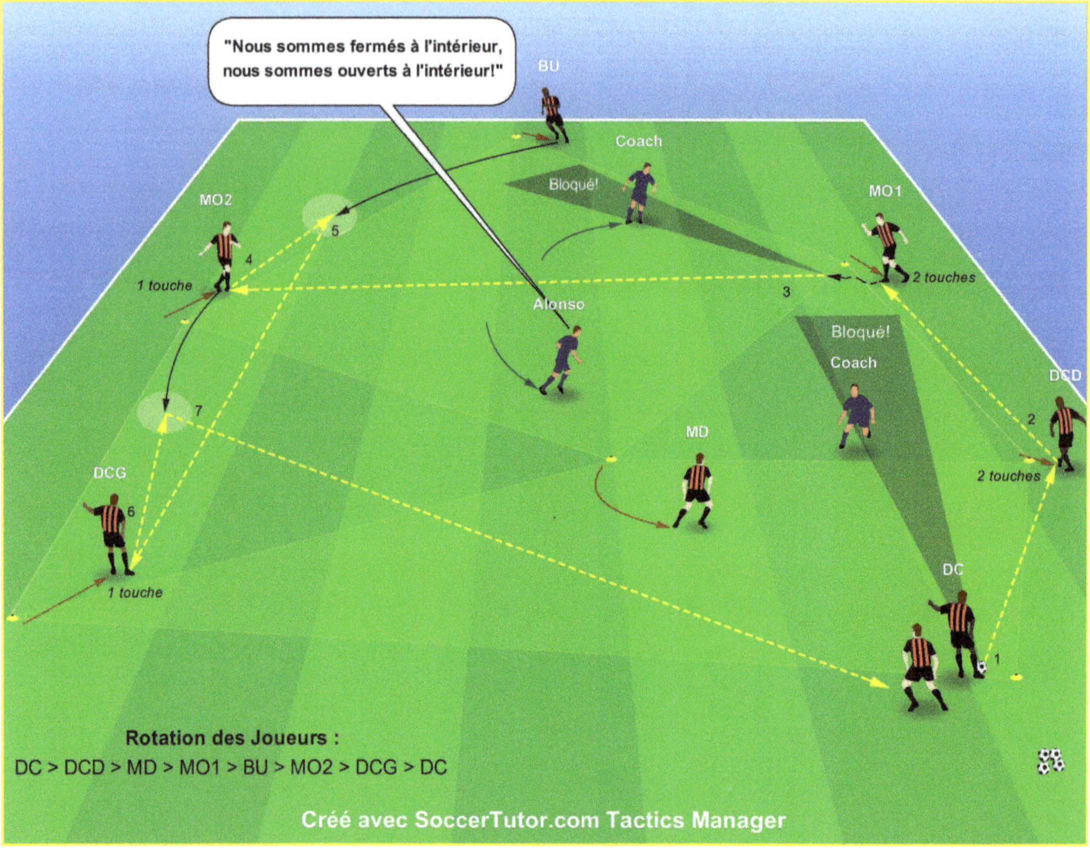

Les **Rôles Positionnels** sont 3 défenseurs centraux (DCG, DC, & DCD), 1 milieu défensif (MD), 2 milieux offensifs (MO), et l'avant-centre (BU) du 3-4-2-1 du Bayer.

Description de l'Exercice

1-2. Le coach bloque la passe directe vers **MO1**, donc **DC** utilise **DCD** comme joueur de liaison pour trouver **MO1**.

3. Le coach presse pour bloquer la passe à **BU**, donc **MO1** reçoit et passe à **MO2**.

4-5. MO2 remet le ballon pour la course de **BU** et celui-ci passe à **DCG**.

6-7. DCG remise dans la course de **MO2** qui passe au joueur suivant attendant en Position DC.

→ La même séquence est répétée alors que les joueurs changent de position :
DC → DCD → MD → MO1 → BU → MO2 → DCG → DC.

Source: Séance de Xabi Alonso au terrain d'entraînement du Bayer 04 Leverkusen - 2 décembre 2022

Tactiques de Possession et Contrôle du Milieu du Bayer Leverkusen de Xabi Alonso

Possession et Contrôle du Milieu

"Si vous avez le contrôle du milieu de terrain, vous avez le contrôle du jeu et vous avez plus de chances de gagner. Si vous gagnez au milieu de terrain, vous gagnez probablement le match."

Xabi Alonso

Bayer Leverkusen de Xabi Alonso : Possession et Contrôle du Milieu

Dispositif en 3-2-5 en Phase de Possession du Bayer Leverkusen de Xabi Alonso

Le Bayer de Xabi Alonso adopte souvent une configuration en 3-2 (illustrée) ou 2-3 dans les zones centrales, ce qui lui permet de conserver la possession du ballon par des passes courtes avec un avantage numérique de 5 v 4. Cet exemple est utilisé contre une formation en 4-2-3-1.

Les latéraux se positionnent haut et large, fixant l'adversaire et créant de l'espace au centre pour améliorer le contrôle de la possession et faire progresser le jeu.

Pendant la phase de possession, **Alonso met l'accent sur le contrôle du centre** en regroupant de nombreux joueurs au milieu de terrain, créant des réseaux de passes et raccourcissant leur longueur. Cette domination centrale limite la capacité de l'adversaire à presser efficacement, ce qui permet au Bayer de dominer le jeu.

Dans cet exemple, **les passes courtes sont utilisées pour garder la possession et déplacer le ballon vers le joueur libre (DCD)**. Les pages suivantes montrent comment le ballon progresse.

Le Tempo et le Rythme du Jeu de Possession du Bayer Leverkusen

Contrôler le Rythme du Jeu

L'équipe du Bayer Leverkusen de Xabi Alonso est experte dans le contrôle du rythme d'un match. Cela permet à l'équipe de combiner un jeu calculé et mesuré avec des accélérations soudaines et explosives. Cela **permet à l'adversaire de rester sur la défensive et à Leverkusen de dicter le rythme du jeu avec précision**. Leur stratégie basée sur la possession est conçue pour créer les opportunités d'attaque les plus efficaces, qu'il s'agisse d'avancer systématiquement sur le terrain ou d'exploiter rapidement les espaces ouverts sur le côté opposé.

En orchestrant soigneusement le moment où il faut ralentir le jeu et celui où il faut accélérer, **Leverkusen maximise ses chances de percer les lignes défensives** et de créer des occasions de marquer.

Surnombres et Contrôler le Tempo

Au cœur de la tactique de Xabi Alonso se trouve **l'utilisation intelligente de la surcharge de la zone autour du ballon**, où les joueurs se concentrent près du ballon pour perturber le positionnement et l'organisation défensive de l'adversaire. Cette approche ne consiste pas seulement à faire avancer le ballon, mais à créer méthodiquement de l'espace pour une attaque.

En gardant la possession du ballon et en faisant sortir les adversaires de leur position, Leverkusen attend patiemment le moment idéal pour augmenter le rythme et lancer une attaque.

Créer et Exploiter les Espaces

La stratégie de Xabi Alonso, qui consiste à surcharger la zone autour de ballon, est très efficace pour forcer les adversaires à utiliser davantage de défenseurs dans une zone, perturbant ainsi leur équilibre défensif. **En attirant plusieurs défenseurs dans une seule zone**, Leverkusen crée des opportunités pour **exploiter les espaces qui se forment inévitablement ailleurs sur le terrain**. Cette tactique est particulièrement efficace lorsqu'elle est combinée à des passes précises et rapides, qui leur permettent de passer rapidement des zones encombrées aux espaces ouverts. En perturbant la structure de leur adversaire, l'équipe peut alors rapidement faire progresser le ballon et lancer des attaques efficaces.

Sécurité Tactique

L'efficacité de Leverkusen vient de la discipline avec laquelle elle applique les tactiques de Xabi Alonso. Chaque joueur est conscient de son rôle dans la construction du jeu, la possession et les phases offensives. En contrôlant le tempo et le rythme et en attirant les adversaires hors de leur position, ils peuvent rapidement transformer la possession contrôlée en attaques dangereuses.

Le Contrôle du Milieu du Bayer Leverkusen de Xabi Alonso (3-2-5)

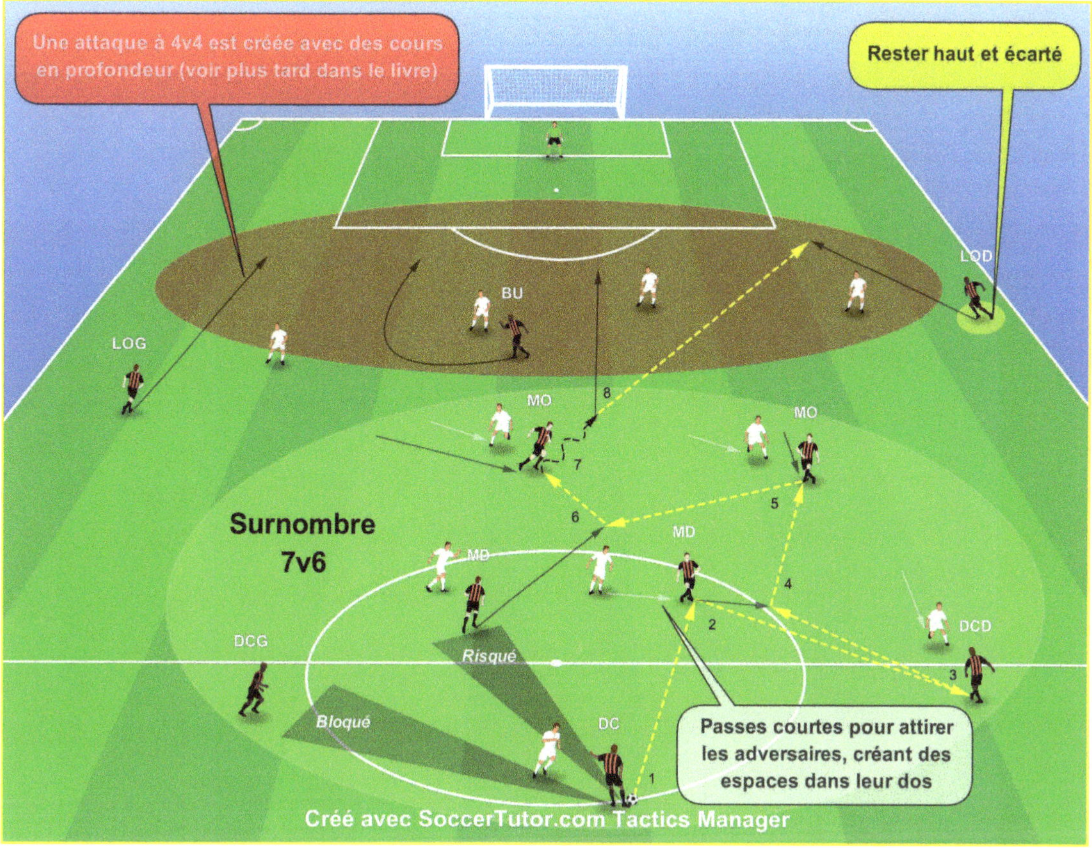

[Diagramme tactique : Une attaque à 4v4 est créée avec des cours en profondeur (voir plus tard dans le livre). Rester haut et écarté. Surnombre 7v6. Passes courtes pour attirer les adversaires, créant des espaces dans leur dos. Risqué / Bloqué.]

Dans cet exemple, **Leverkusen crée un surnombre à 7 v 6 dans la zone centrale** contre un 4-2-3-1. Ils utilisent des passes courtes pour attirer les adversaires et ouvrir des espaces pour avancer le jeu.

L'arrière droit (**LOD**) reste haut et écarté pour aider à fixer la défense adverse et laisser de l'espace au centre.

Les zones centrales sont essentielles dans les phases de possession de Xabi Alonso, en se **concentrant sur des passes rapides qui incitent l'adversaire à presser**. Lorsque les défenseurs s'engagent, des espaces sont créés qui permettent au Bayer d'enchainer des passes pour **faire progresser le ballon et créer des situations d'attaque avantageuses**, comme cette situation d'attaque 4 v 4 créée ici.

Cette stratégie consiste à faire des passes rapides et courtes qui attirent l'adversaire, ce qui ouvre des espaces à exploiter.

Note: une bonne orientation du corps garantit des passes plus sûres et encourage un pressing plus fort, créant ainsi plus d'opportunités à exploiter.

Bayer Leverkusen de Xabi Alonso : Possession et Contrôle du Milieu

Orientation du Corps et Conscience de l'Espace en Possession (3-2-5)

1. Orientation et Positionnement pour Passes "Rebond"

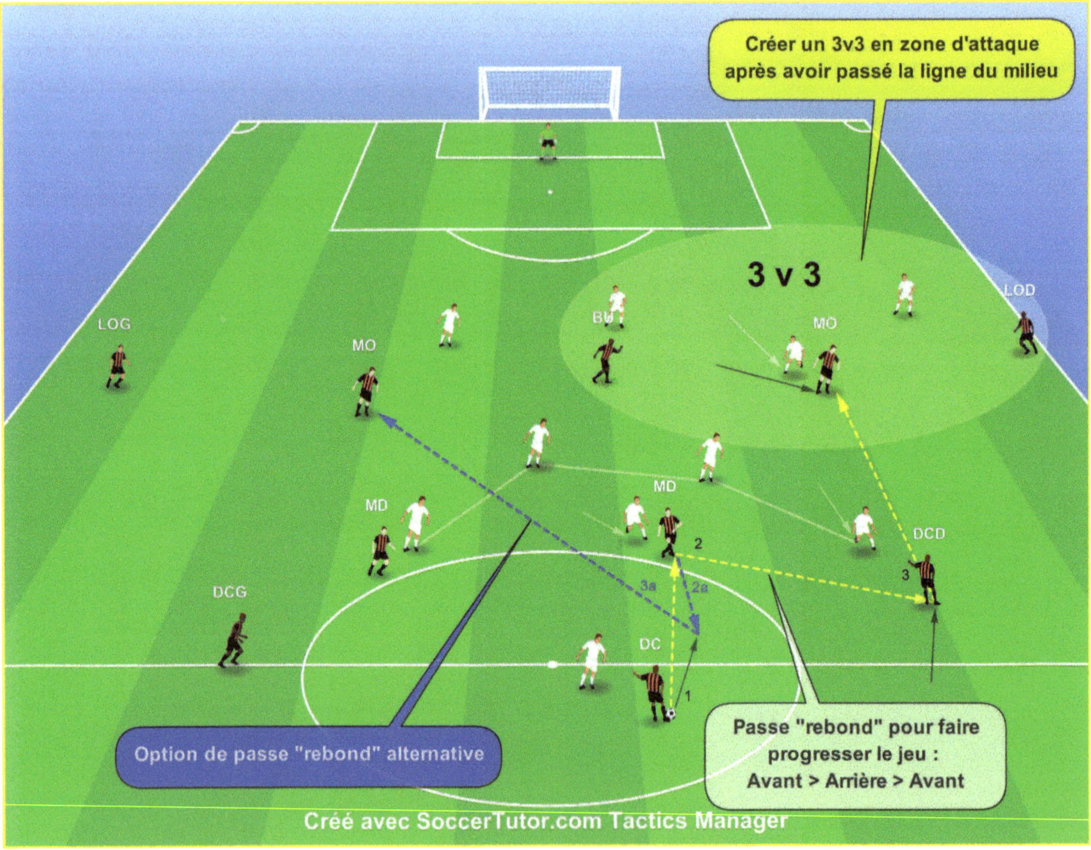

Un aspect clé du jeu de possession du Bayer Leverkusen est l'orientation du corps des joueurs, qui leur permet de faire face au ballon pour des passes rapides et efficaces. De plus, **ils utilisent souvent des passes «rebond» pour faire progresser le jeu**, comme illustré : Avant → Arrière → Avant.

Le défenseur (**DC** dans l'exemple) passe à un milieu défensif (**MD**), qui le renvoie ensuite à un défenseur.

Cela **crée de nouveaux angles de passes vers un attaquant**, en exploitant les espaces laissés par les défenseurs qui sont attirés pour suivre leurs adversaires directs.

Cela perturbe l'équilibre adverse et permet une **transition en douceur de la défense à l'attaque**. Dans cet exemple, un 3 v 3 est créé sur le côté droit après avoir passé le milieu de terrain. Une alternative est également illustrée par la flèche bleue.

©SOCCERTUTOR.COM XABI ALONSO : EXERCICES TIRÉS DE SÉANCES

Bayer Leverkusen de Xabi Alonso : Possession et Contrôle du Milieu

2. Orientation et Prise d'Information pour Casser les Lignes

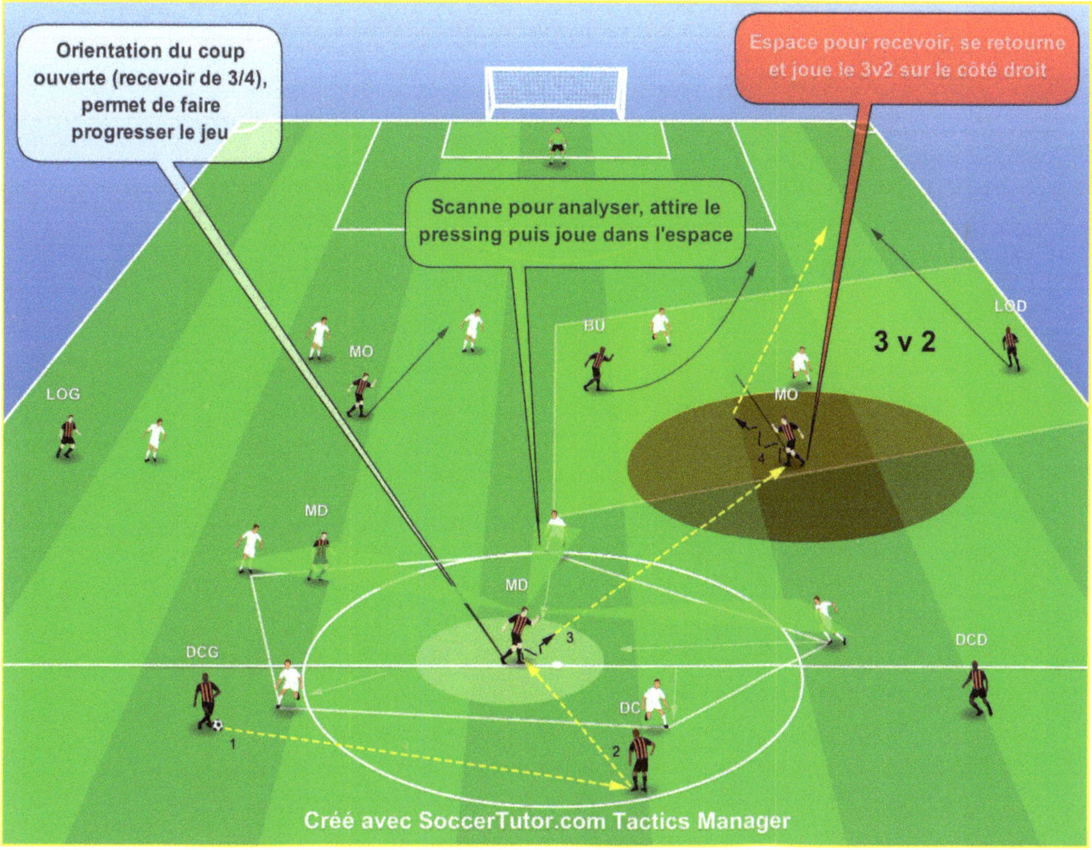

L'exemple du diagramme montre comment les joueurs du Bayer Leverkusen de Xabi Alonso gardent une **orientaion ouverte**, recevant de profil pour permettre un jeu précis et progressif. Ils **analysent le terrain et les positions des joueurs avant de recevoir le ballon**, ce qui les aide à **attirer la pression, puis à exploiter les espaces en jouant à travers les lignes adverses.** Cette approche met en évidence le lien crucial entre l'orientation du corps, la perception spatiale et casser des lignes.

Sous pression, les joueurs du sont capables de **se tourner et de jouer vers l'avant**. Ils s'assurent d'abord de toujours au moins garder la possession, et ensuite cherchent à faire progresser l'équipe vers l'avant.

Le sang-froid des milieux et leur capacité à jouer dans des petits espaces sont la clé du succès. Dans cet exemple, le milieu défensif (**MD**) peut recevoir et se tourner tout en attirant le pressing de ses adversaires.

De là, le **MD** brise la ligne de pression du milieu de terrain pour passer au milieu offensif (**MO**) entre le milieu de terrain et les lignes défensives. Le **MO a de l'espace pour recevoir (surligné en rouge)** et le Bayer a un **surnombre à 3 v 2 sur le côté droit**, ce qui constitue une situation offensive avantageuse à exploiter. L'arrière droit (**LOD**) cherche toujours à faire des courses derrière la ligne défensive.

XABI ALONSO : EXERCICES TIRÉS DE SÉANCES

Bayer Leverkusen de Xabi Alonso : Possession et Contrôle du Milieu

Créer le Surnombre sur le Côté Droit du Terrain puis Renverser le Jeu (4-2-4)

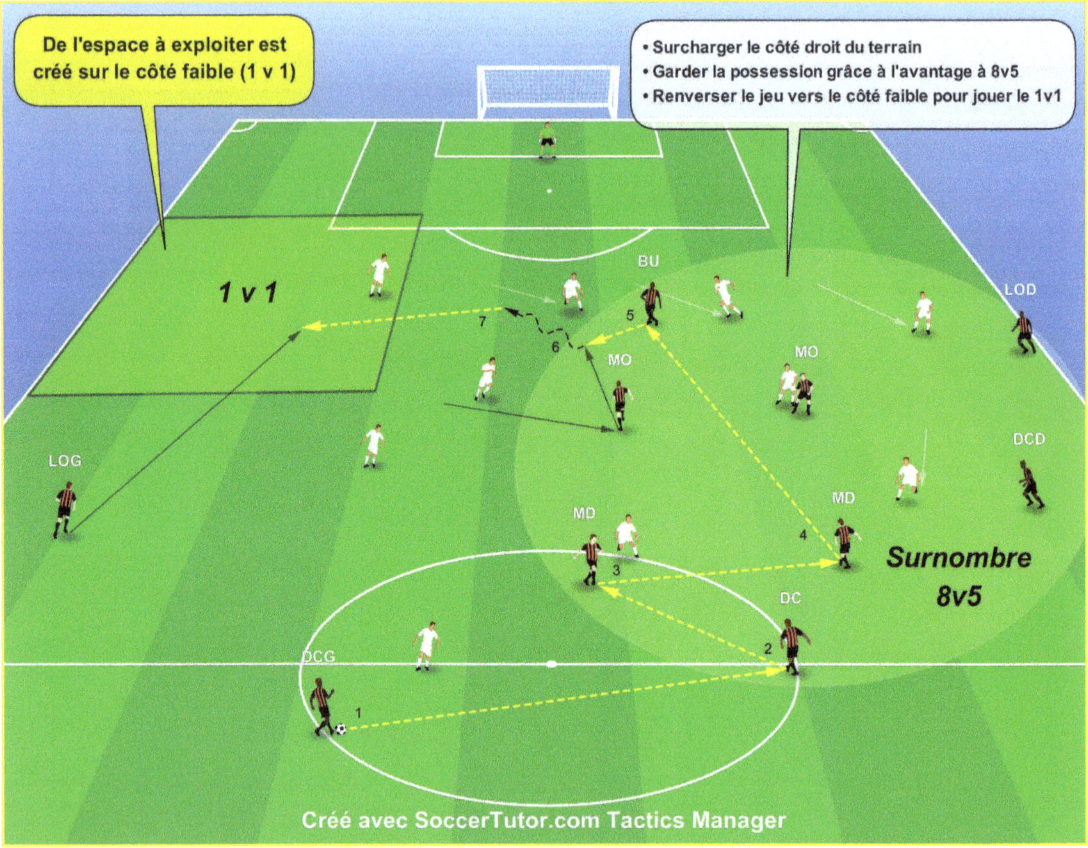

- De l'espace à exploiter est créé sur le côté faible (1 v 1)

- Surcharger le côté droit du terrain
- Garder la possession grâce à l'avantage à 8v5
- Renverser le jeu vers le côté faible pour jouer le 1v1

Créer une surcharge sur le côté droit du terrain est un élément clé des tactiques de Xabi Alonso et du Bayer Leverkusen en phase de possession.

Dans cet exemple, le Bayer est en 4-2-4 contre un 4-2-3-1. L'espace se crée entre les milieux adverses lorsqu'ils sont attirés vers le côté où le Bayer a un surnombre 8 v 5 pour progresser dans les espaces ouverts.

En **surchargeant un côté, ils libèrent de l'espace sur le côté opposé (côté faible)** pour un éventuel 1 v 1.

Dans cette situation où les adversaires sont forcés de sortir de leur configuration défensive, des lignes de passe vers l'avant commencent à apparaître.

Dans cet exemple, le milieu défensif (**MD**) est capable de jouer une passe longue au sol dans les pieds de l'avant-centre (**BU**). De là, l'équipe déplace efficacement le ballon vers le latéral gauche (**LOD**) dans une situation de 1 contre 1, via la course vers l'avant du milieu offensif (**MO**).

Progression de la Possession vers l'Attaque du Bayer Leverkusen de Xabi Alonso

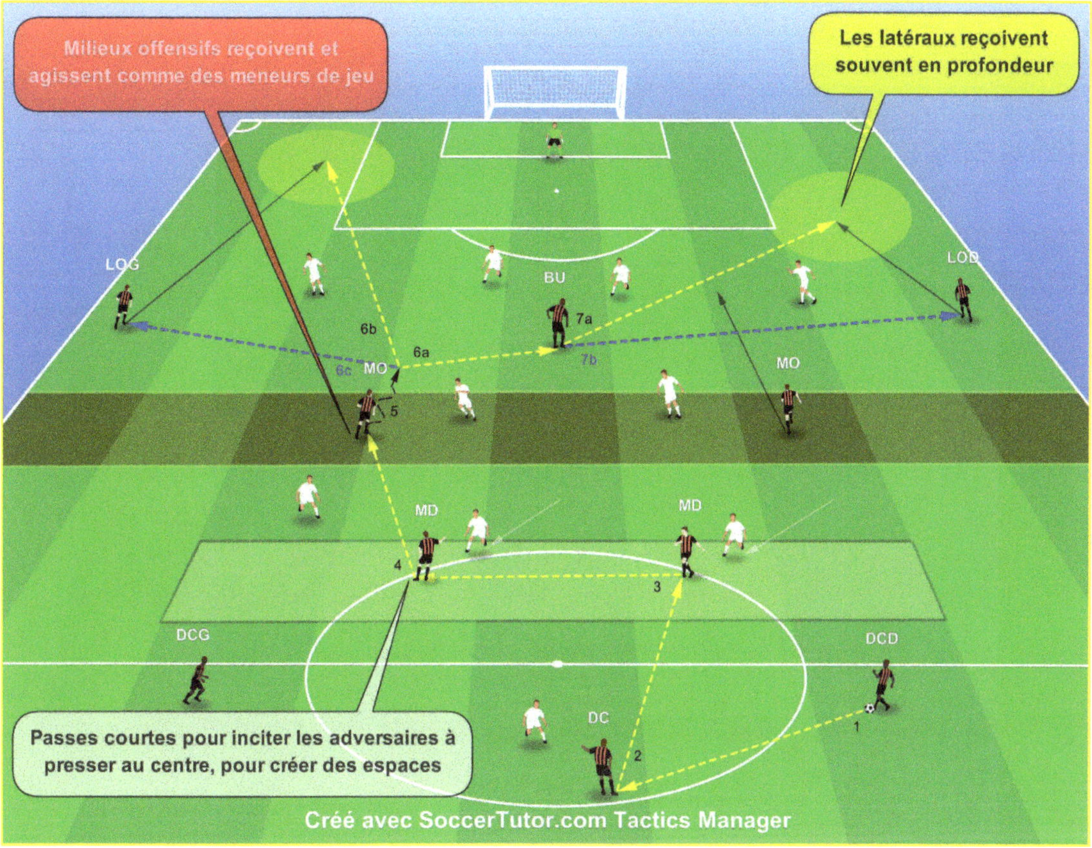

[Diagramme tactique : Milieux offensifs reçoivent et agissent comme des meneurs de jeu. Les latéraux reçoivent souvent en profondeur. Passes courtes pour inciter les adversaires à presser au centre, pour créer des espaces.]

Le Bayer Leverkusen utilise des passes courtes et rapides dans les zones centrales pour inciter les adversaires à presser, créant ainsi des espaces qui peuvent ensuite être exploités pour faire progresser le jeu.

Lorsque ces espaces se créent, les milieux défensifs (**MD**) passent aux joueurs offensifs.

Dans cet exemple, le Bayer est en 3-2-5 contre le 4-2-3-1. **Après avoir éliminé la ligne de 3, les milieux offensifs (MO)** **agissent comme des meneurs de jeu**, soit en avançant avec le ballon, soit en passant à leurs coéquipiers.

Dans cet exemple, nous montrons les différentes options dont dispose **MO** lorsqu'il reçoit. Il peut choisir en passer dans les pieds de l'arrière gauche (**LOG**) ou en profondeur et de passer court pour que l'avant-centre (**BU**) poursuive l'attaque.

Il est aussi possible pour le **BU** de faire une course derrière la défense pour recevoir une passe en profondeur de **MO**.

Jeux de Possession en Position

Directement Tirés des Séances de Xabi Alonso

Possession

"Le football de possession ne consiste pas à garder le ballon pour le plaisir. Il s'agit de patience, de précision et de créer les bonnes occasions pour briser l'opposition."

Xabi Alonso

Exercices de Xabi Alonso : Jeux de Possession en Position

1. Jeu de Possession en Position Passer à Travers la Porte Centrale 4v4 (+3)

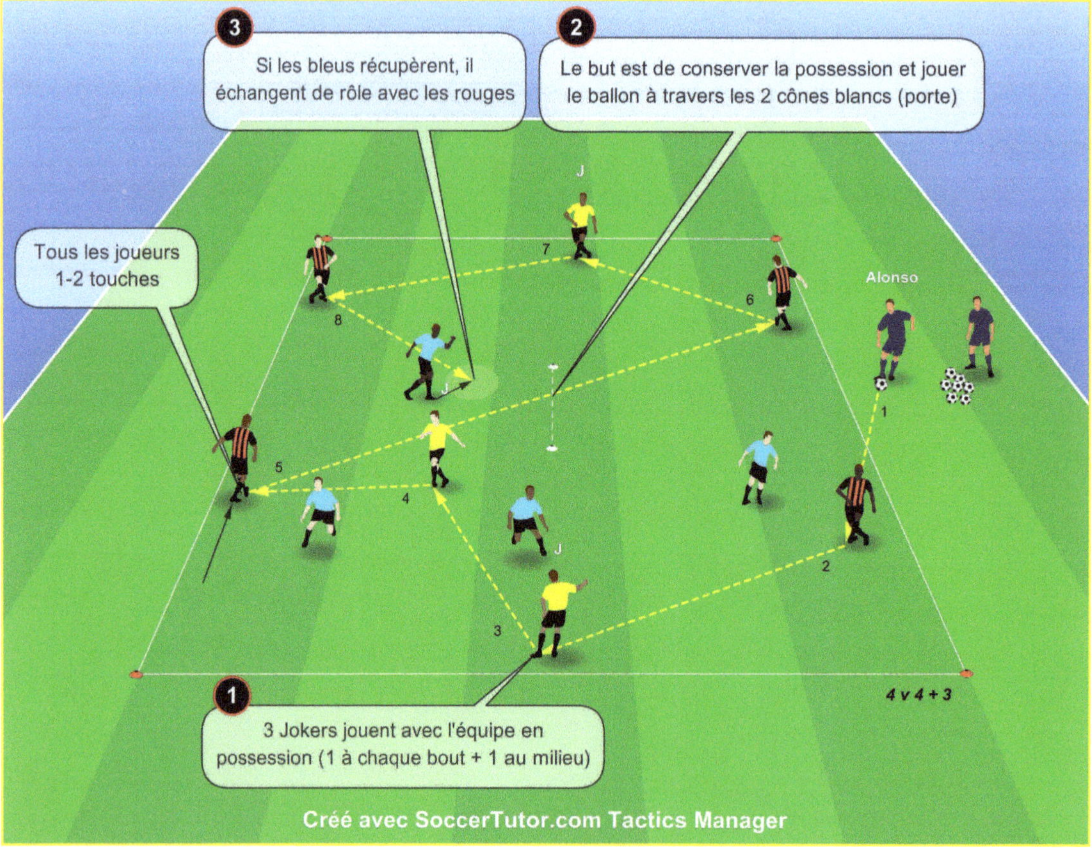

(Diagramme de l'exercice avec annotations :)
- ③ Si les bleus récupèrent, il échangent de rôle avec les rouges
- ② Le but est de conserver la possession et jouer le ballon à travers les 2 cônes blancs (porte)
- Tous les joueurs 1-2 touches
- ① 3 Jokers jouent avec l'équipe en possession (1 à chaque bout + 1 au milieu)
- 4 v 4 + 3

Description de l'Exercice

- Il y a 4 rouges contre 4 bleus + 3 Jokers jaunes (1 à chaque bout + 1 au milieu).
- **Alonso** passe à une équipe (rouges) pour commencer le jeu. Il y a 2 rouges de chaque côté, comme illustré.
- L'objectif est de conserver la possession avec 2 touches maximum, aidés par 3 Jokers, créant un **7 v 3**. Ils tentent aussi de passer par la porte centrale (cônes blancs).
- Les 4 joueurs bleus (équipe en défense) sont tous à l'intérieur et travaillent ensemble pour presser et fermer les angles, essayant de gagner le ballon.
- Si les bleus récupèrent, ils échangent les rôles avec les rouges et se déplacent vers les côtés de la zone pour garder la possession avec les Jokers.
- Les rouges doivent réagir vite et collectivement pour presser et tenter de récupérer le ballon le plus vite possible.

Source: Séance de Xabi Alonso au terrain d'entraînement du Bayer 04 Leverkusen - 3 janvier 2023

Exercices de Xabi Alonso : Jeux de Possession en Position

2. Jeu de Possession en Position Construction en 3-2 et Jeu Progressif par le Centre 5v5 (+3)

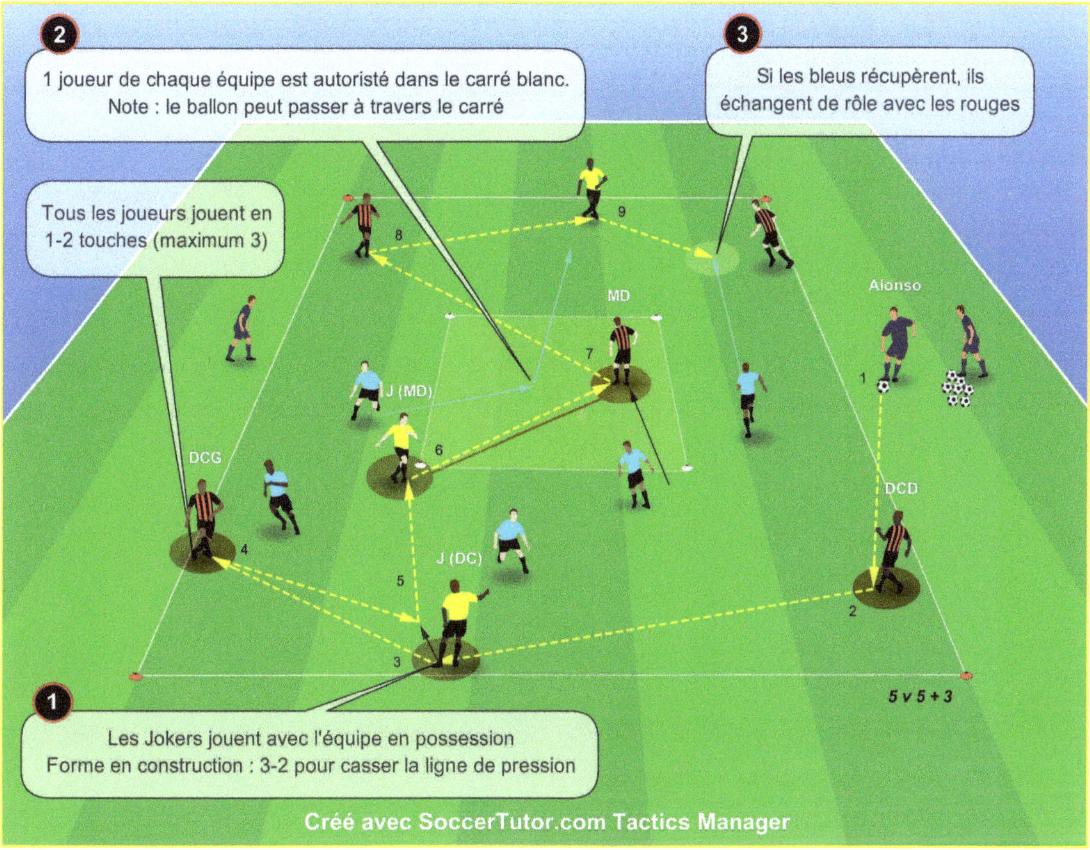

(Diagramme tactique)

2 1 joueur de chaque équipe est autorisé dans le carré blanc.
Note : le ballon peut passer à travers le carré

3 Si les bleus récupèrent, ils échangent de rôle avec les rouges

Tous les joueurs jouent en 1-2 touches (maximum 3)

1 Les Jokers jouent avec l'équipe en possession
Forme en construction : 3-2 pour casser la ligne de pression

Créé avec SoccerTutor.com Tactics Manager

5 v 5 + 3

Description de l'Exercice

- **Alonso** passe aux rouges pour commencer et ils ont un avantage à **8v5** avec les 3 Jokers. L'objectif est de jouer à travers le pressing de l'équipe bleue et le carré central, en utilisant les **MD** pour jouer de l'autre côté, et vice-versa
- Seul 1 joueur de chaque équipe à la fois est autorisé dans le carré blanc.
- Si les bleus récupèrent, ils échangent de rôle avec les rouges.

Jeu de Position

- Les 3 défenseurs (**DCG**, **DC**, & **DCD**) et 2 milieux défensifs (**MD**) forment le 3-2 du dispositif en 3-2-5 en construction du Bayer Leverkusen *(voir pages 60-62)*.
- Les défenseurs centraux attirent délibérément la pression de leurs adversaires directs (souvent en temporisant) pour créer de l'espace derrière la première ligne de pression pour qu'un **MD** puisse recevoir, puis faire progresser le jeu vers l'autre côté.

Source: Séance de Xabi Alonso au terrain d'entraînement du Bayer 04 Leverkusen - 3 janvier 2023

Exercices de Xabi Alonso : Jeux de Possession en Position

3. Jeu de Possession en Position à Trois Equipes 4v4 (+4) d'un Bout à l'Autre avec Rapidité

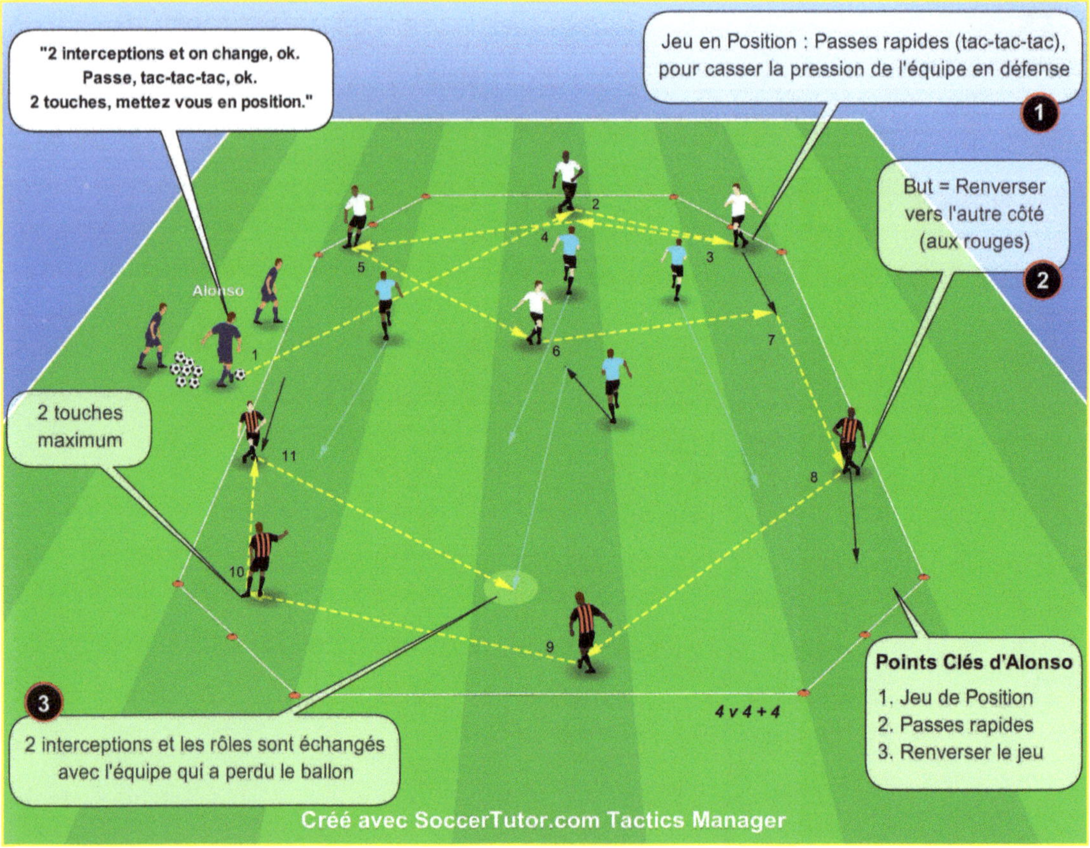

"2 interceptions et on change, ok. Passe, tac-tac-tac, ok. 2 touches, mettez vous en position."

Jeu en Position : Passes rapides (tac-tac-tac), pour casser la pression de l'équipe en défense ❶

But = Renverser vers l'autre côté (aux rouges) ❷

2 touches maximum

❸ 2 interceptions et les rôles sont échangés avec l'équipe qui a perdu le ballon

4v4 + 4

Points Clés d'Alonso
1. Jeu de Position
2. Passes rapides
3. Renverser le jeu

Description de l'Exercice

- Il y a 3 équipes de 4 joueurs (blancs, rouges et bleus). Les blancs et les rouges commencent avec 3 joueurs à chaque extrémité + 1 au milieu, et les bleus commencent comme équipe défensive.

- **Alonso** passe à l'équipe blanche qui doit jouer à travers le pressing bleu avec des passes rapides. Leur objectif est d'utiliser leur joueur du milieu pour renverser le jeu vers l'autre côté (vers les rouges).

- Si les rouges reçoivent, ils ont le même objectif dans l'autre sens (passer aux blancs à travers les bleus). Les joueurs sont limités à 2 touches tout le jeu.

- Les 4 bleus (équipe en défense) travaillent ensemble pour presser et fermer les angles, en essayant de récupérer le ballon. Après 2 interceptions, ils échangent les rôles avec l'équipe qui a perdu le ballon, et le jeu continue avec les mêmes règles.

Source: Séance de Xabi Alonso au terrain d'entraînement du Bayer 04 Leverkusen - 22 février 2023

Exercices de Xabi Alonso : Jeux de Possession en Position

4. Jeu de Possession en Position Jeu en Soutien au Centre d'un Bout à l'Autre 5v5 (+3)

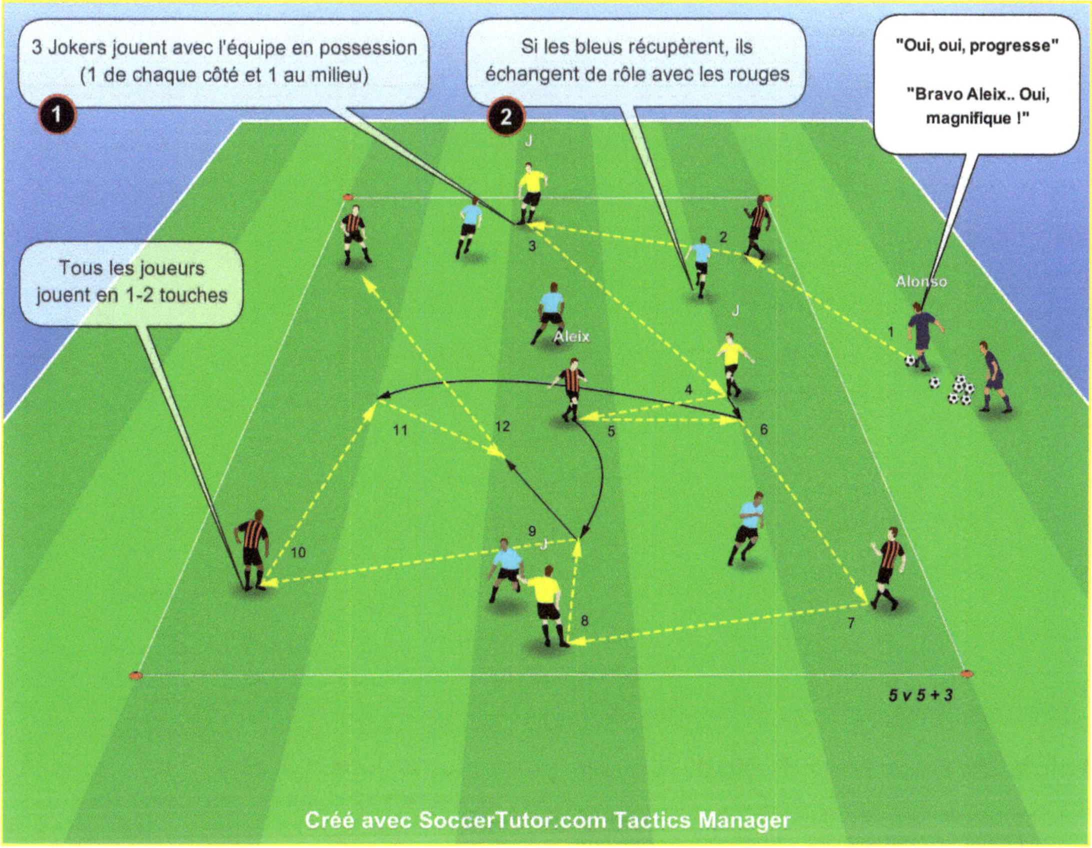

Description de l'Exercice

- **Alonso** passe aux rouges pour commencer et ils ont un **avantage à 8v5** avec les 3 Jokers contre les bleus.

- Le but est de jouer à travers le pressing des bleus et utiliser les 2 joueurs centraux (**Aleix García** + Joker) pour faire progresser le jeu d'un bout à l'autre.

- Tous les joueurs utilisent aux maximum 2 touches tout au long de l'exercice.

- Si les bleus récupèrent, ils échangent de rôle avec les rouges.

- Les bleus tentent ensuite de garder la possession avec le même avantage à 8 v 5, en essayant de déplacer le ballon d'un bout à l'autre.

Points de Coaching

- Durant cet exercice, **Xabi Alonso** a partagé beaucoup de points de coaching sur le jeu de position et de soutien qui sont décrits dans les pages suivantes.

Source: Séance de pré-saison de Xabi Alonso avec le Bayer à Donaueschingen, Allemagne - 29 juillet 2024

Exercices de Xabi Alonso : Jeux de Possession en Position

4.1. Coaching Positionnel d'Alonso durant l'Entrainement

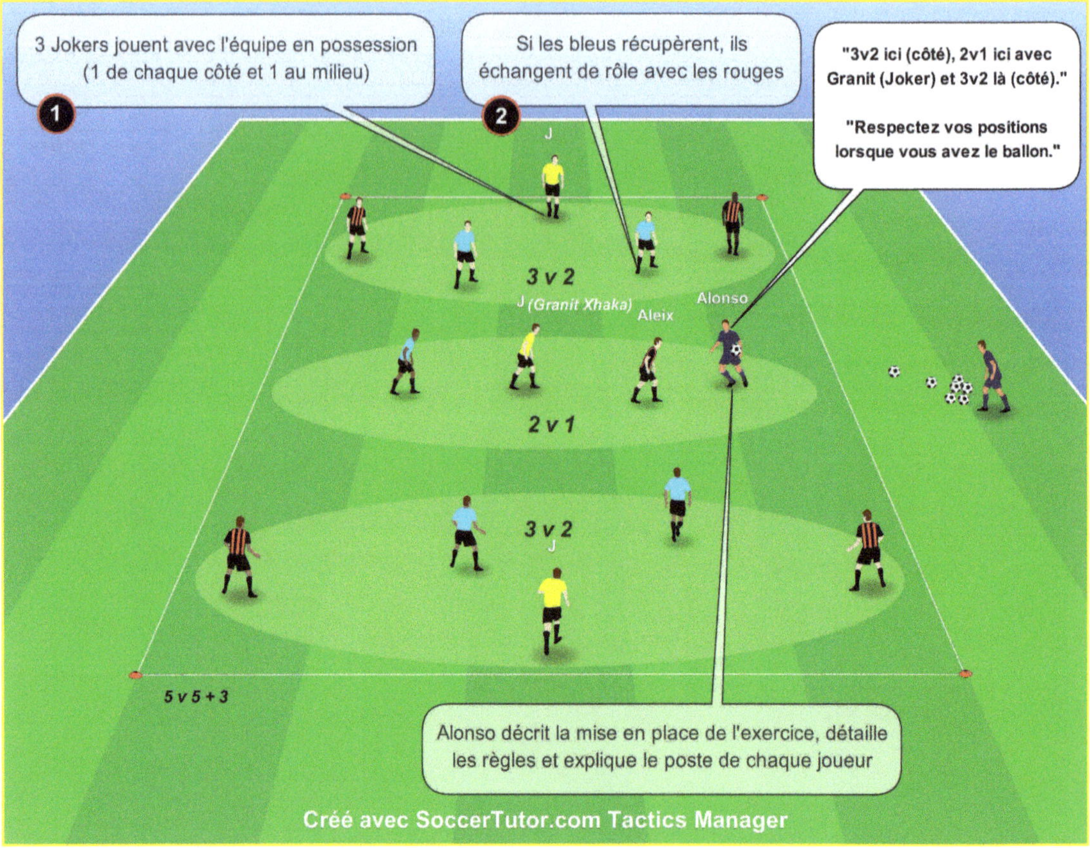

[Diagramme de l'exercice avec annotations :]

1 — 3 Jokers jouent avec l'équipe en possession (1 de chaque côté et 1 au milieu)

2 — Si les bleus récupèrent, ils échangent de rôle avec les rouges

"3v2 ici (côté), 2v1 ici avec Granit (Joker) et 3v2 là (côté)."

"Respectez vos positions lorsque vous avez le ballon."

Zones : 3 v 2 / 2 v 1 / 3 v 2 — J (Granit Xhaka), Aleix, Alonso

5 v 5 + 3

Alonso décrit la mise en place de l'exercice, détaille les règles et explique le poste de chaque joueur

Créé avec SoccerTutor.com Tactics Manager

Points de Coaching de Xabi Alonso

- Ce diagramme fait suite à l'exercice de la page précédente : **Jeu de Possession en Position Jeu en Soutien au Centre d'un Bout à l'Autre 5v5 (+3)**.

- Nous montrons ici ce qui s'est passé lorsque **Xabi Alonso** a mis en place l'exercice et expliqué les rôles positionnels à ses joueurs du Bayer Leverkusen.

- On dit aux joueurs de rester à leur position lorsqu'ils sont en possession.

- Alonso explique également comment il existe un **avantage initial de 3 v 2** lorsqu'on joue d'un côté, et un **avantage de 2 contre 1 dans la zone centrale** qui est utilisée pour faire progresser le jeu vers l'autre côté.

- L'objectif est d'inciter les adversaires à presser, de déplacer le ballon vers un joueur central libre, qui passe ensuite à un joueur à l'extrémité opposée, et le jeu continue.

Source: Séance de pré-saison de Xabi Alonso avec le Bayer à Donaueschingen, Allemagne - 29 juillet 2024

Exercices de Xabi Alonso : Jeux de Possession en Position

4.2. Conseils d'Alonso pour les Mouvements de Soutien

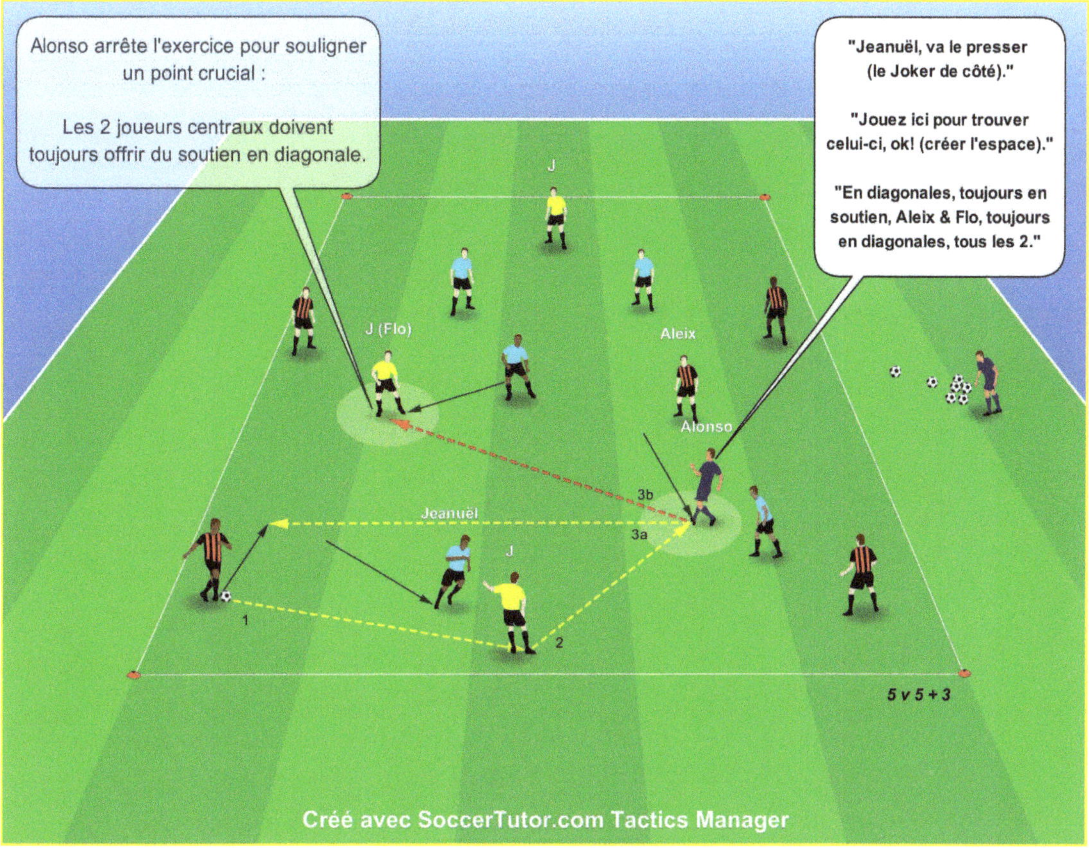

Alonso arrête l'exercice pour souligner un point crucial :

Les 2 joueurs centraux doivent toujours offrir du soutien en diagonale.

"Jeanuël, va le presser (le Joker de côté)."

"Jouez ici pour trouver celui-ci, ok! (créer l'espace)."

"En diagonales, toujours en soutien, Aleix & Flo, toujours en diagonales, tous les 2."

5 v 5 + 3

Points de Coaching de Xabi Alonso

- Ce diagramme fait suite à l'exercice de la page précédente : **Jeu de Possession en Position Jeu en Soutien au Centre d'un Bout à l'Autre 5v5 (+3)**.

- Nous montrons ici ce qui s'est passé lorsque **Xabi Alonso** a interrompu l'exercice et a expliqué le positionnement et le mouvement corrects pour le jeu de soutien des 2 joueurs centraux.

- **Alonso** souligne la nécessité pour le joueur rouge central (**Aleix Garcia**) et le Joker central (**Florian Wirtz**) de toujours se déplacer en diagonale.

- En faisant cela, les joueurs de soutien centraux créent les angles corrects pour que leurs coéquipiers les trouvent avec une passe.

- Cela permet d'obtenir l'une des deux choses suivantes : la première, ils peuvent **créer un angle pour recevoir dans l'espace (loin de l'adversaire)** puis faire progresser le ballon, ou la deuxième, ils peuvent **attirer un adversaire au pressing, puis jouer une passe sans contrôle** à l'autre joueur central libre dans l'espace car il y a un avantage 2v1 au centre.

Source: Séance de pré-saison de Xabi Alonso avec le Bayer à Donaueschingen, Allemagne - 29 juillet 2024

Exercices de Xabi Alonso : Jeux de Possession en Position

4.3. Conseils d'Alonso pour les Joueurs sur les Côtés

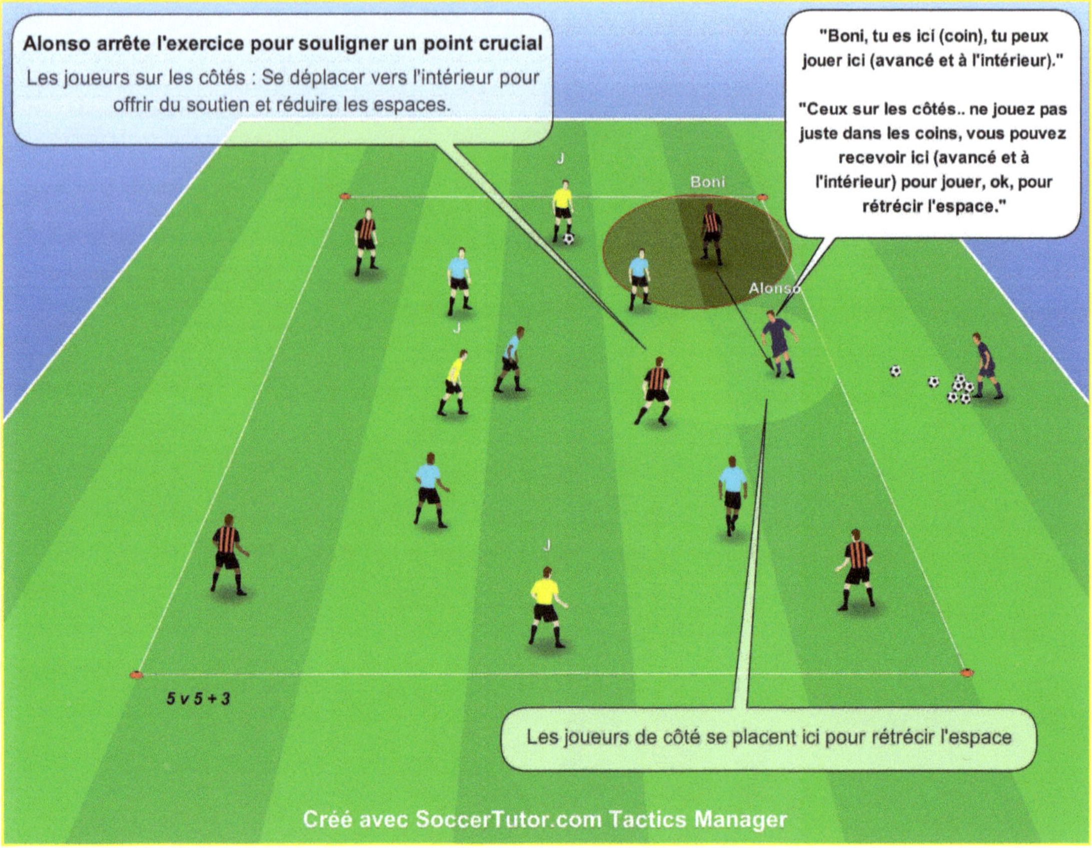

Points de Coaching de Xabi Alonso

- Ce diagramme fait suite à l'exercice de la page précédente : **Jeu de Possession en Position Jeu en Soutien au Centre d'un Bout à l'Autre 5v5 (+3)**.

- ici, nous montrons ce qui s'est passé lorsque **Xabi Alonso** a interrompu l'entraînement et a expliqué comment les joueurs sur les côtés peuvent opérer dans différentes positions pour fournir un soutien à leurs coéquipiers.

- **Alonso** souligne que les 4 joueurs rouges sur les côtés ne doivent pas simplement jouer dans les coins lorsqu'ils sont en possession du ballon. Ils peuvent également se déplacer vers le haut et l'intérieur pour jouer.

- L'exemple du diagramme montre **Alonso** expliquant que les joueurs de côté peuvent avancer vers le centre pour recevoir (pour rétrécir l'espace) et aider à faire progresser le jeu de l'autre côté.

- *Note: Veuillez consulter la description de l'exercice à la page 97 et les 3 pages suivantes, y compris celle-ci, pour les points clés de coaching décrits par Xabi Alonso à ses joueurs.*

Source: Séance de pré-saison de Xabi Alonso avec le Bayer à Donaueschingen, Allemagne - 29 juillet 2024

Exercices de Xabi Alonso : Jeux de Possession en Position

5. Jeu de Possession en Position s'Ouvrir et s'Espacer pour Maximiser l'Espace et Jouer à Travers la Pression à 7v7 (+3)

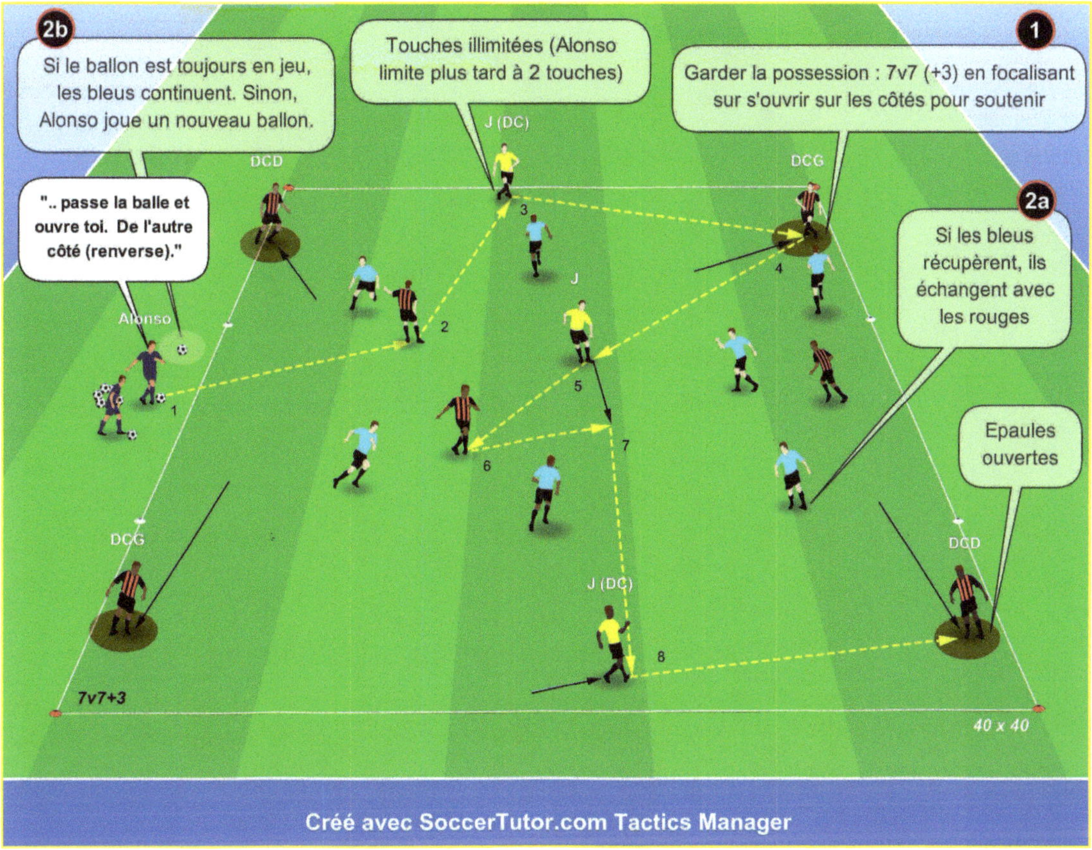

Description de l'Exercice

- **Alonso** passe aux rouges qui ont un **avantage à 10v7** avec les 3 Jokers. Le but est de conserver le ballon avec les défenseurs excentrés (**DCG** & **DCD**) s'ouvrant sur les côtés pour offrir du soutien, puis jouer vite de l'autre côté.

- Si les bleus récupèrent le ballon, ils échangent les rôles avec les rouges. Si le ballon reste en jeu, ils continuent avec le même ballon. Sinon, **Alonso** passe un nouveau ballon à un bleu.

- Les joueurs commencent sans limite de touches mais Alonso évolue après à un maximum de 2 touches autorisées.

Jeu de Position

- Les joueurs aux extrémités représentent les 3 défenseurs centraux (**DCG**, **DC**, & **DCD**) de la formation en 3-4-2-1.

- L'accent est mis sur **DCG** et **DCD** qui s'ouvrent pour recevoir dans les coins, puis jouent vers le centre pour faire progresser le jeu.

Source: Séance de Xabi Alonso au terrain d'entraînement du Bayer 04 Leverkusen - 2 décembre 2022

Exercices de Xabi Alonso : Jeux de Possession en Position

6. Jeu de Possession Construction avec Différentes Structures Positionnelles à 8 v 8 (+4)

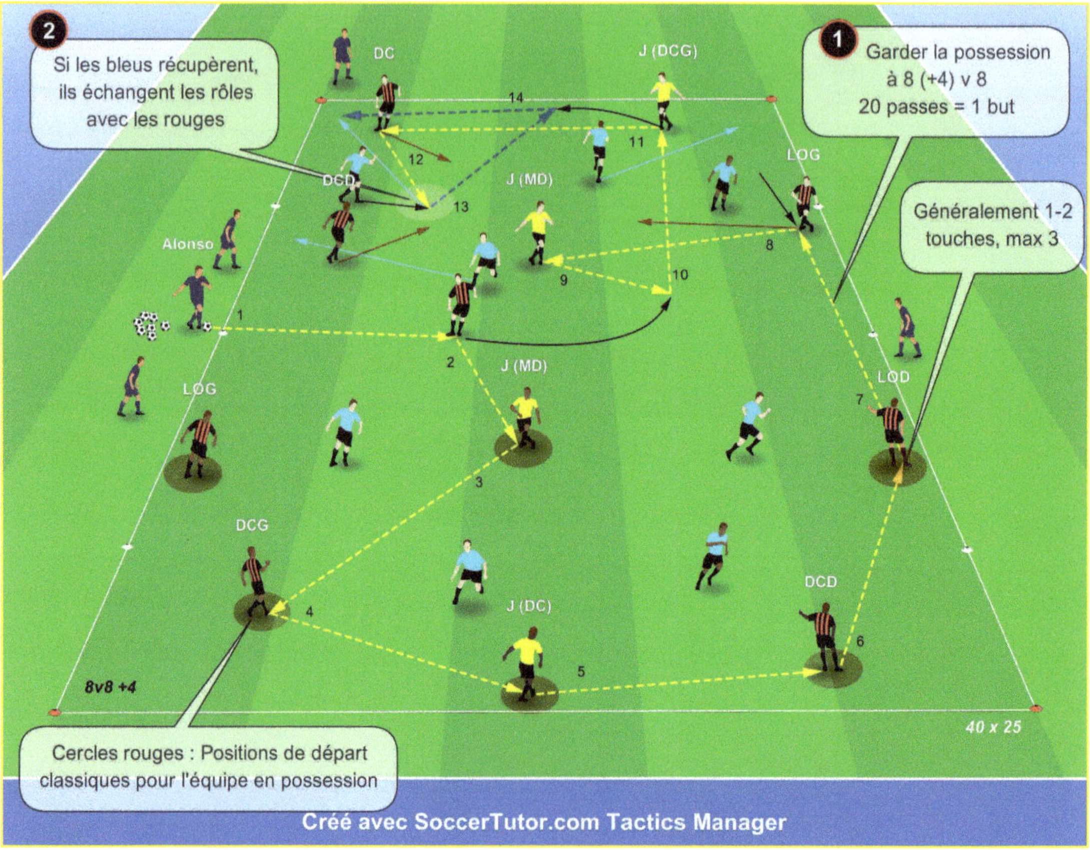

Description de l'Exercice

- Il y a 8 rouges vs 8 bleus + 4 Jokers jaunes (1 à chaque extrémité + 2 au milieu). **Alonso** passe pour débuter et les rouges ont un **avantage à 12v8** avec les 4 Jokers.

- Traverser le pressing des bleus et garder la possession. 20 passes = 1 but.

- Les joueurs bleus (défenseurs) travaillent ensemble pour presser et récupérer le ballon. S'ils y parviennent, ils échangent les rôles avec les rouges.

Jeu de Position

- Les cercles rouges montrent les positions de départ des 3 défenseurs (**DCG**, **DC**, & **DCD**), 1 milieu défensif (**MD**), et 2 latéraux (**LOG** & **LOD**) depuis la formation en 3-4-2-1.

- Les joueurs ont aussi été observés construisant en 4-1 depuis l'extrémité, formant une partie du 4-2-4 *(montré en haut du diagramme + voir pages 64-65)*.

Source: Séance de Xabi Alonso au terrain d'entraînement du Bayer 04 Leverkusen - 2024

Exercices de Xabi Alonso : Jeux de Possession en Position

7. Jeu de Possession en Position à 8v8 (+5) avec Jokers en Forme de Plus (+)

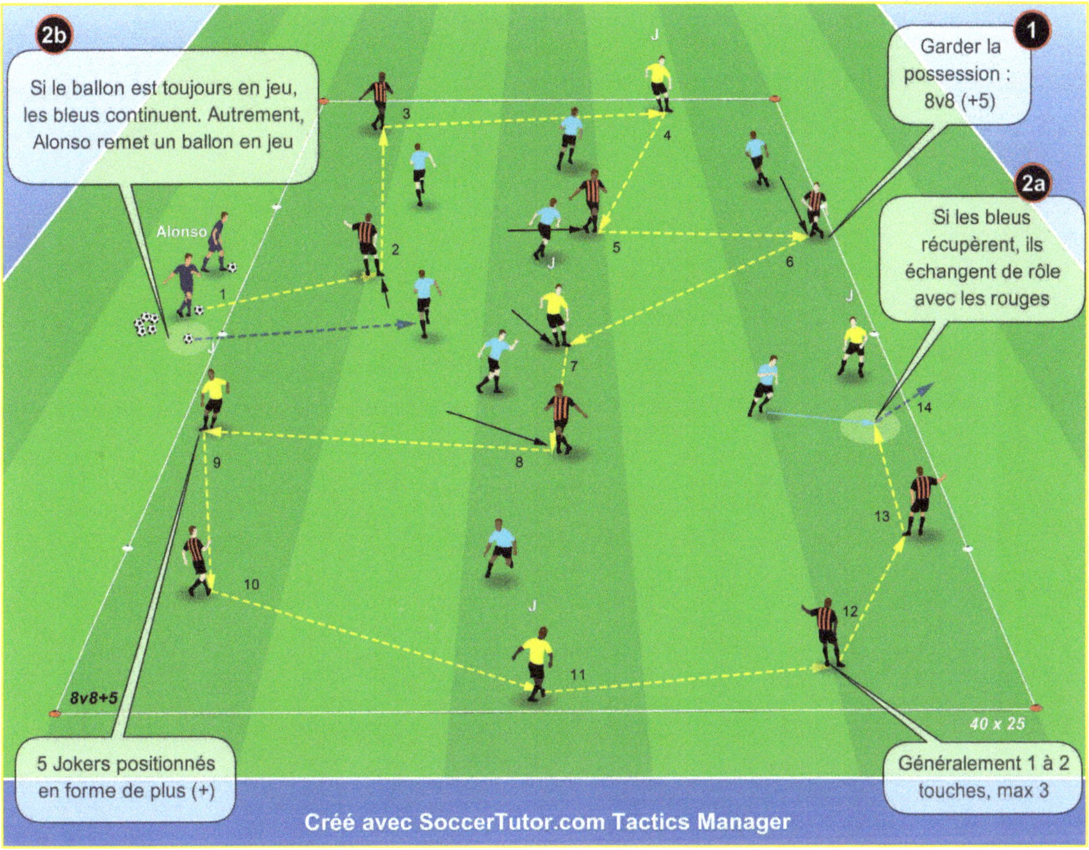

Description de l'Exercice

- Il y a 8 rouges vs 8 bleus + 5 Jokers jaunes, avec 1 à chaque bout, 1 de chaque côté, et 1 au milieu pour créer une forme de plus (+).
- **Alonso** passe pour commencer et les rouges ont un **avantage à 13 v 8** avec les 5 Jokers.
- L'objectif est de jouer à travers le pressing bleu et de conserver la possession en utilisant toute la largeur et la longueur de la surface.
- Les joueurs bleus (défenseurs) travaillent ensemble pour presser et récupérer. S'ils y parviennent, ils échangent de rôle avec les rouges.
- Si le ballon reste en jeu, les bleus continuent et les rouges doivent faire une transition rapide pour essayer de récupérer le ballon le plus vite possible.
- Si le ballon sort, **Alonso** remet rapidement un ballon en jeu.

Source: Séance de Xabi Alonso au terrain d'entraînement du Bayer 04 Leverkusen - 12 avril 2023

Exercices de Xabi Alonso : Jeux de Possession en Position

8. Jeu de Possession en Position Jeu Progressif en Forme Offensive en 3-5 (du 2-3-5) à 8v8 (+6)

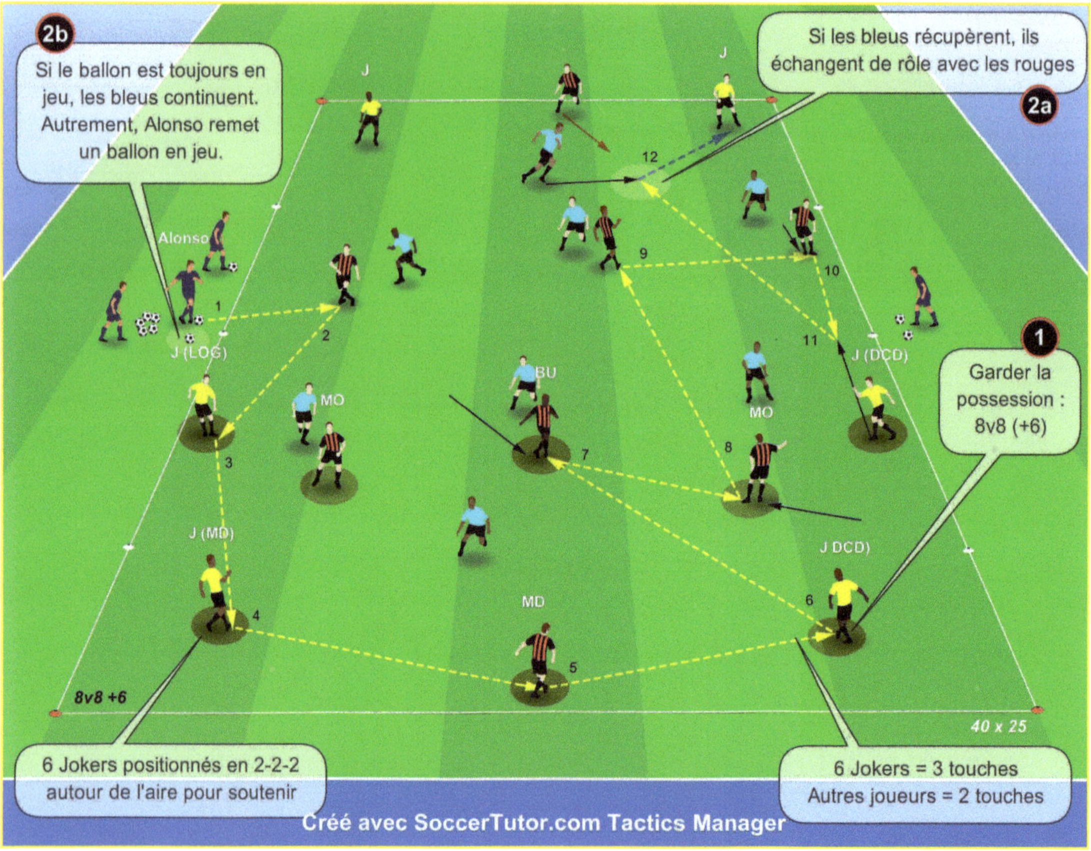

Description de l'Exercice

- Il y a 8 rouges vs 8 bleus + 6 Jokers jaunes (2 en bas, 2 au milieu, 2 en haut). **Alonso** passe aux rouges et ils ont la possession avec un **avantage à 14v8**. L'équipe en possession (rouges) est limitée à 2 touches, et les Jokers en ont 3.

- Les joueurs bleus (défenseurs) pressent ensemble pour récupérer le ballon. S'ils y parviennent, ils échangent de rôle avec les rouges. Si le ballon est toujours en jeu, les bleus poursuivent avec le même ballon. Sinon, Alonso en passe un nouveau à un joueur bleu.

Jeu de Position

- Les rôles dans cet exercices sont concentrés sur les 2 premières lignes.

- Le défenseur (**DCD**), 2 milieux défensifs (**MD**), 2 latéraux (**LOG** & **LOD**), 2 milieux offensifs, et buteur (**BU**) forment le 3-5 de la formation offensive en 2-3-5 du Bayer Leverkusen *(voir page 118)*.

Source: Séance de Xabi Alonso au terrain d'entraînement du Bayer 04 Leverkusen - 15 février 2023

Exercices de Xabi Alonso : Jeux de Possession en Position

9. Jeu de Possession en Position Construction en 2-3 et Jouer à Travers les Lignes à 6v6 (+6)

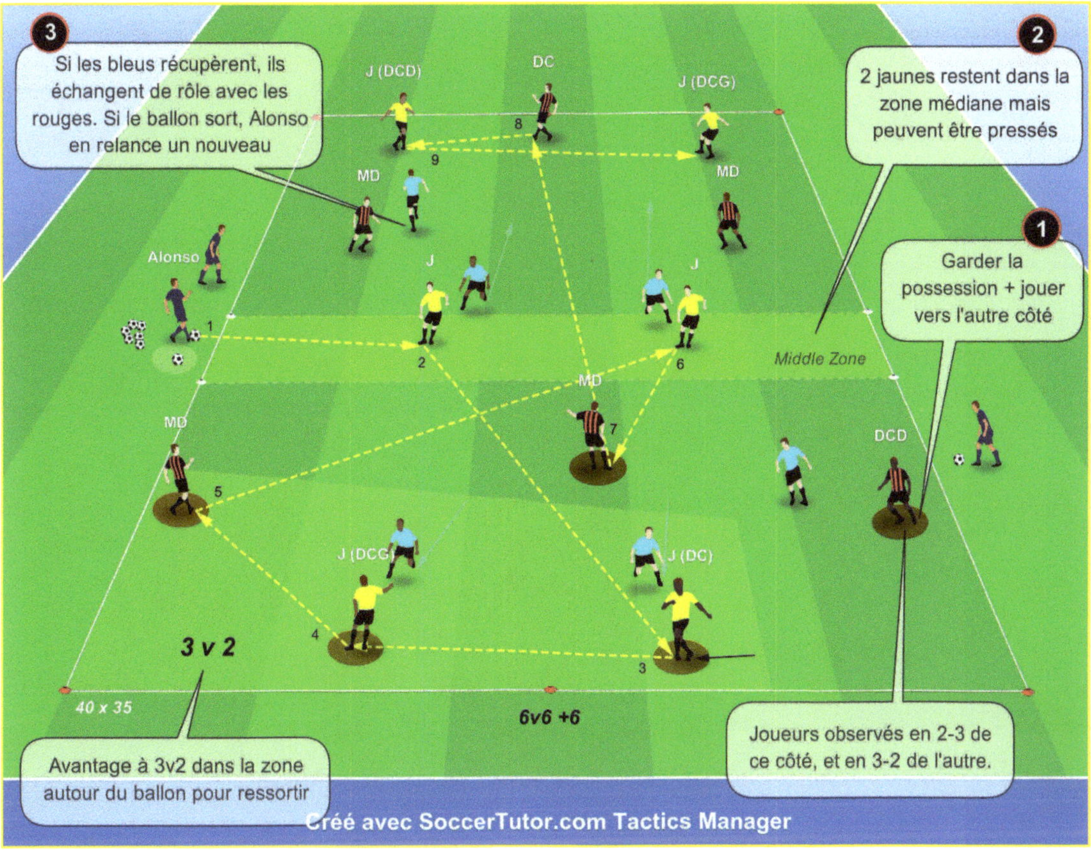

Description de l'Exercice

- Il y a 6 rouges vs 6 bleus + 6 Jokers jaunes (2 zone basse, 2 milieu, 2 haut).
- **Alonso** met en jeu et les rouges gardent la possession d'un côté avec l'aide des 2 Jokers de la zone basse et des 2 Jokers de la zone médiane **(avantage à 7v3)**.
- Le but est de **créer un avantage à 3v2 dans la zone autour du ballon pour construire à travers la première ligne de pression**, puis d'amener le ballon sur l'autre côté.
- Les joueurs utilisent 1-2 touches (3 maximum). Les 2 Jokers du milieu restent dans leur zone mais peuvent être pressés. Si les bleus récupèrent, ils échangent de rôle avec les rouges.

Jeu de Position

- Les 3 défenseurs centraux (**DCD**, **DC** & **DCG**) et 2 milieux défensifs (**MD**) forment la structure en 3-2 en haut et en 2-3 en bas des formations en 3-2-5 et 2-3-5 *(voir pages 60-63)*.

Source: Séance de Xabi Alonso au terrain d'entraînement du Bayer 04 Leverkusen - 8 novembre 2023

Exercices de Xabi Alonso : Jeux de Possession en Position

10. Jeu de Possession en Position pour Construire en 3-2 et Jouer à Travers les Lignes 8 v 8 (+4)

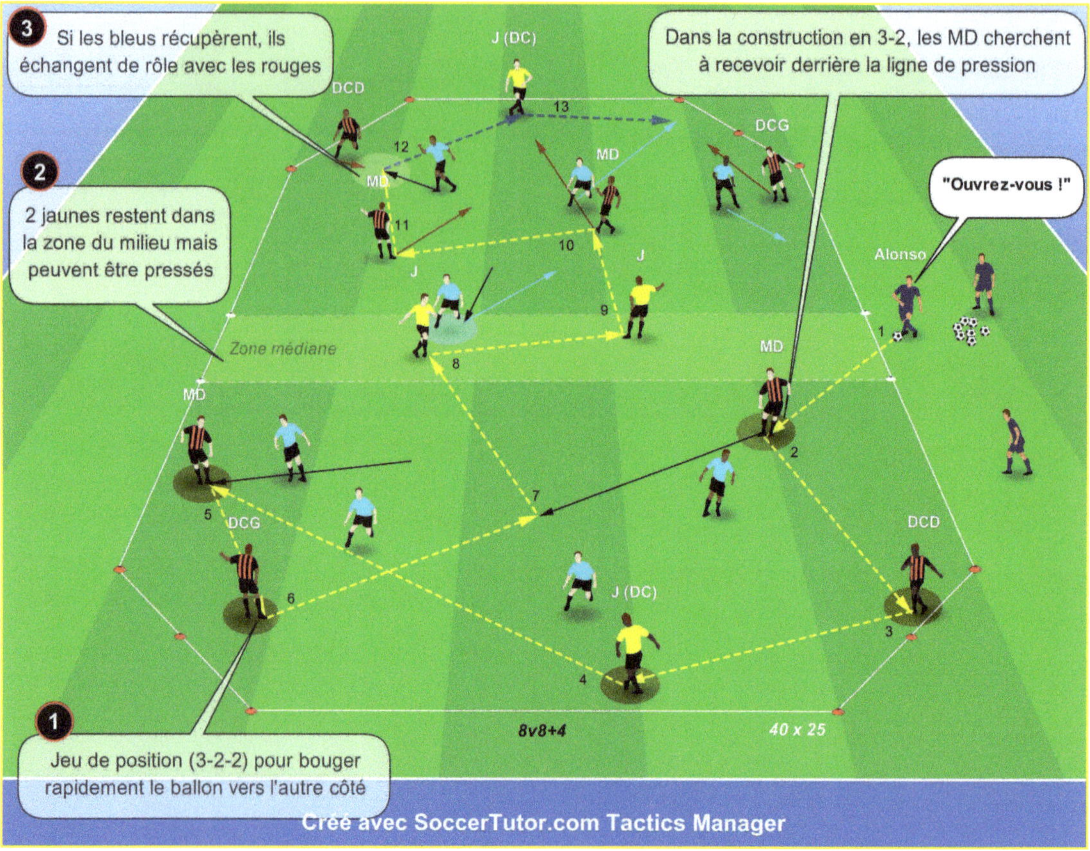

Description de l'Exercice

- Il y 8 rouges vs 8 bleus + 4 Jokers jaunes (1 à chaque extrémité + 2 en zone médiane). **Alonso** met un ballon en jeu.
- Les rouges cherchent à conserver la possession d'un côté, construire à travers la pression pour trouver un des deux **MD**, faire progresser le ballon vers les Jokers en zone médiane, puis jouer vers l'autre côté.
- La plupart des joueurs ont 2 touches, mais les Jokers aux extrémités (**DC**) en ont 3.
- Les 2 Jokers du milieu restent dans leur zone mais peuvent être pressés.
- Si les bleus récupèrent, ils échangent de rôle avec les rouges.

Jeu de Position

- Les 3 défenseurs centraux (**DCD**, **DC** & **DCG**) et 2 milieux défensifs (**MD**) forment la structure en 3-2 de la défense et du milieu de la formation en 3-2-5 pour construire *(voir pages 60-62)*.

Source: Séance de Xabi Alonso au Bayer Leverkusen au terrain d'entraînement du Bayer 04 Leverkusen - 2024

Exercices de Xabi Alonso : Jeux de Possession en Position

10.1. Points de Coaching d'Alonso pour s'ouvrir sur les Côtés

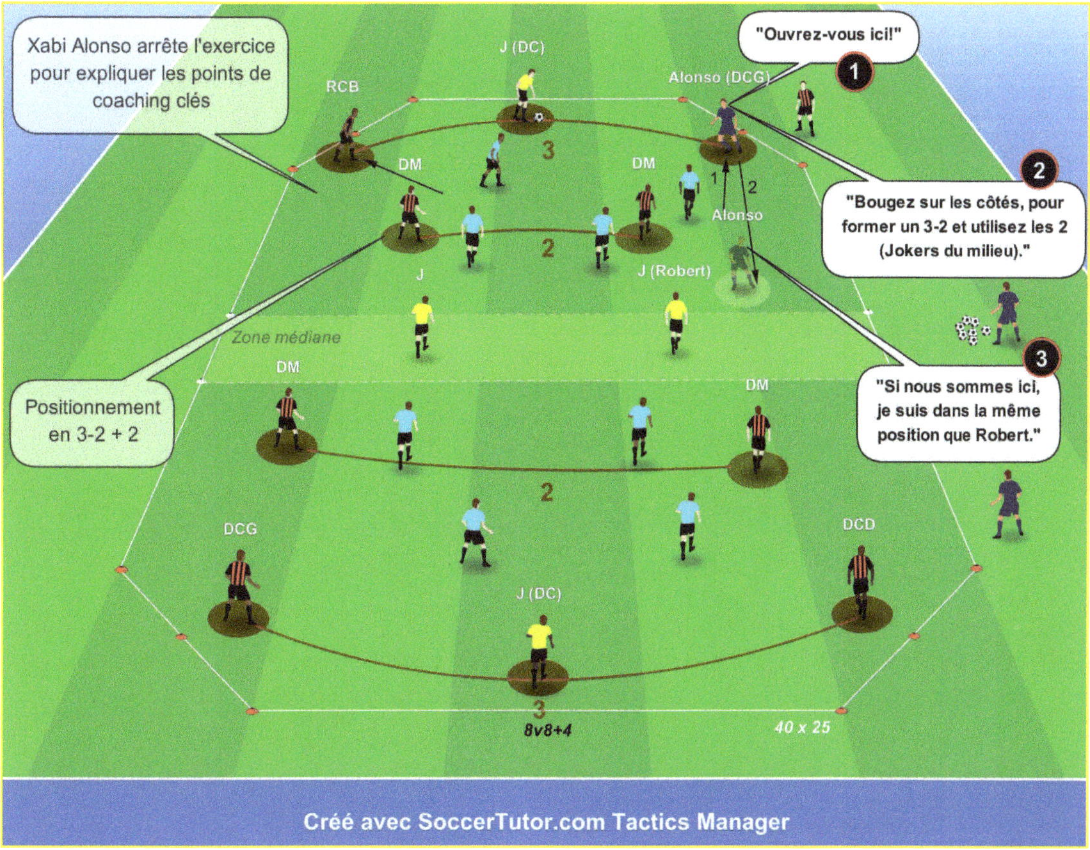

Points de Coaching de Xabi Alonso

- Ce diagramme fait suite à l'exercice de la page précédente : **Jeu de Possession en Position pour Construire en 3-2 et Jouer à Travers les Lignes 8v8 (+4)**.

- Ici, nous montrons ce qui s'est passé lorsque **Xabi Alonso** a interrompu sa séance d'entraînement pour expliquer certains points clés à ses joueurs.

- Il décrit les rôles par poste dans le 3-2-5 pour construire, dans lequel nous avons le 3-2-2 ici avec les 3 défenseurs (**DCG, DC** et **DCD**), 2 milieux défensifs (**MD**) et 2 Jokers en zone médiane.

- Alonso souligne l'importance que **DCG** et **DCD** s'ouvrent dans le coin de la surface afin de maximiser la largeur pour fournir un soutien et créer de l'espace pour ensuite jouer sous pression.

- C'est également le sujet de l'exercice de la page 101 : **Jeu de Possession en Position s'Ouvrir et s'Espacer pour Maximiser l'Espace et Jouer à Travers la Pression à 7v7 (+3)**.

- L'objectif est d'attirer les adversaires pour presser, trouver les **MD** derrière la première ligne de pression, puis jouer vers les Jokers de la zone médiane pour faire progresser le jeu vers l'autre côté.

Source: Séance de Xabi Alonso au Bayer Leverkusen au terrain d'entraînement du Bayer 04 Leverkusen - 2024

Exercices de Xabi Alonso : Jeux de Possession en Position

10.2. Points de Coaching d'Alonso pour la Prise de Décision

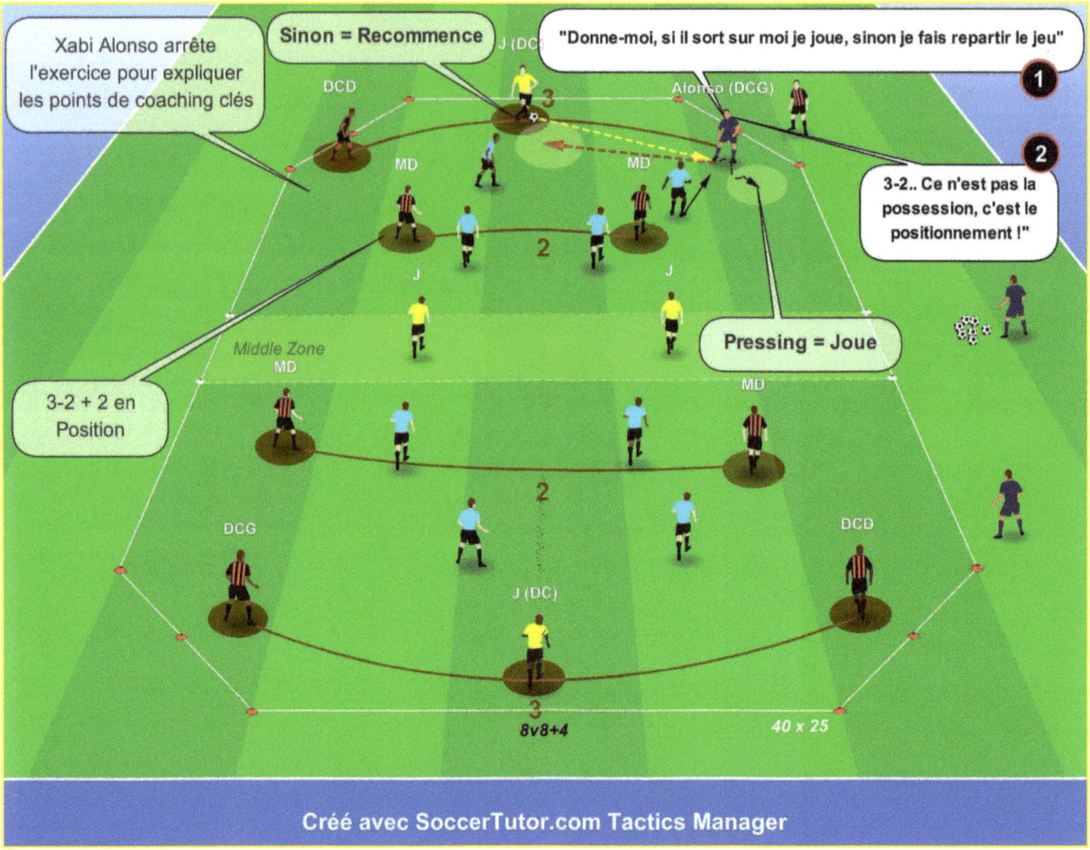

Points de Coaching de Xabi Alonso

- Ce diagramme fait suite à l'exercice décrit sur les 2 pages précédentes : **Jeu de Possession en Position pour Construire en 3-2 et Jouer à Travers les Lignes 8v8 (+4)**.

- Nous montrons ici ce qui s'est passé lorsque **Xabi Alonso** a interrompu sa séance pour expliquer certains points clés à ses joueurs.

- Alonso parle à ses joueurs de leur prise de décision lorsqu'ils jouent en 3-2, qui est tiré de la *formation en 3-2-5 du Bayer Leverkusen présentée aux pages 60 à 62*.

- Alonso souligne **l'importance du DCG et du DCD pour fournir un soutien et recevoir en position ouverte** et essayer d'inciter un adversaire à presser.

- **Si un adversaire est attiré pour presser, alors le défenseur doit faire progresser le jeu**. Sinon, il peut simplement refaire un tour (pour repartir du début).

- IEn outre, **Alonso souligne l'importance de la discipline des positions**. Il ne s'agit pas d'un jeu de possession normal ; il s'agit d'un **jeu de possession en position** qui met l'accent sur la progression du jeu dans une forme structurée.

Source: Séance de Xabi Alonso au Bayer Leverkusen au terrain d'entraînement du Bayer 04 Leverkusen - 2024

Exercices de Xabi Alonso : Jeux de Possession en Position

10.3. Points de Coaching d'Alonso pour Casser les Lignes

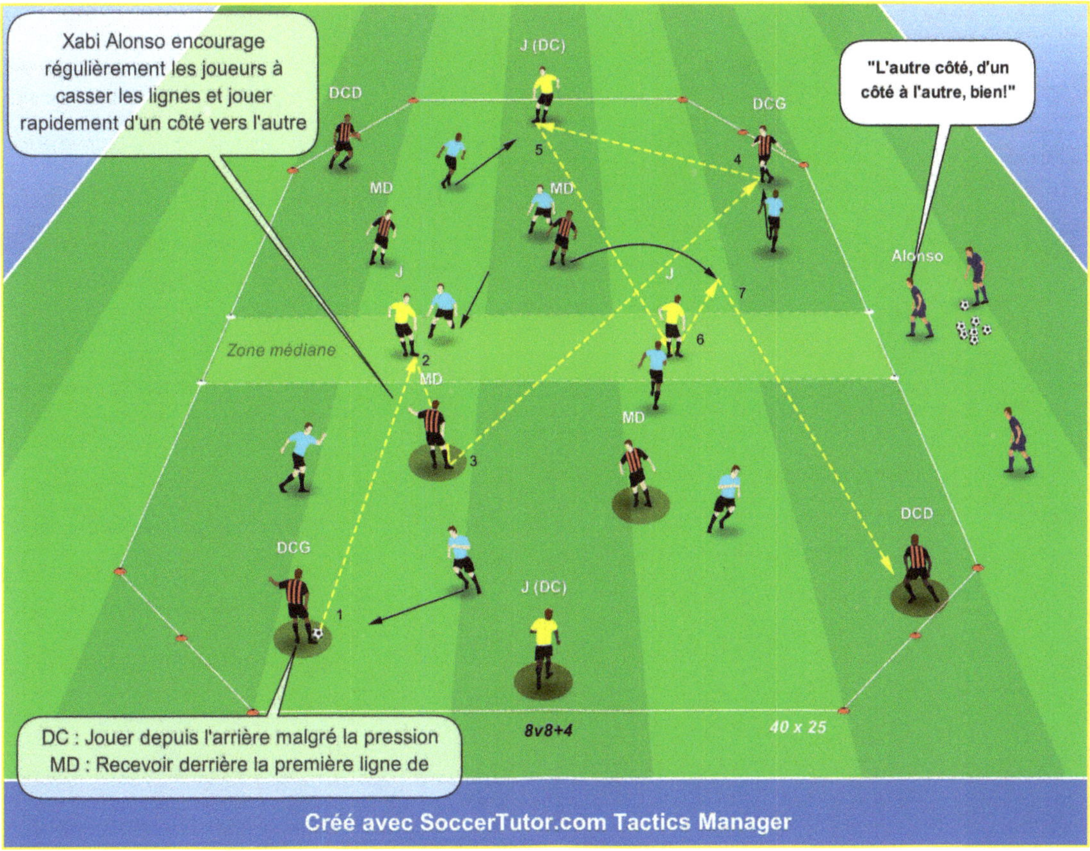

Points de Coaching de Xabi Alonso

- Ce diagramme fait suite à l'exercice décrit sur les 3 pages précédentes : **Jeu de Possession en Position pour Construire en 3-2 et Jouer à Travers les Lignes 8v8 (+4)**.

- Nous illustrons ici les points d'encouragement et de coaching que **Xabi Alonso** a partagés avec ses joueurs pendant la séance.

- Les joueurs sont encouragés à déplacer le ballon avec vitesse et intensité, afin de briser rapidement les lignes et jouer de l'autre côté, comme montré par le schéma.

- Les éléments clés sont présents dans ce jeu : **jouer depuis l'arrière dans la structure en 3-2** tirée du 3-2-5 du Bayer Leverkusen, **trouver les MD derrière la première ligne de pression** et déplacer le ballon **vers les MO pour faire progresser l'attaque**.

- De cette façon, les joueurs **s'entraînent constamment à leurs postes et rôles au sein de la structure de l'équipe**, leur permettant de faire progresser le ballon sur le terrain de manière rapide et tranchante pour jouer à travers leur adversaire.

Source: Séance de Xabi Alonso au Bayer Leverkusen au terrain d'entraînement du Bayer 04 Leverkusen - 2024

Exercices de Xabi Alonso : Jeux de Possession en Position

11. Jeu de Possession en Position Construire en 4-2 et Jouer à Travers les Lignes à 8v8 (+6)

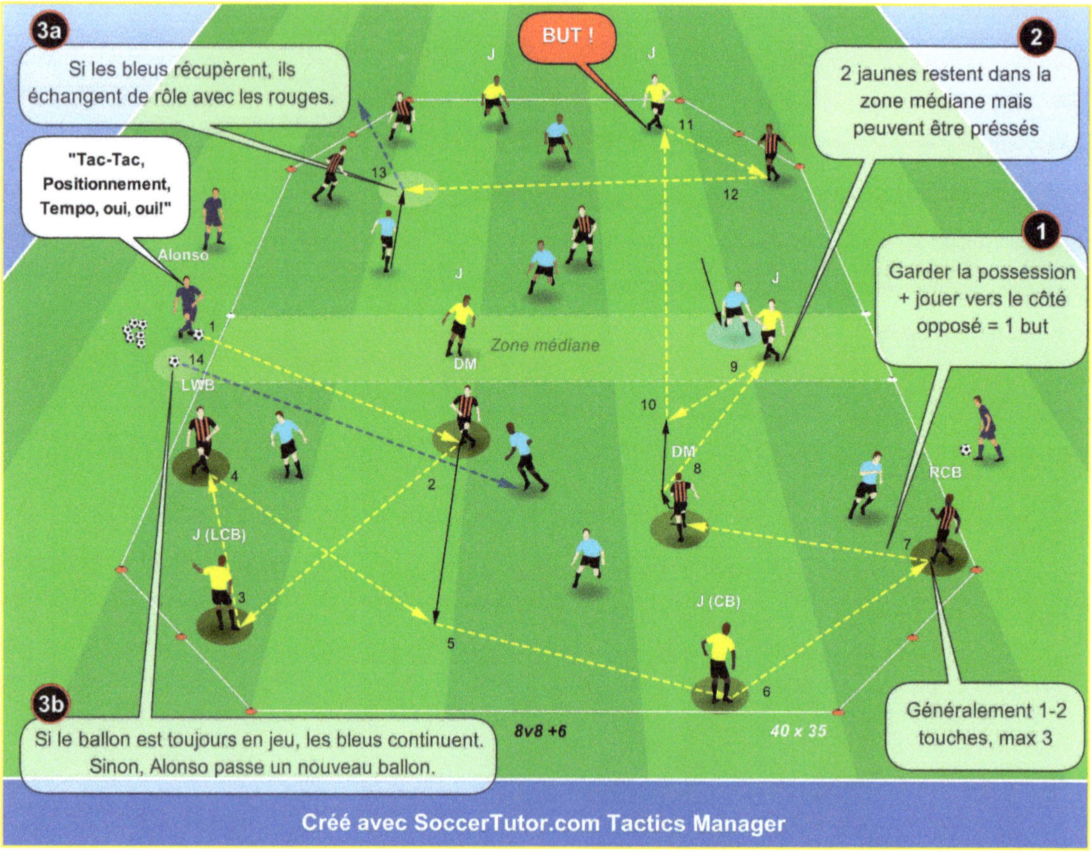

Description de l'Exercice

- 8 rouges contre 8 bleus + 6 Jokers jaunes (2 à chaque extrémité, 2 en zone médiane). **Alonso** met un ballon en jeu.
- Les rouges doivent garder la possession, construire à travers la pression, et jouer avec les Jokers de la zone médiane pour jouer vers l'autre côté (1 but marqué).
- Les joueurs font 1-2 touches (3 maximum). Les 2 Jokers du milieu restent dans leur zone mais peuvent être pressés, comme indiqué.
- Si les bleus récupèrent, ils échangent de rôle avec les rouges. Si le ballon est toujours en jeu, le jeu continue. Sinon, Alonso passe un nouveau ballon.

Jeu de Position

- Les 3 défenseurs (**DCD**, **DC** & **DCG**), le latéral gauche (**LOG**), et les 2 milieux défensifs (**MD**) forment la défense et le milieu en 4-2 de la structure pour construire en 4-2-4 *(voir pages 64-65)*.

Source: Séance de Xabi Alonso au terrain d'entraînement du Bayer 04 Leverkusen - 13 mars 2024

Exercices de Xabi Alonso : Jeux de Possession en Position

Coaching de Xabi Alonso Durant les Jeux de Possession en Position

1. **Xabi Alonso dirige activement les séances**, en particulier lors des jeux de possession en position de cette section.

2. Il interrompt souvent la séance pour souligner les points clés, marquant ainsi une **grande attention aux détails.**

3. Le staff et les joueurs restent très concentrés, **Alonso félicitant et encourageant les joueurs constamment,** créant ainsi une atmosphère positive.

4. Préparée avec ses notes, **la séance d'Alonso est très structurée**, chaque détail étant pré-planifié pour une efficacité maximale.

5. Dans ces jeux, **les joueurs se voient attribuer des positions spécifiques pour un coaching ciblé, affinant leur compréhension et l'exécution des rôles tactiques.** Il s'assure que le positionnement et la prise de décision de chaque joueur s'alignent sur le plan tactique de l'équipe.

Bayer Leverkusen de Xabi Alonso : Tactiques d'Attaques dans le Dernier Tiers

Bayer Leverkusen de Xabi Alonso : Attaques dans le Dernier Tiers

Attaquer par l'Axe

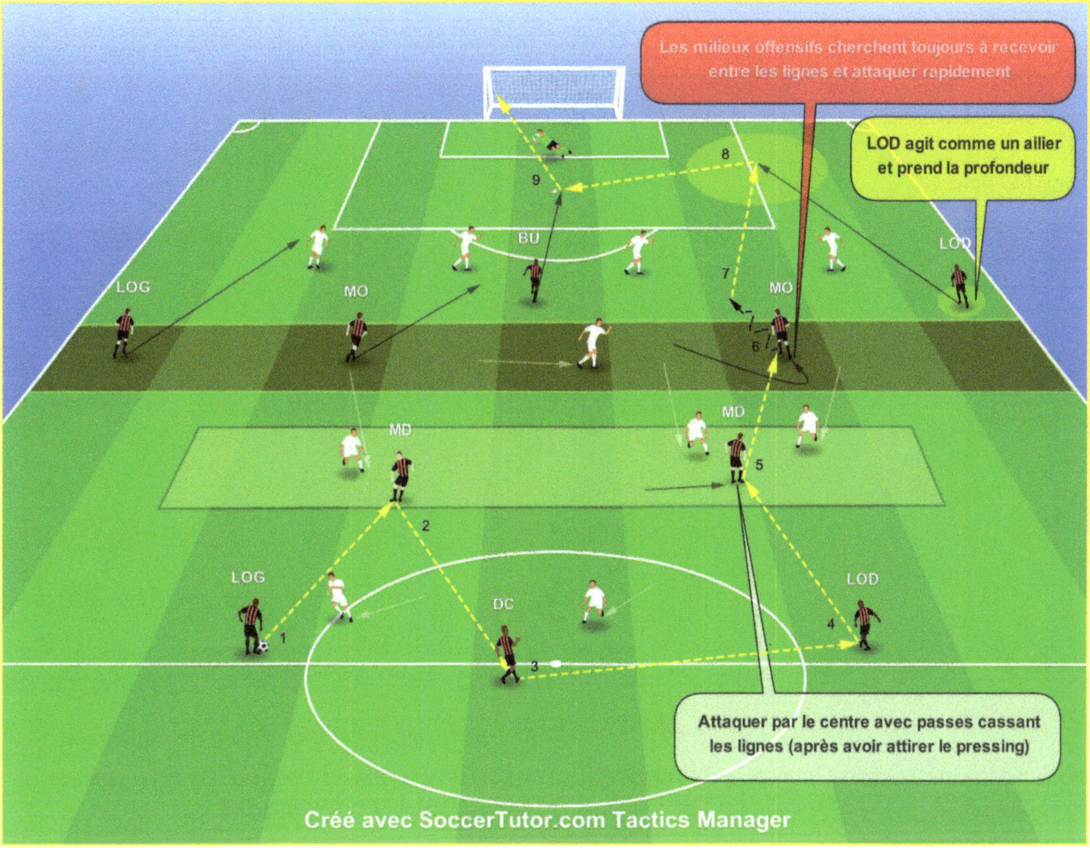

[Diagramme tactique : formation 3-2-5 avec annotations « Les milieux offensifs cherchent toujours à recevoir entre les lignes et attaquer rapidement », « LOD agit comme un ailier et prend la profondeur », et « Attaquer par le centre avec passes cassant les lignes (après avoir attirer le pressing) »]

L'attaque par l'axe du Bayer Leverkusen sous la direction de Xabi Alonso se concentre sur deux options principales au sein de cette forme en 3-2-5, à **savoir les passes verticales par l'axe ou les « passes rebond » pour attirer les adversaires** avant de progresser.

Le double pivot de milieux défensifs (MD) est essentiel, ils sont positionnés pour recevoir des passes devant les défenseurs, offrant un jeu en soutien très fiable. Alonso met l'accent sur les passes agressives vers l'avant s'il y a suffisamment d'espace.

Si les lignes de passe sont bloquées, les joueurs reculent pour faire des passes rebond, attirant les adversesaires et créant de l'espace pour progresser. Au fur et à mesure que le ballon avance, **Leverkusen cherche à trouver un milieu offensif (MO) entre les lignes** (zone surlignée en rouge).

À partir de là, ils cherchent à attaquer rapidement. Dans le diagramme, **MO** avance avec le ballon et joue en profondeur pour le latéral offensif droit (**LOD**), qui centre en retrait pour que **BU** marque.

Bayer Leverkusen de Xabi Alonso : Attaques dans le Dernier Tiers

Les Latéraux : Joueurs Offensifs Clés

Les latéraux du Bayer Leverkusen, **Alejandro Grimaldo** et **Jeremie Frimpong**, sont des joueurs clés des formes offensives en 4-2-4 et 3-2-5 de Xabi Alonso (à partir de la formation en 3-4-2-1).

L'arrière gauche **Grimaldo** excelle dans la construction du jeu, les passes et les centres, tout en étant capable de changer facilement de position et de jouer aisément en tant que milieu offensif en phase d'attaque. Le positionnement haut et la vitesse de **Frimpong** créent une grande menace sur le côté droit. Il crée des problèmes constants sur le flanc.

Le duo a joué un rôle essentiel dans l'incroyable succès du Bayer Leverkusen au cours de la saison 2023/24, **avec un total de 54 buts et passes décisives toutes compétitions confondues**.

Grimaldo a marqué 12 buts et délivré 18 passes décisives (30 contributions à des buts). Il a également mené le Bundesliga avec 13 passes décisives. **Frimpong a marqué 14 buts et délivré 10 passes décisives** (24 contributions). Sous la direction de Xabi Alonso, les latéraux de Leverkusen sont devenus cruciaux dans la tactique offensive de l'équipe, et nous verrons comment dans les pages suivantes.

Note: Leurs efforts défensifs ont aussi permis d'encaisser le moins de buts en Bundesliga.

Bayer Leverkusen de Xabi Alonso : Attaques dans le Dernier Tiers

Fluidité Tactique et Positionnelle en Attaque : Latéral Offensif Gauche Grimaldo

1. Position Haute et Ecartée en Phase Offensive (3-2-5)

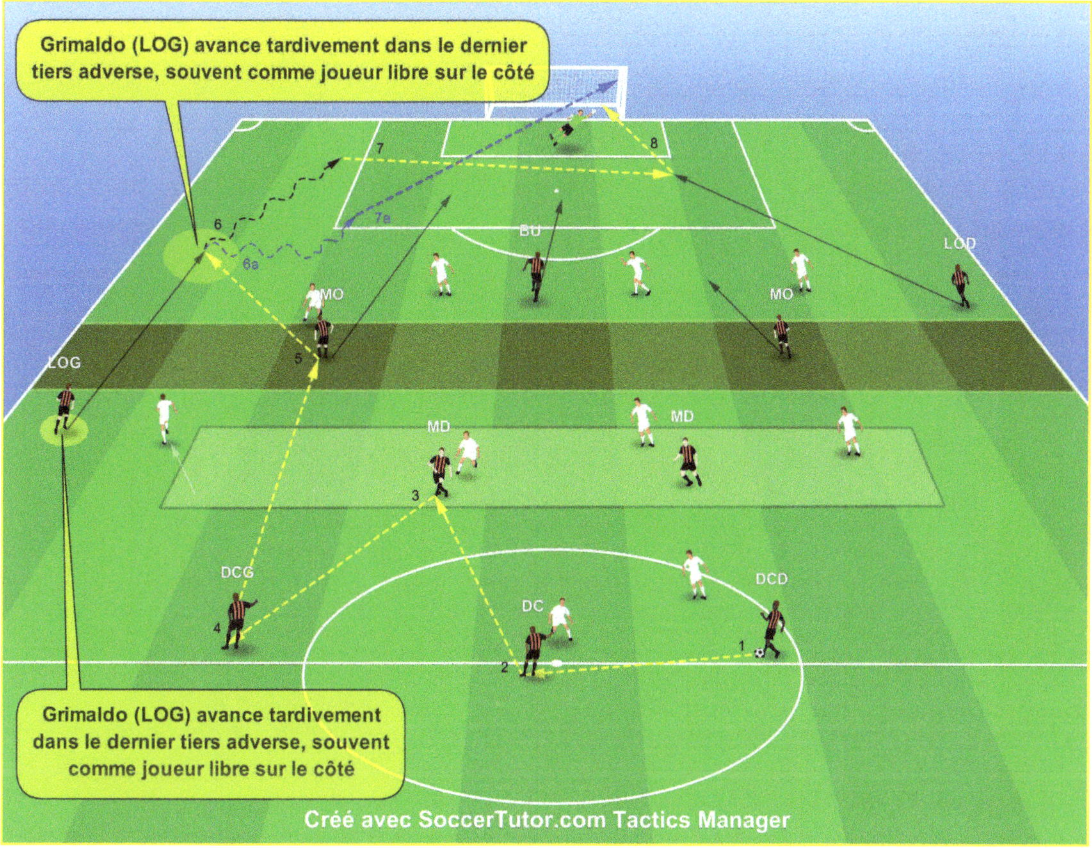

[Schéma tactique : Grimaldo (LOG) avance tardivement dans le dernier tiers adverse, souvent comme joueur libre sur le côté]

La présence de l'arrière gauche Grimaldo sur l'aile gauche pose un défi constant aux adversaires, même lorsqu'il n'a pas le ballon. Sa simple menace potentielle oblige les défenseurs à rester proches, créant un espace précieux dans l'axe pour les autres joueurs du Bayer Leverkusen.

Au cours de la saison record 2023/2024 du Bayer, **Grimaldo (LOG) a signé de nombreux buts et passes décisives.**

Cet exemple montre la forme offensive en 3-2-5 du Bayer, où **Grimaldo (LOG)** commence généralement dans une position plus basse par rapport à **Frimpong (LOD)** sur le côté opposé. Au fur et à mesure que le jeu progresse, **Grimaldo (LOG)** se place dans une position plus avancée, recevant souvent le ballon en tant que joueur libre de la part d'un milieu offensif (**MO**). À partir de là, il avance et se **crée des occasions de centre ou de tir**.

Bayer Leverkusen de Xabi Alonso : Attaques dans le Dernier Tiers

2. Positionné en tant que Milieu Offensif « Meneur de Jeu »

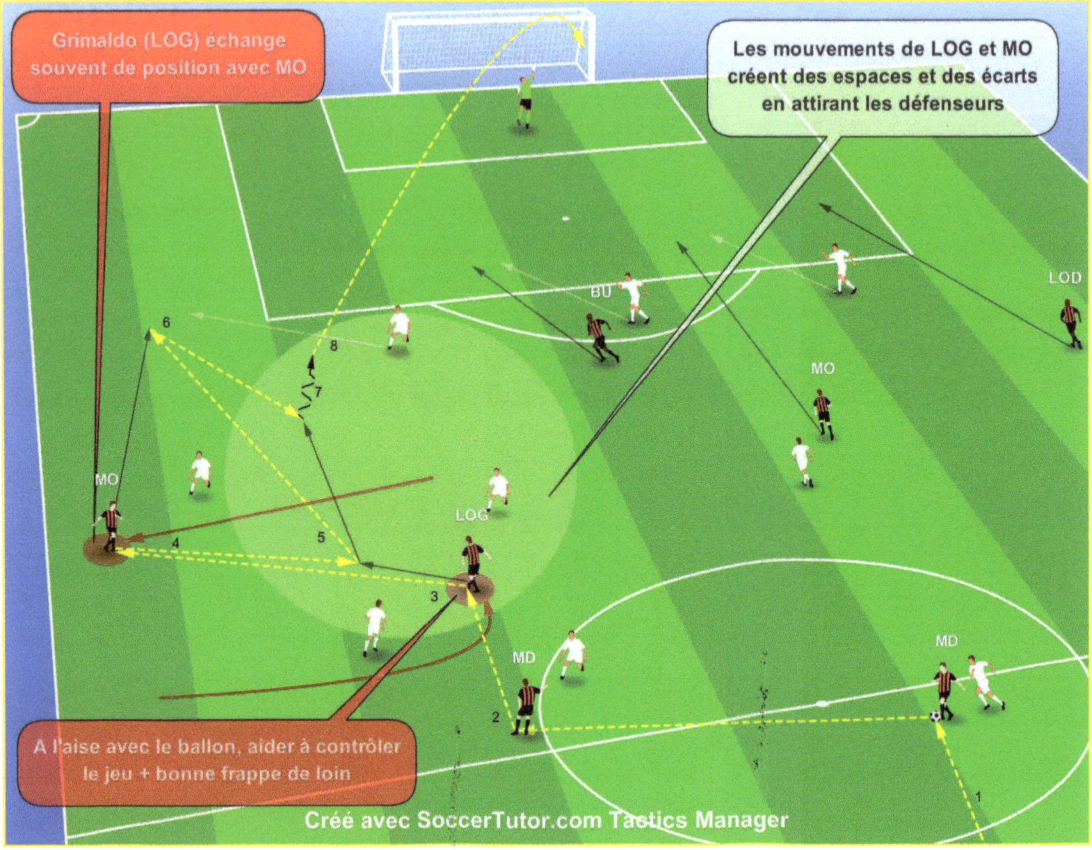

Grimaldo (LOG) échange souvent de position avec MO

Les mouvements de LOG et MO créent des espaces et des écarts en attirant les défenseurs

A l'aise avec le ballon, aider à contrôler le jeu + bonne frappe de loin

Créé avec SoccerTutor.com Tactics Manager

La capacité du latéral gauche offensif (LOG) Grimaldo à s'intégrer au milieu offre une sécurité numérique, aidant le Bayer Leverkusen en possession du ballon à contrôler le rythme du jeu. Il est à l'aise en possession, a une frappe puissante de loin et change fréquemment de position avec le milieu offensif, attirant les adversaires et créant des espaces exploitables, démontrant sa **polyvalence à la fois dans les rôles de latéral gauche et de milieu offensif**.

Alors que le Bayer Leverkusen passe en phase offensive, **Grimaldo (LOG) se déplace souvent au centre où il est apte à jouer le rôle de milieu de terrain offensif.**

Comme expliqué, dans les positions centrales, **Grimaldo (LOG)** déplace le ballon rapidement et attire les défenseurs pour créer de l'espace pour les autres. Cela peut ouvrir de l'espace pour jouer et **Grimaldo (LOG)** essaiera d'attaquer le but, comme dans cet exemple où il joue une combinaison rapide, puis tire de loin.

La capacité de Grimaldo à garder la possession et à garder le contrôle, ainsi qu'à représenter une menace offensive aide à nouveau le Bayer Leverkusen dans son style d'attaque imprévisible qui en fait une grande menace pour ses adversaires.

Bayer Leverkusen de Xabi Alonso : Attaques dans le Dernier Tiers

Le Latéral Droit Offensif Frimpong Utilisé comme "Ailier Avancé"

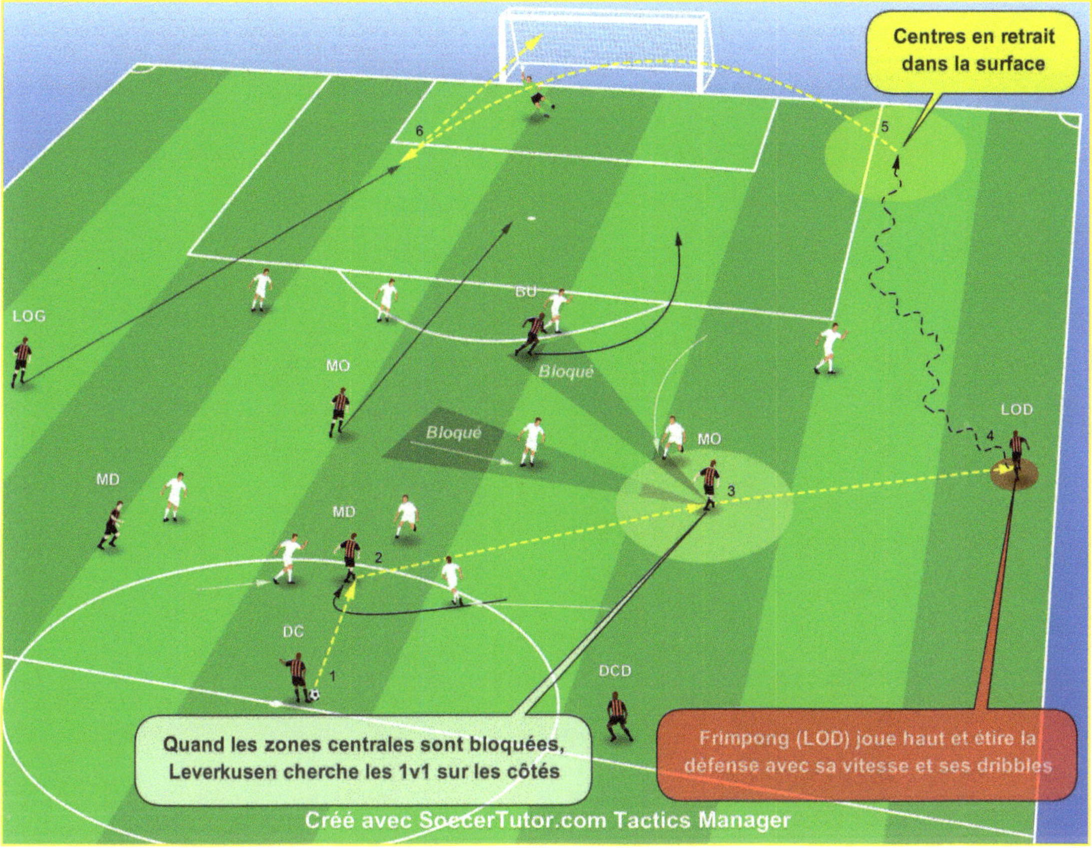

Le latéral droit du Bayer Leverkusen, Frimpong, joue un rôle d'ailier dynamique et axé sur l'attaque sur le côté droit, ce qui fait de lui un joueur offensif clé de l'équipe de Xabi Alonso.

La vitesse, le contrôle du ballon et l'agilité de Frimpong sont d'un haut niveau et étirent constamment les défenses.

Ses centres et ses passes en retrait sont cruciaux pour le jeu sur les ailes de Leverkusen, qui est vital pour briser la structure défensive de l'adversaire et fournir une menace constante derrière.

Lorsque les zones centrales sont bloquées, Leverkusen cherche à jouer le ballon sur les côtés pour des situations de 1 contre 1, dans lesquelles Frimpong excelle sur le côté droit.

Dans cet exemple, **Frimpong (LOD)** est capable de gagner son 1v1 grâce à sa vitesse et ses dribbles. Il est ensuite en mesure de délivrer un centre pour l'arrière latéral opposé **Grimaldo (LOG)** pour marquer au second poteau.

©SOCCERTUTOR.COM   XABI ALONSO : EXERCICES TIRÉS DE SÉANCES

Surcharge de la Zone Finale par le Bayer Leverkusen pour Finir les Attaques

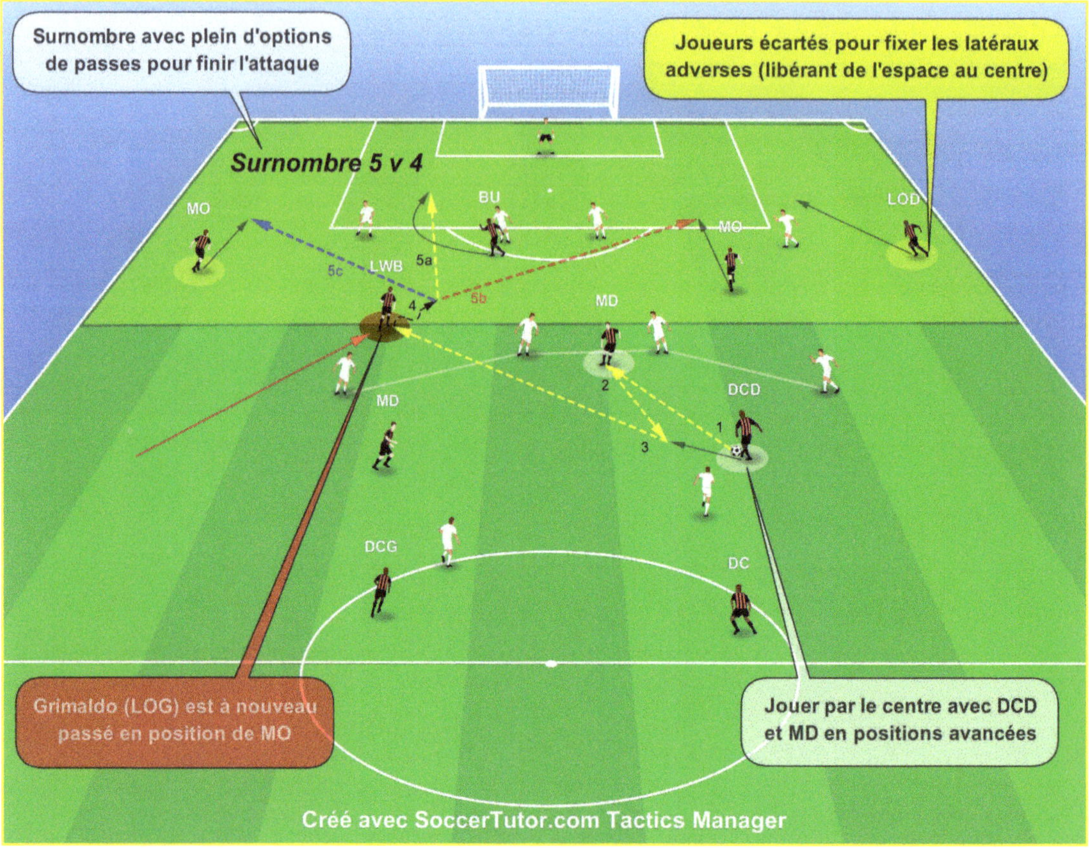

L'approche offensive de Xabi Alonso dans le dernier tiers est directe et très efficace, axée sur la création d'occasions par des dribbles, des passes en retrait et en profondeur, avec une préférence pour les couloirs centraux plutôt que les centres.

Ils utilisent 2 joueurs pour étirer la ligne défensive adverse, ouvrant des espaces pour que les joueurs centraux fassent des courses vers l'avant. Cela se traduit souvent par une configuration à 5 joueurs submergeant les défenses adverses avec des situations 5 v 5 ou même 5 v 4 (illustré).

Dans cet exemple, Grimaldo (**LOG**) est à nouveau en position de milieu offensif et reçoit de **DCD** (qui est en position avancée) après une passe " rebond " du milieu défensif (**MD**).

De là, la passe préférée de **Grimaldo** (**LOG**) est pour la course de l'avant-centre (**BU**), mais il existe également d'autres options.

La variabilité des attaques du Bayer Leverkusen gardent les adversaires sous une pression constante, ce qui en fait une équipe très efficace offensivement.

Schémas de Jeu Offensif en Positions

Directement Tirés des Séances de Xabi Alonso

Implémenter un Style de Jeu

"L'équipe doit savoir comment nous voulons jouer. Domination, intensité, contrôle, avec une mentalité de gagnant et cela doit durer du coup d'envoi jusqu'au coup de sifflet final. J'essaye de donner aux joueurs des instructions et des idées claires."

Xabi Alonso

Exercices de Xabi Alonso : Schémas de Jeu Offensif en Positions

Bayer Leverkusen de Xabi Alonso Formation en 3-4-2-1

- **GB:** Gardien de But
- **DCG:** Défenseur Central Gauche
- **DC:** Défenseur Central (Centre)
- **DCD:** Défenseur Central Droit
- **MD:** Milieu Défensif (x 2)
- **LOG:** Latéral Offensif Gauche
- **LOD:** Latéral Offensif Droit
- **MOG:** Milieu Offensif Gauche
- **MOD:** Milieu Offensif Droit
- **BU:** Buteur

Source: Séance du Bayer de Xabi Alonso au terrain d'entraînement du Bayer 04 Leverkusen - 2024

Exercices de Xabi Alonso : Schémas de Jeu Offensif en Positions

Mise en Place Schémas de Jeu en Position en 3-1-5 (à partir du 3-2-5)

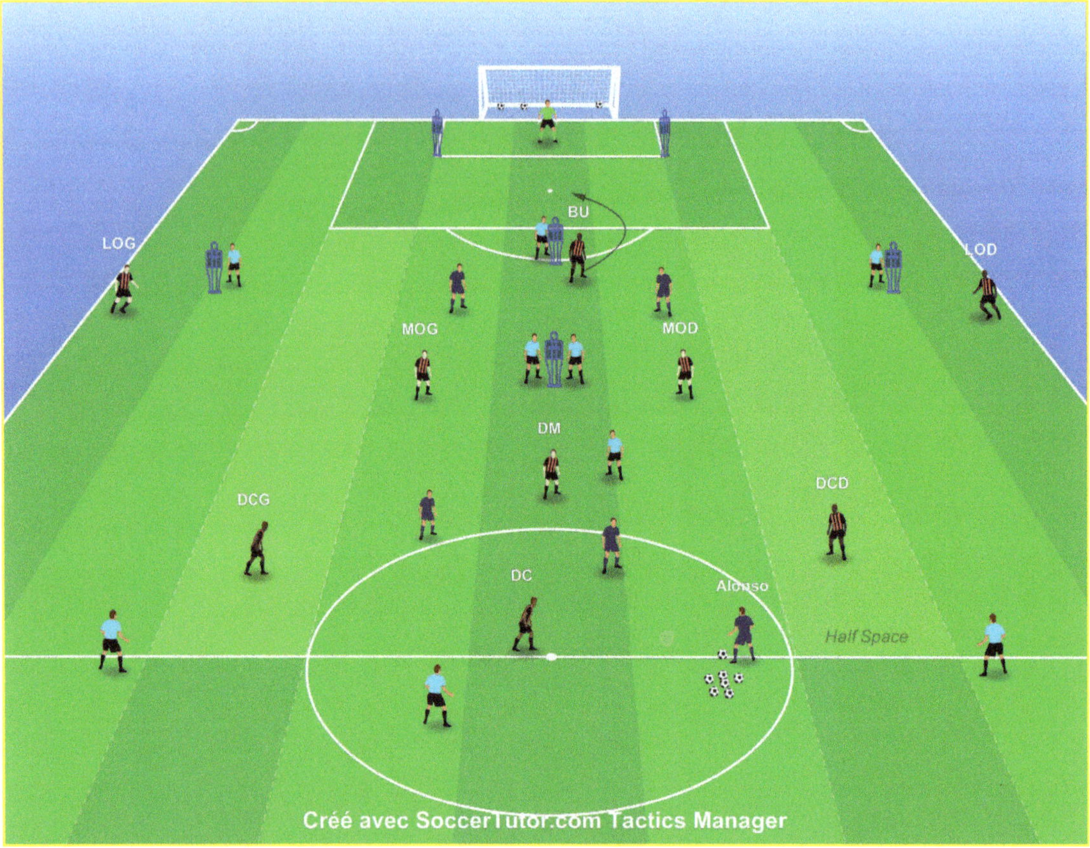

- Ce schéma montre la **configuration d'Alonso** pour pratiquer des **schémas de jeu offensifs avec le Bayer Leverkusen** en utilisant 9 joueurs (un MD de la forme en 3-2-5 manque - *voir pages 60-62*).

- Il y a des entraîneurs à différents postes. **Xabi Alonso** lance les nouveaux ballons et les autres gênent les joueurs, pressent pour bloquer les lignes de passe à certains endroits et aident à rendre les schémas de jeu en position plus réalistes, avec une certaine résistance défensive.

- Il y a 4 mannequins bleus qui aident les joueurs en représentant la position probable des adversaires au milieu, en défense centrale et sur les côtés.

- À chaque poste, il y a 2 joueurs (figurants en dossards bleus), qui forment 2 équipes de 9 joueurs pour pratiquer les schémas.

- Les 2 équipes e**xécutent en alternance les schémas décrits par Xabi Alonso**. Dès qu'une équipe a terminé, elle retourne à sa position et l'équipe suivante démarre.

Source: Séance du Bayer de Xabi Alonso au terrain d'entraînement du Bayer 04 Leverkusen - 2024

Exercices de Xabi Alonso : Schémas de Jeu Offensif en Positions

1. Attirer le Pressing pour Sortir, Renverser et Passe en Pronfondeur du Milieu Offensif depuis le Demi Espace pour le Latéral

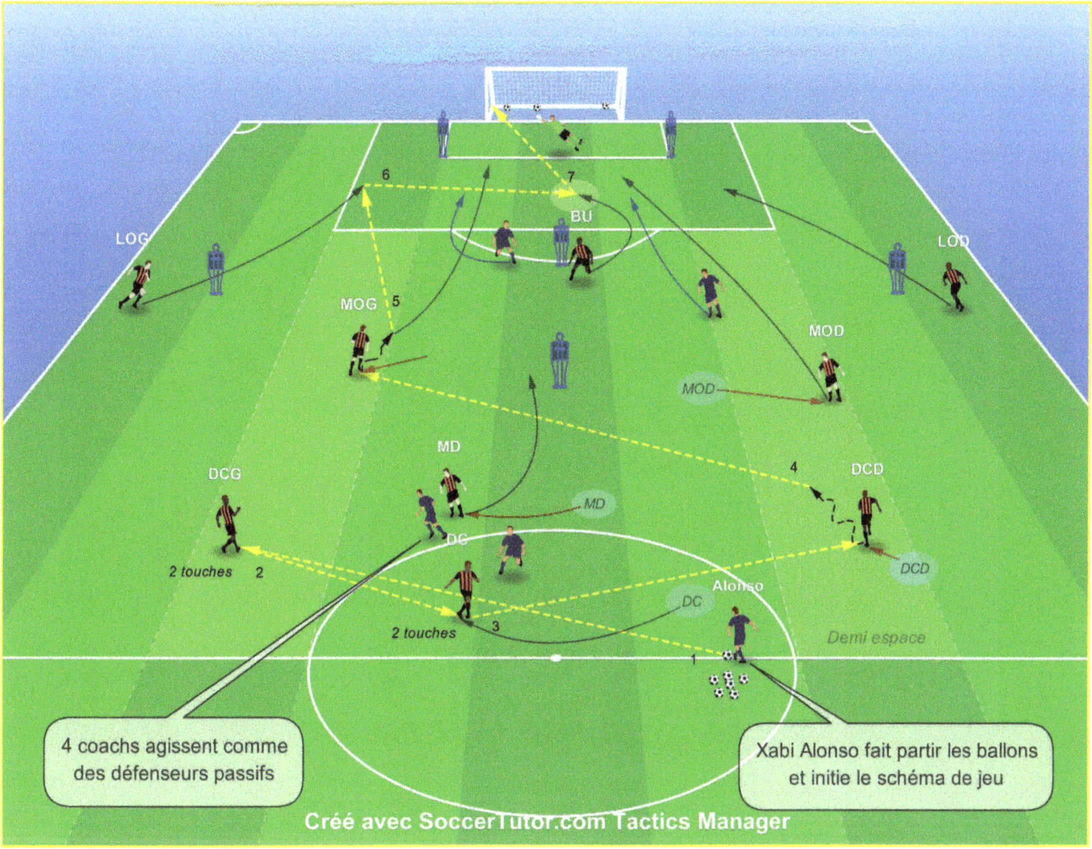

2 coachs pressent passivement pendant la construction et les 2 autres pressent dans la surface. Cercles Bleus = positions de départ.

Description de l'Exercice

1-2. Alonso passe sur le côté au défenseur central gauche (**DCG**), qui passe au défenseur central (**DC**).

3. Leur avantage à 4v2 permet à **DC** de passer au défenseur central droit (**DCD**), qui peut avancer pour progresser.

4. DCD reçoit et avance avec le ballon et renverse le jeu vers le milieu offensif gauche (**MOG**) plus haut sur le terrain dans le demi espace.

5. MOG joue en profondeur à l'intérieur de la surface pour la course du latéral offensif gauche (**LOG**).

6-7. LOG centre pour le buteur (**BU**) qui marque. **MOG**, **MOD**, et **LOD** font aussi des courses pour offrir des solutions et soutenir l'attaque.

Source: Séance du Bayer de Xabi Alonso au terrain d'entraînement du Bayer 04 Leverkusen - 2024

Exercices de Xabi Alonso : Schémas de Jeu Offensif en Positions

2. Défenseur Central Sort avec le Ballon, Renverse, et Passe en Profondeur vers le Latéral pour Centre dans la Surface

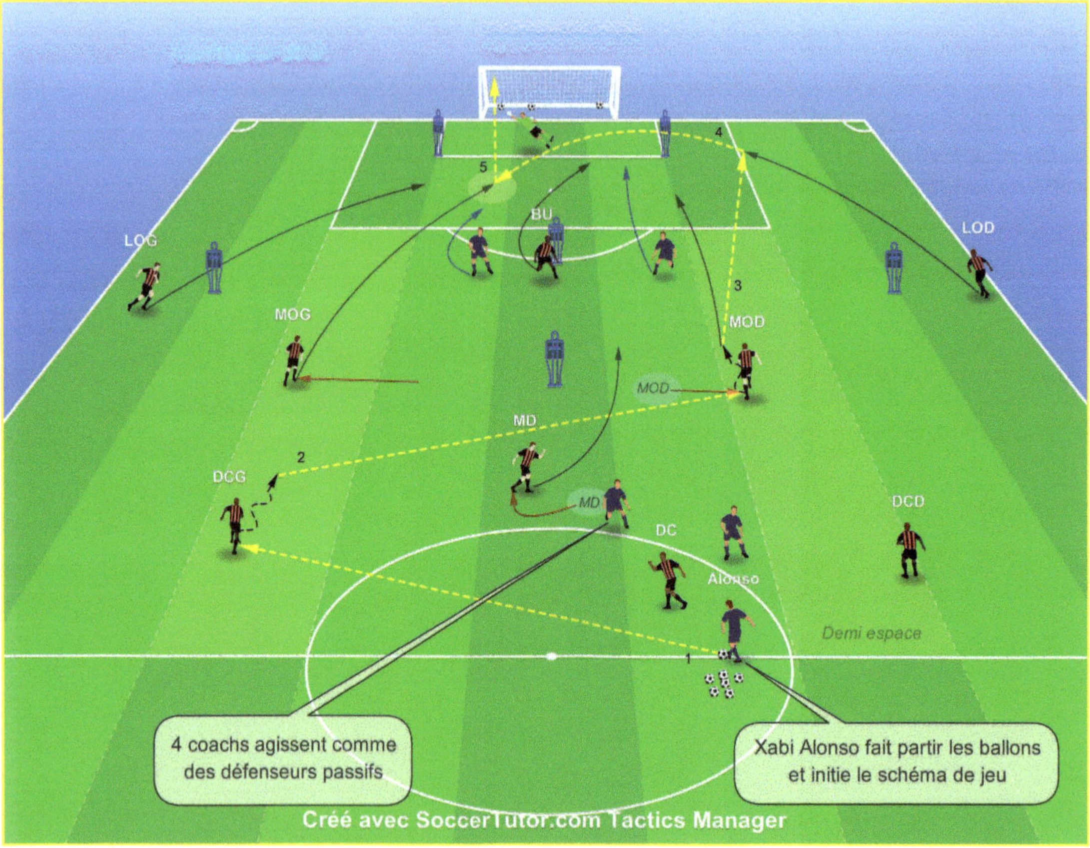

4 coachs agissent comme des défenseurs passifs

Xabi Alonso fait partir les ballons et initie le schéma de jeu

2 coachs pressent passivement pendant la construction et les 2 autres pressent dans la surface. Cercles Bleus = positions de départ.

Description de l'Exercice

1. **Alonso** passe sur le côté au défenseur central gauche (**DCG**), qui avance avec le ballon.

2. **DCG** renverse le jeu vers le milieu offensif droit (**MOD**) plus haut sur le terrain dans le demi espace.

3. **MOD** reçoit, avance avec le ballon et joue une passe en profondeur dans la course du latéral offensif droit (**LOD**) depuis la ligne de touche et derrière la défense.

4-5. **LOD** centre le ballon (en hauteur) dans le bon timing pour la course de **MOG** au centre de la surface. **MOG**, **BU**, et **LOG** font aussi des courses dans la surface pour fournir du soutien à l'attaque.

Source: Séance du Bayer de Xabi Alonso au terrain d'entraînement du Bayer 04 Leverkusen - 2024

Exercices de Xabi Alonso : Schémas de Jeu Offensif en Positions

3. Soutien pour Ressortir, Renversement, Passe en Profondeur pour le Latéral et Centre en Retrait pour le Milieu Offensif

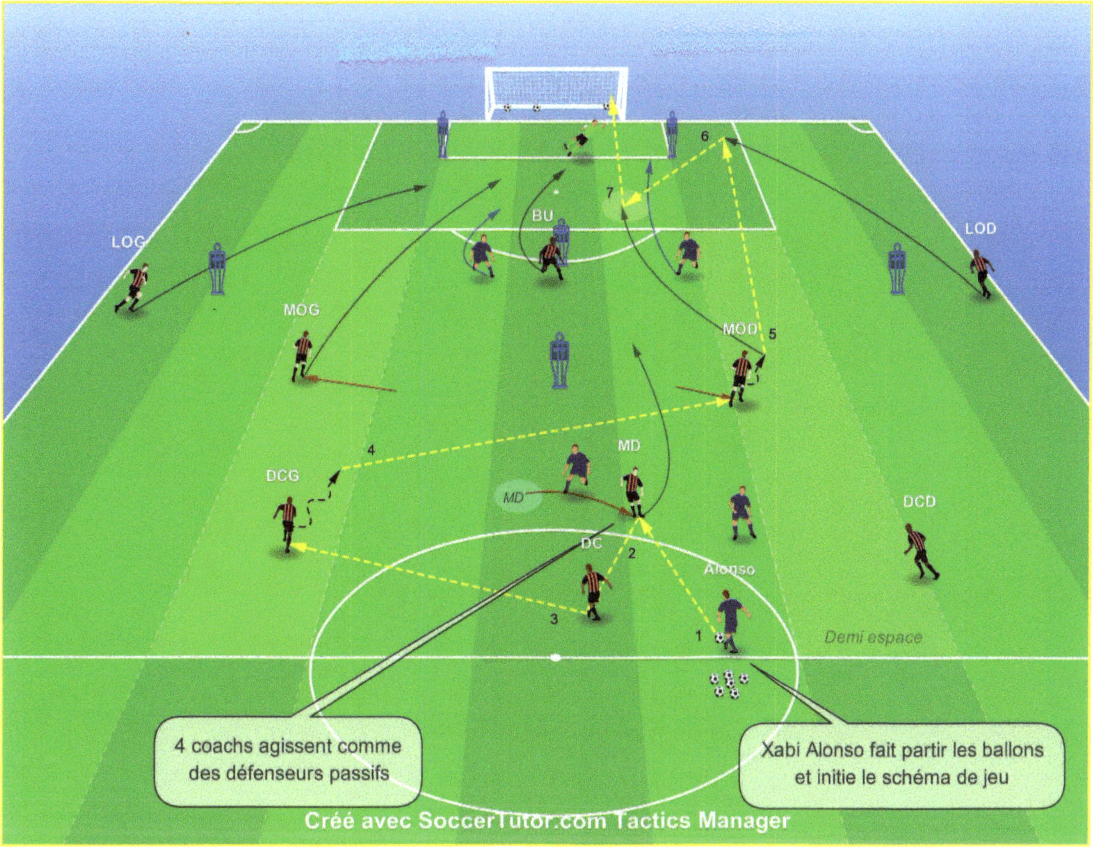

2 coachs pressent passivement pendant la construction et les 2 autres pressent dans la surface. Cercles Bleus = positions de départ.

Description de l'Exercice

1-2. **Alonso** passe au milieu défensif (**MD**), qui est pressé par derrière, donc il remet pour le défenseur central (**DC**).

3. L'avantage à 4v2 permet à **DC** de passer au défenseur central gauche (**DCG**) dans l'espace.

4. **DCG** reçoit, avance avec le ballon, et renverse le jeu vers le milieu offensif droit (**MOD**).

5. **MOD** se retourne et joue une passe en profondeur dans la course du latéral offensif droit (**LOD**) depuis la ligne de touche vers la surface.

6-7. **LOD** centre en retrait dans la course de **MOD** qui marque. **BU**, **MOG**, et **LOG** font aussi des courses dans la surface pour fournir du soutien.

Source: Séance du Bayer de Xabi Alonso au terrain d'entraînement du Bayer 04 Leverkusen - 2024

Exercices de Xabi Alonso : Schémas de Jeu Offensif en Positions

4. Renverser pour Sortir, Encore Renverser, Passe en Profondeur du Milieu Offensif vers l'Ailier et Courses de Soutien

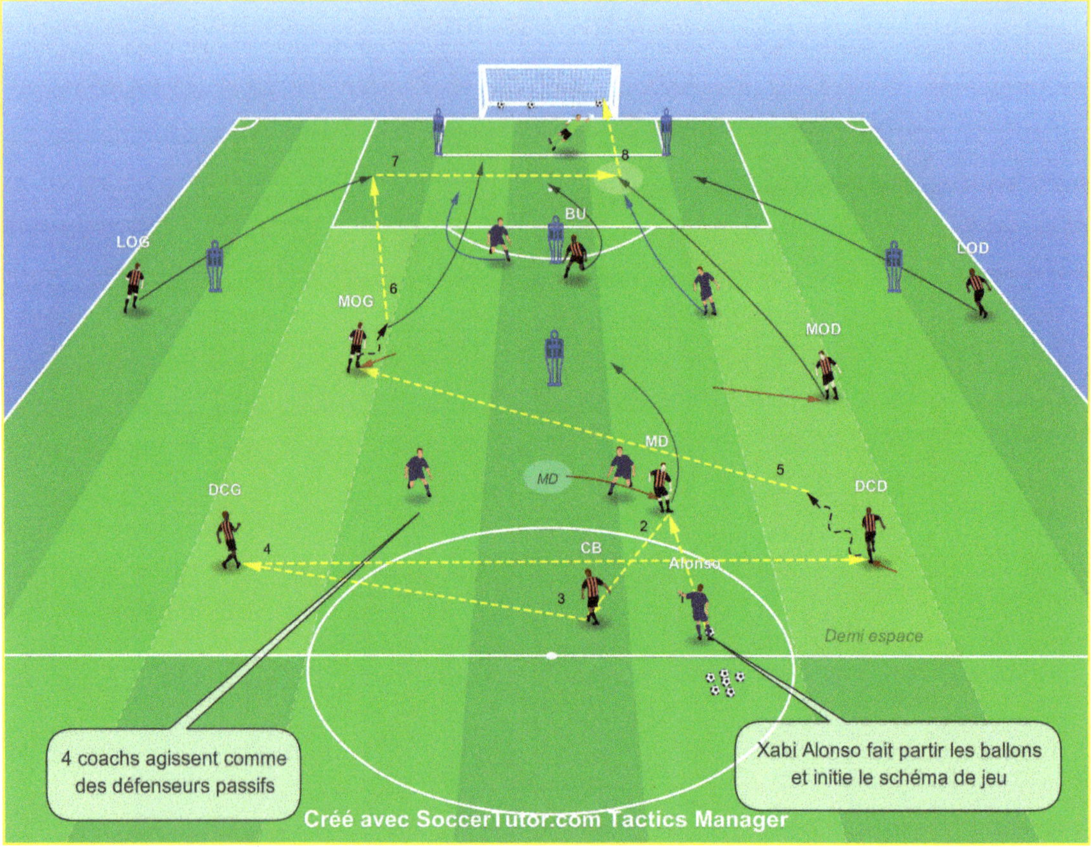

2 coachs pressent passivement pendant la construction et les 2 autres pressent dans la surface. Cercles Bleus = positions de départ.

Description de l'Exercice

1-2. Alonso passe au milieu défensif (**MD**), qui est pressé par derrière, il passe donc en retrait au défenseur central (**DC**).

3-4. DC passe au défenseur central gauche (**DCG**), qui renverse vers **DCD**.

5. Le défenseur central droit (**DCD**) reçoit et peut avancer avec le ballon pour faire progresser le jeu. Il renverse ensuite vers le milieu offensif gauche (**MOG**) plus haut sur le terrain (dans le demi espace).

6. MOG joue en profondeur dans la surface pour la course du latéral gauche (**LOG**) vers l'intérieur depuis la ligne de touche.

7-8. LOG centre à terre pour **MOD** qui marque au second poteau. **BU**, **MOG**, et **LOD** font aussi des courses dans la surface.

Source: Séance du Bayer de Xabi Alonso au terrain d'entraînement du Bayer 04 Leverkusen - 2024

Exercices de Xabi Alonso : Schémas de Jeu Offensif en Positions

5. Passes Courtes pour Construire, Sortir, Buteur en Soutien et Course du Milieu Offensif en 3e Homme derrière la Défense

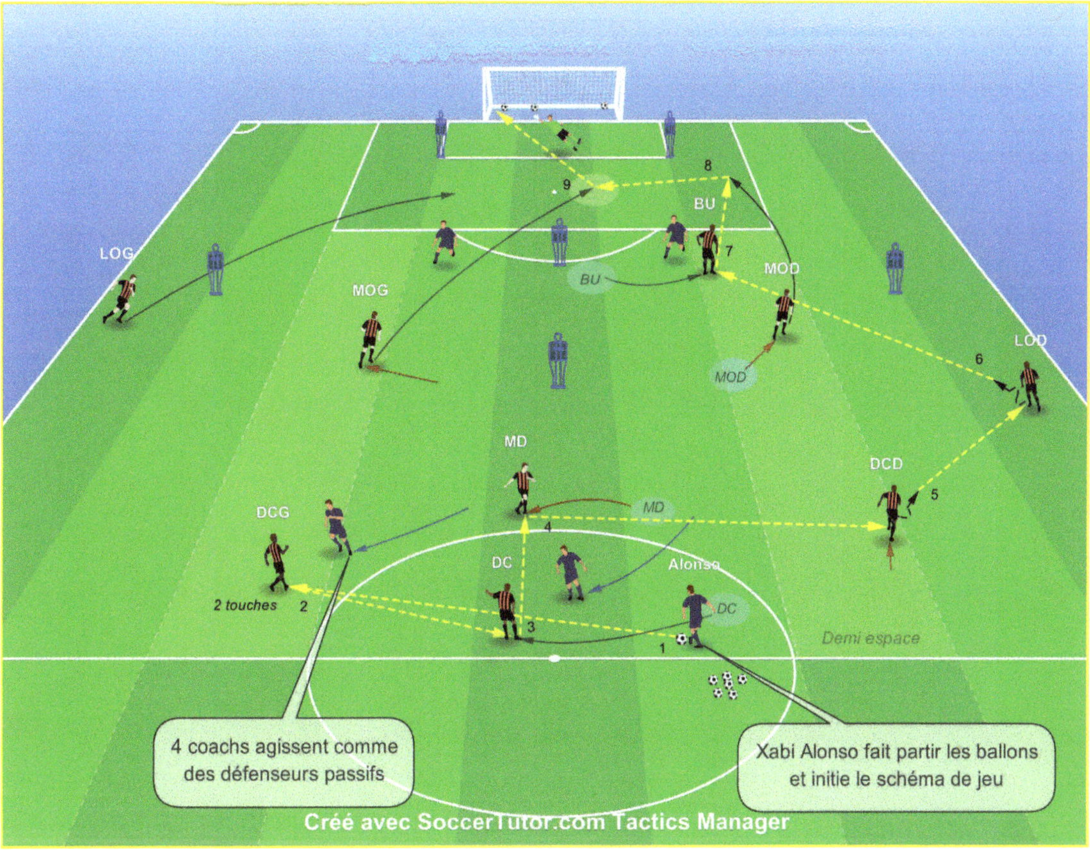

2 coachs pressent passivement pendant la construction et les 2 autres pressent dans la surface. Cercles Bleus = positions de départ.

Description de l'Exercice

1-2. **Alonso** passe au milieu défensif (**MD**), qui est pressé par derrière, il passe donc en retrait au défenseur central (**DC**).

3. **DC** est pressé mais peut casser la première ligne avec une courte passe verticale au milieu défensif (**MD**).

4-5. **MD** passe au défenseur central droit (**DCD**), qui joue sur le côté vers le latéral offensif droit (**LOD**).

6-7. Le buteur (**BU**) se déplace vers ce côté pour que **LOD** puisse lui passer. Sur le temps de passe, le milieu offensif (**MOD**) de ce côté fait une course en 3e homme pour recevoir la passe sans contrôle de **BU** dans la surface.

8-9. **MOD** centre en retrait pour **MOG** pour marquer après avoir bien géré sa course.

Source: Séance du Bayer de Xabi Alonso au terrain d'entraînement du Bayer 04 Leverkusen - 2024

Exercices de Xabi Alonso : Schémas de Jeu Offensif en Positions

6. Construction avec Passes Courtes, Sortir et Attaquer avec le Latéral Droit à l'Intérieur qui Dribble dans la Surface

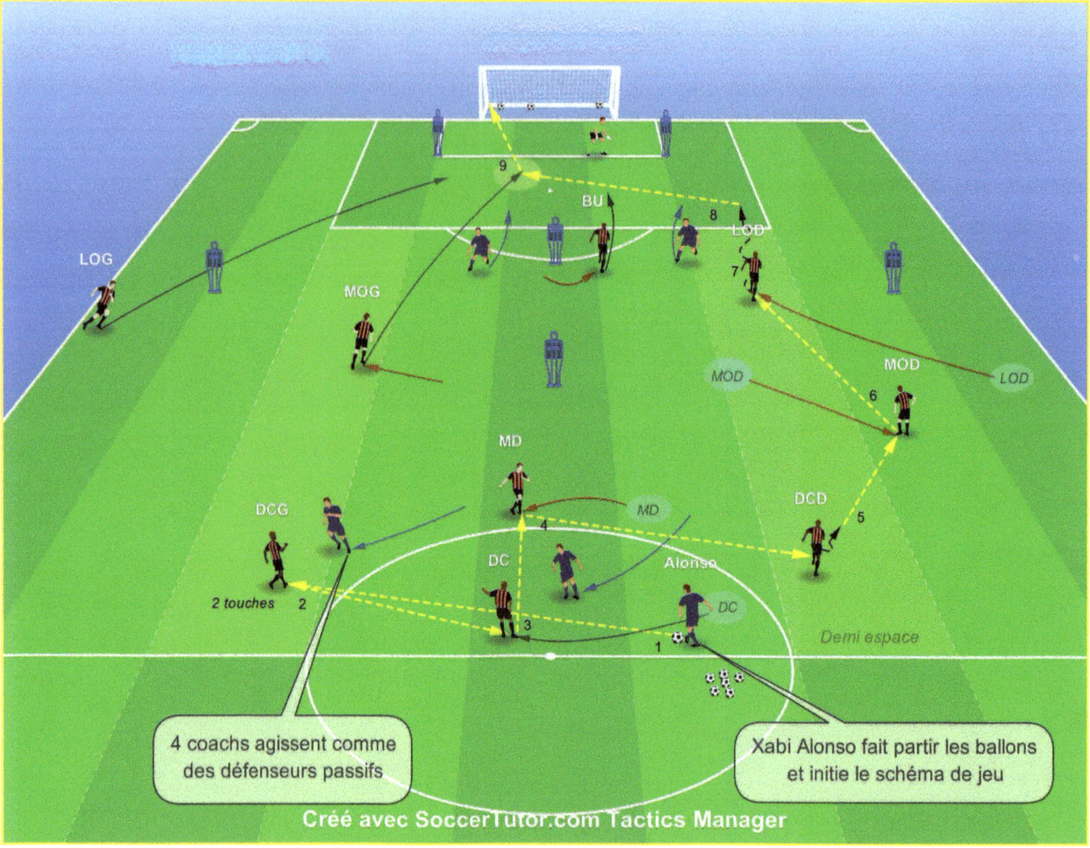

2 coachs pressent passivement pendant la construction et les 2 autres pressent dans la surface. Cercles Bleus = positions de départ.

Description de l'Exercice

1-2. **Alonso** passe sur le côté au défenseur central gauche (**DCG**) qui est pressé, il remet donc au défenseur central (**DC**).

3. **DC** est pressé mais peut casser la première ligne de pression avec une passe verticale au milieu défensif (**MD**).

4-5. **MD** passe au défenseur central droit (**DCD**), alors que le milieu offensif (**MOD**) décroche sur le côté pour recevoir la passe suivante.

6-7. **MOD** passe vers l'avant à **LOD**, qui reçoit plus haut dans le demi espace en rentrant à l'intérieur, puis dribble vers la surface en passant le coach.

8-9. **LOD** centre dans la surface pour que **MOG** marque. **BU** et **LOG** font aussi des courses dans la surface.

Source: Séance du Bayer de Xabi Alonso au terrain d'entraînement du Bayer 04 Leverkusen - 2024

Exercices de Xabi Alonso : Schémas de Jeu Offensif en Positions

7. Renversement Aérien vers le Latéral Gauche, Course du Milieu Offensif en 3e Homme, Centre en Retrait et Finition

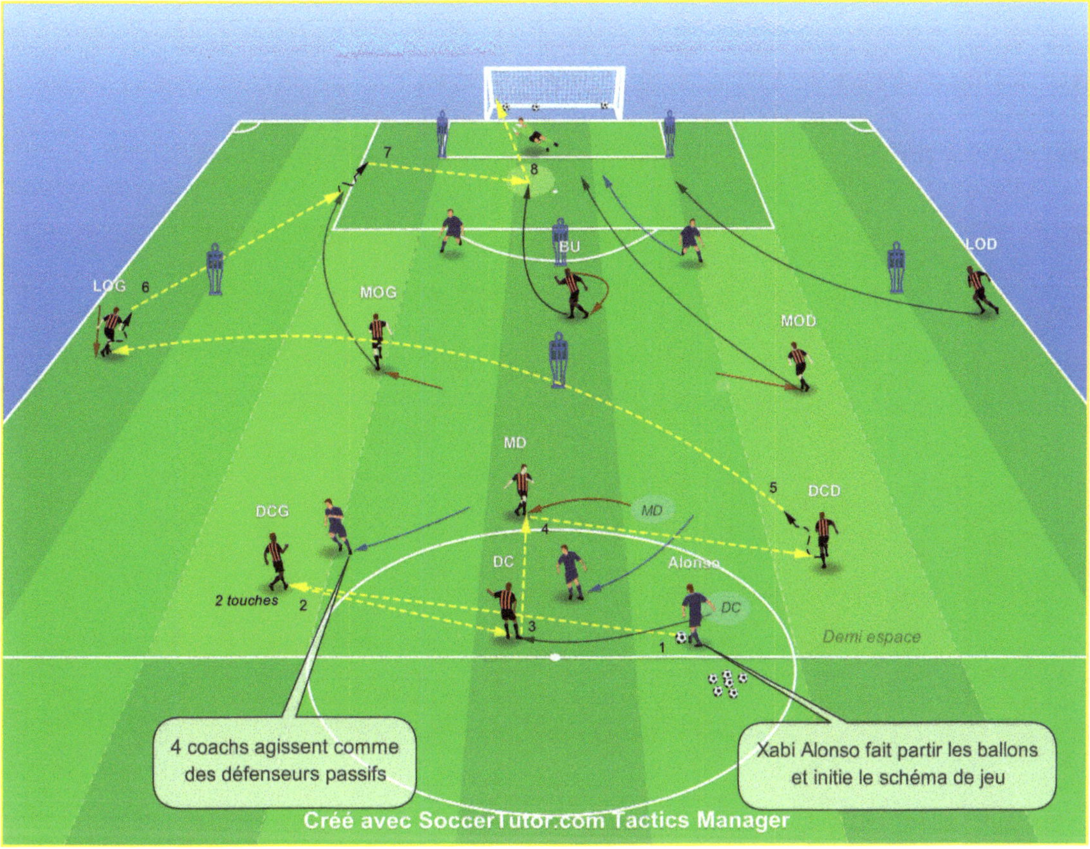

4 coachs agissent comme des défenseurs passifs

Xabi Alonso fait partir les ballons et initie le schéma de jeu

2 coachs pressent passivement pendant la construction et les 2 autres pressent dans la surface. Cercles Bleus = positions de départ.

Description de l'Exercice

1-2. **Alonso** passe sur le côté au défenseur central gauche (**DCG**) qui est pressé, il remet donc au défenseur central (**DC**).

3. **DC** est pressé mais peut casser la première ligne de pression avec une passe verticale au milieu défensif (**MD**).

4-5. **MD** passe au défenseur central droit (**DCD**), qui fait un long renversement aérien vers le latéral gauche (**LOG**).

6. **LOG** fait une passes à l'extérieur du mannequin, bien dosée dans la course du milieu offensif (**MOG**) en profondeur.

7-8. **MOG** reçoit, entre dans la surface, et centre en retrait dans la surface pour le buteur (**BU**) qui marque. **MOD** et **LOD** font aussi des courses dans la surface pour soutenir l'attaque.

Source: Séance du Bayer de Xabi Alonso au terrain d'entraînement du Bayer 04 Leverkusen - 2024

Exercices de Xabi Alonso : Schémas de Jeu Offensif en Positions

8. Renversement Aérien vers le Latéral Droit, Course du Milieu Offensif en 3e Homme en Profondeur, Centre et Finition

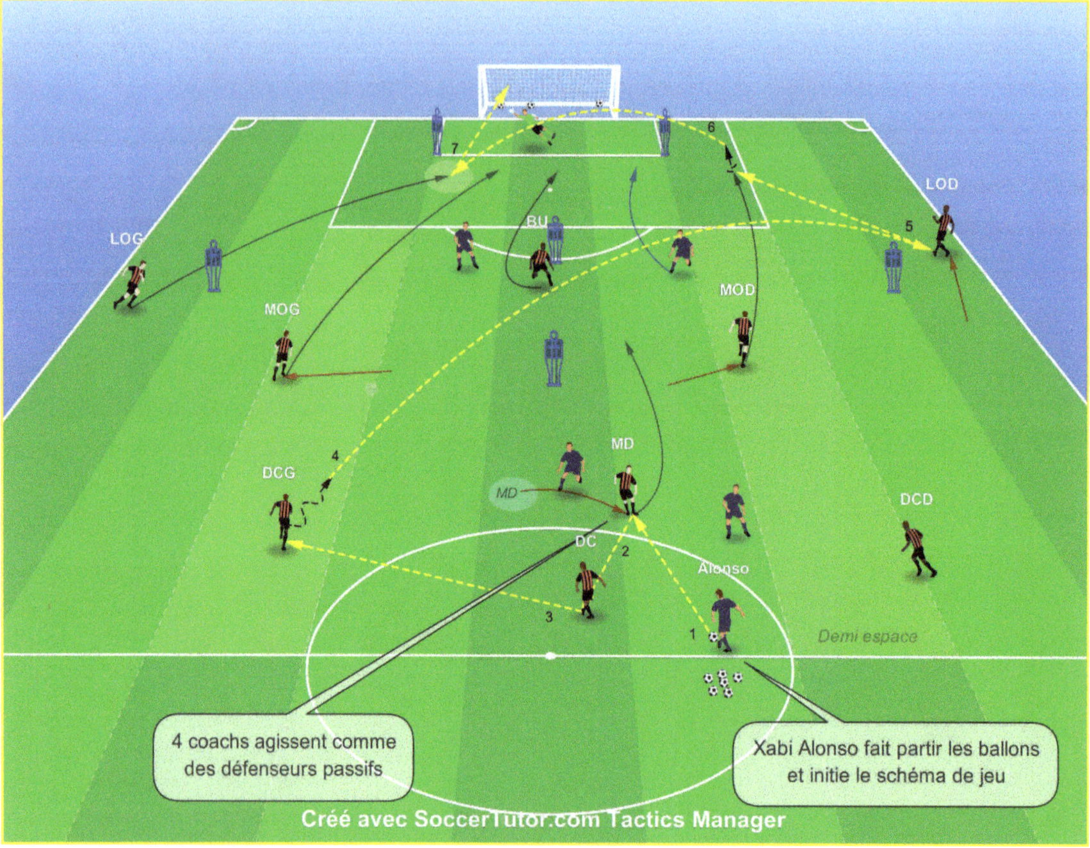

2 coachs pressent passivement pendant la construction et les 2 autres pressent dans la surface. Cercles Bleus = positions de départ.

Description de l'Exercice

1-2. Alonso passe au milieu défensif (**MD**), qui est pressé par derrière et remet donc en rentrait au défenseur central (**DC**).

3. DC passe au défenseur central gauche (**DCG**), qui reçoit et avance.

4. MD joue un long renversement de jeu aérien vers le latéral offensif droit (**LOD**), qui fait une course vers l'avant pour recevoir derrière le mannequin.

5. Le milieu offensif (**MOD**) s'était déjà déplacé vers le côté, et fait une course incisive en profondeur pour recevoir de **LOD** dans la surface.

6-7. LOD reçoit et centre pour **LOG** au second poteau. **BU** et **MOG** font aussi des courses dans la surface.

Source: Séance du Bayer de Xabi Alonso au terrain d'entraînement du Bayer 04 Leverkusen - 2024

Exercices de Xabi Alonso : Schémas de Jeu Offensif en Positions

Schémas de Jeu en Position en Forme 2-5 (dans un 3-2-5)

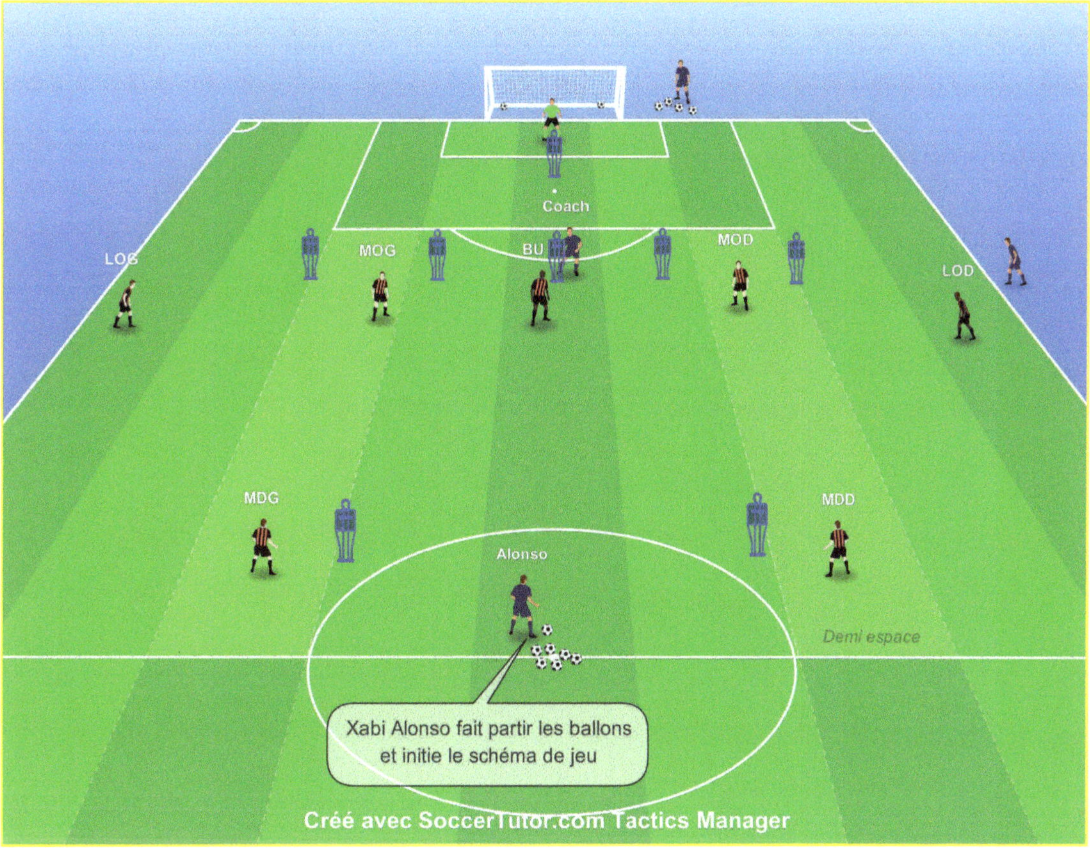

- Ce diagramme montre la **configuration d'Alonso** pour pratiquer les **schémas de jeu offensifs avec le Bayer Leverkusen** en utilisant 7 joueurs (milieu de terrain et lignes d'attaque selon une configuration 3-2-5 - *voir pages 60-62)*.

- Il y a 2 milieux défensifs (**MDG** & **MDD**), 2 latéraux (**LOG** & **LOD**), 2 milieux offensifs (**MOG** & **MOD**) et l'avant-centre (**BU**).

- Il y a 7 mannequins bleus qui aident les joueurs avec le positionnement probable de l'adversaire au milieu et en défense. Il y a également un autre mannequin dans la surface et un entraineur qui peut appliquer une défense passive - cela permet de rendre la finition de l'attaque un peu plus réaliste.

- *Note: il y avait parfois des joueurs supplémentaires aux postes de MD, MO et BU (attendant leur tour), mais ils ne sont pas représentés dans ce diagramme ni dans ceux qui suivent.*

Source: Séance de Xabi Alonso, Aviva Stadium, Dublin (Finale de l'UEFA Europa League) - 21 mai 2024

Exercices de Xabi Alonso : Schémas de Jeu Offensif en Positions

1. Renversement Aérien vers le Latéral Gauche, Soutien du Milieu Défensif, Passe en Profondeur et Centre en Retrait

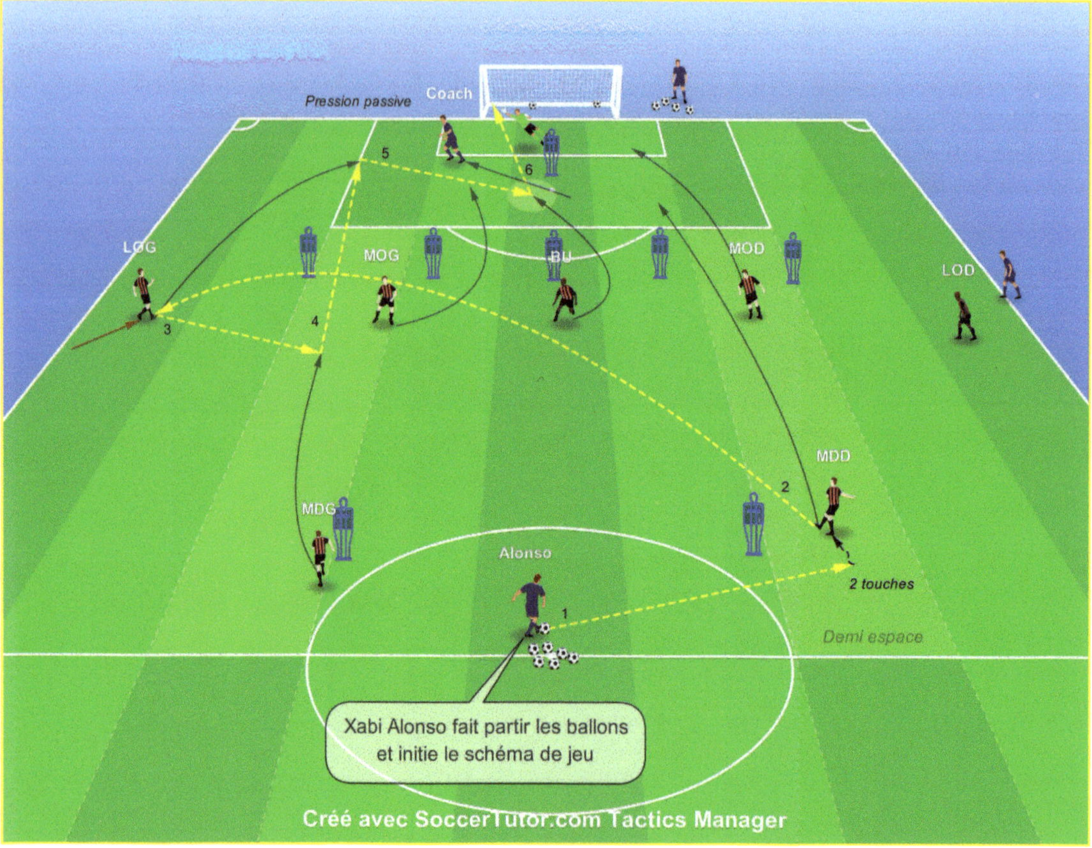

Description de l'Exercice

1. **Xabi Alonso** passe au milieu défensif droit (**MDD**) sur la droite du mannequin dans le demi espace.

2. **MDD** fait un renversement aérien sur le latéral offensif gauche (**LOG**), alors que le milieu défensif gauche (**MDG**) fait une course vers l'avant.

3-4. **LOG** joue un passe & va avec **MDG** pour recevoir derrière la défense.

5-6. Le Coach presse passivement et **LOG** centre en retrait dans la course du buteur (**BU**) pour marquer.

→ Les 2 milieux offensifs (**MOG** & **MOD**) font également des courses dans la surface pour soutenir l'attaque.

Source: Séance de Xabi Alonso, Aviva Stadium, Dublin (Finale de l'UEFA Europa League) - 21 mai 2024

Exercices de Xabi Alonso : Schémas de Jeu Offensif en Positions

2. Passe Diagonale pour le Milieu Offensif, Passe & Va avec Buteur qui Reçoit dans la Surface et Tire

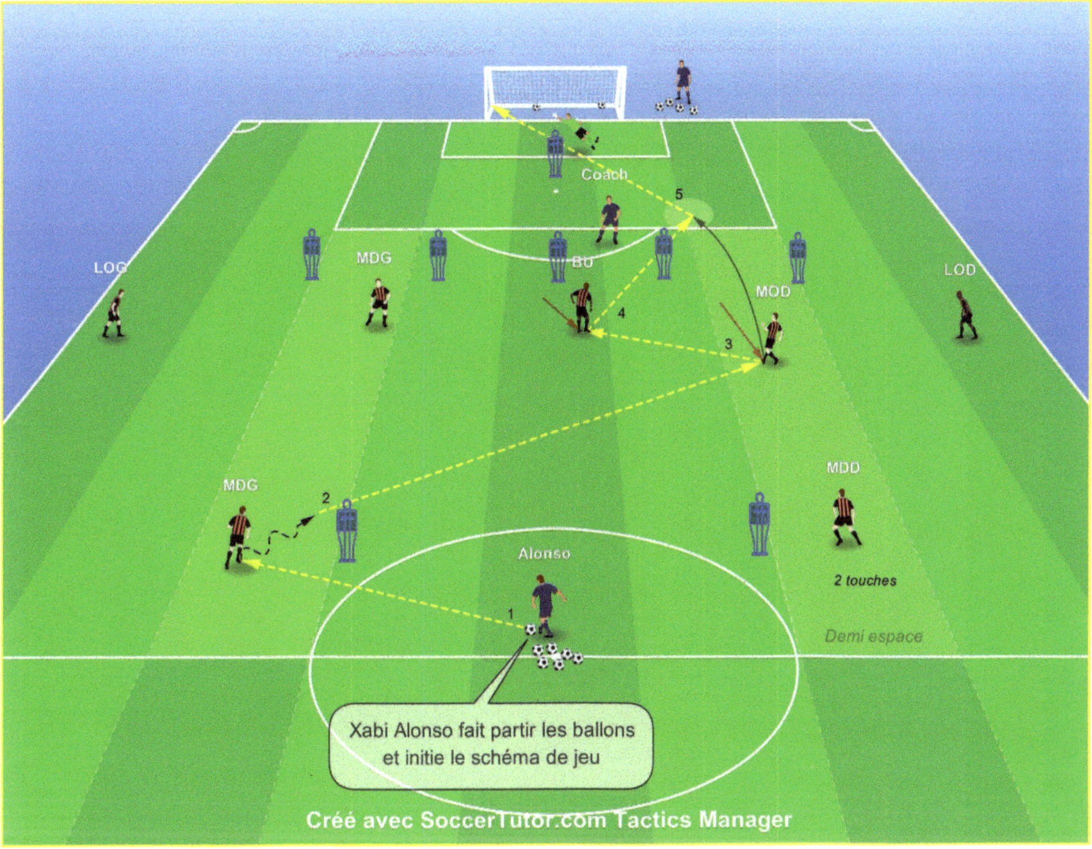

Description de l'Exercice

1. **Xabi Alonso** passe au milieu défensif gauche (**MDG**) sur la gauche du mannequin dans le demi espace.

2. **MDG** passe diagonalement au milieu offensif droit (**MOD**), qui décroche pour recevoir à l'intérieur du demi espace.

3-4. **MOD** joue un passe & va avec le buteur (**BU**), qui décroche pour faire une passe en profondeur derrière la défense.

5. **MOD** gère le timing de sa course pour recevoir correctement la passe bien dosée et frapper en une touche.

Source: Séance de Xabi Alonso, Aviva Stadium, Dublin (Finale de l'UEFA Europa League) - 21 mai 2024

Exercices de Xabi Alonso : Schémas de Jeu Offensif en Positions

3. Passe Diagonale vers le Milieu Offensif, Buteur Décroche pour Recevoir et Tir de Loin

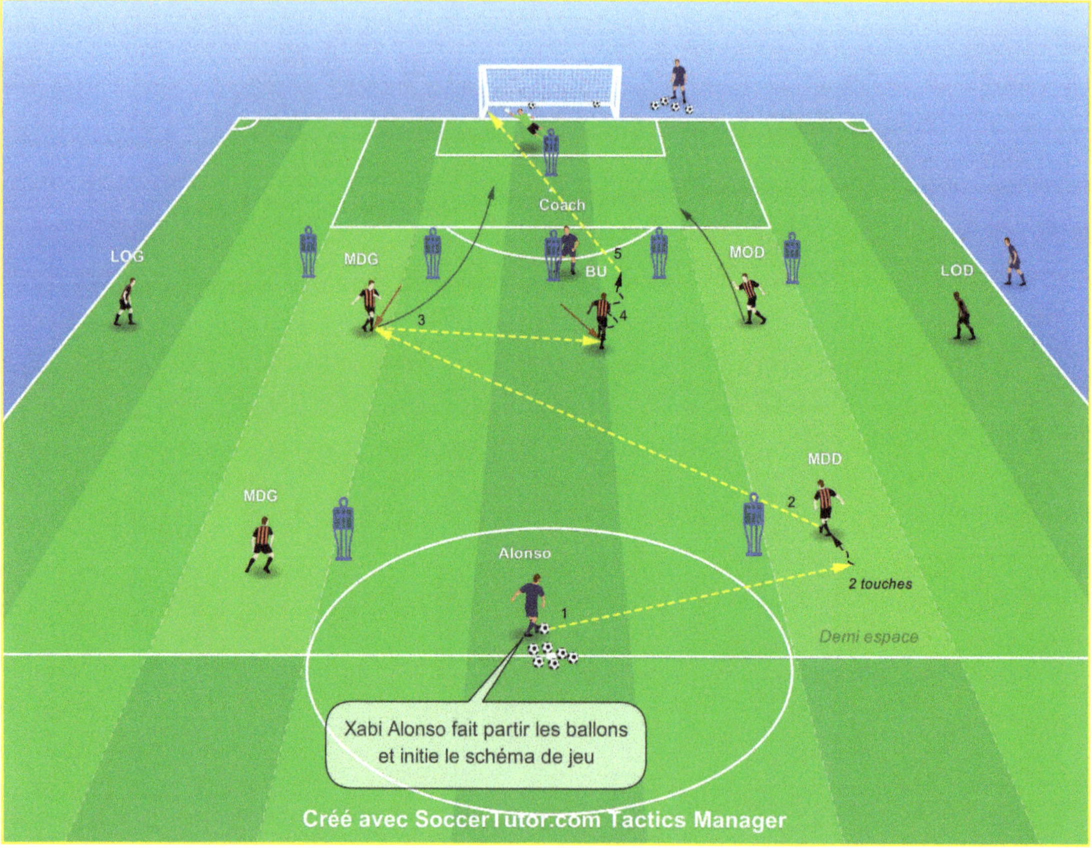

Description de l'Exercice

1. **Xabi Alonso** passe au milieu défensif droit (**MDD**) sur la droite du mannequin dans le demi espace.

2. **MDD** passe en diagonale au milieu offensif gauche (**MOG**), qui décroche pour recevoir dans le demi espace.

3. **MOG** passe à l'intérieur au buteur (**BU**), qui décroche aussi pour fournir du soutien.

4-5. **BU** avance avec le ballon et se crée un angle pour frapper depuis l'extérieur de la surface.

→ Les 2 milieux offensifs (**MOG** & **MOD**) font des courses dans la surface pour apporter un soutien et des options alternatives.

Source: Séance de Xabi Alonso, Aviva Stadium, Dublin (Finale de l'UEFA Europa League) - 21 mai 2024

Exercices de Xabi Alonso : Schémas de Jeu Offensif en Positions

4. Passe Verticale au Buteur dos au But, Remise, Course du 3e Homme et Tir de Loin

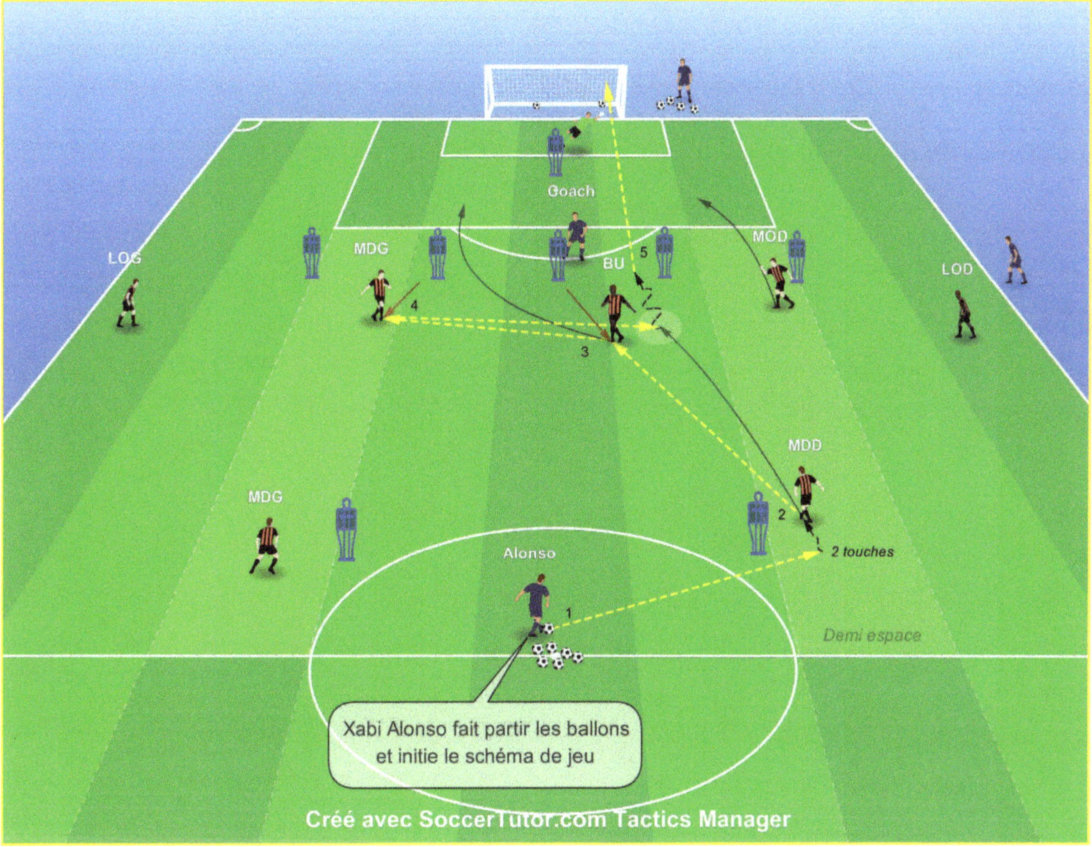

Description de l'Exercice

1. **Xabi Alonso** passe au milieu défensif droit (**MDD**) sur la droit du mannequin dans le demi espace.

2. **MDD** passe vers l'avant et suit sa passe. Le buteur (**BU**) décroche pour recevoir.

3. **BU** passe sur le côté au milieu offensif gauche (**MOG**), qui a aussi décroché pour recevoir.

4. **MOG** passe latéralement, dans le bon timing pour la course de **MDD**.

5. **MDD** avance avec le ballon entre les 2 mannequins et frappe depuis l'extérieur de la surface.

→ **BU** et **MOD** font des courses dans la surface pour apporter un soutien et des options alternatives.

Source: Séance de Xabi Alonso, Aviva Stadium, Dublin (Finale de l'UEFA Europa League) - 21 mai 2024

Exercices de Xabi Alonso : Schémas de Jeu Offensif en Positions

5. Passe en Profondeur du Milieu Défensif pour la Course du Buteur dans la Surface

Xabi Alonso fait partir les ballons et initie le schéma de jeu

Description de l'Exercice

1. **Xabi Alonso** avance avec le ballon.

2. **Alonso** passe en retrait pour le milieu défensif gauche (**MDG**), qui s'est d'abord démarqué du mannequin avant d'avancer et de se positionner en angle pour recevoir. Au même moment, le milieu offensif gauche (**MOG**) et le buteur (**BU**) se démarquent des mannequins, prêts à faire une course dans la profondeur derrière la défense.

3. **MDG** joue une longue passe (au sol) en profondeur dans la cours de **BU**.

4. **BU** reçoit dans la surface, avance le but avec le ballon, et essaye de marquer face au gardien.

Source: Séance de Xabi Alonso, Aviva Stadium, Dublin (Finale de l'UEFA Europa League) - 21 mai 2024

©SOCCERTUTOR.COM   XABI ALONSO : EXERCICES TIRÉS DE SÉANCES

Schémas de Jeu Offensif en Positions + Finition avec 2e Ballons

Directement Tirés des Séances de Xabi Alonso

Exercices de Xabi Alonso : Schémas Offensifs + Finition avec 2e Ballons

Schémas de Positionnement de Xabi Alonso + Préparation à la Finition avec 2e Ballon

- Ce diagramme montre la **mise en place de Xabi Alonso** pour pratiquer **les schémas de jeu offensif + finition avec 2e ballon avec le Bayer Leverkusen** en utilisant 7 joueurs.

- Il y a les 2 défenseurs centraux (**DCG** & **DCD**), 1 milieu défensif (**MD**), 2 latéraux (**LOG** & **LOD**), 1 milieu offensif (**MO**) et le buteur (**BU**). Il y a un **DC**, **MD** et **MO** manquant dans la configuration en 3-2-5 utilisée pour construire *(voir pages 60-62 pour details)*.

- Il y a 7 mannequins bleus qui aident les joueurs avec le positionnement probable de l'adverse au milieu et en défense.

- **Alonso** joue un 1er ballon. Le 2e ballon (finition) peut être fourni par un des 3 coachs surlignés en rouge.

- *Note: Il y avait parfois des joueurs en plus à certains postes (attendant leur tour), mais ils ne sont pas représentés dans ce diagramme ni dans ceux qui suivent.*

Source: Séance de Xabi Alonso, Aviva Stadium, Dublin (Finale de l'UEFA Europa League) - 21 mai 2024

Exercices de Xabi Alonso : Schémas Offensifs + Finition avec 2e Ballons

1. Combinaison de Renversement, Passe en Profondeur pour Centre en Retrait + Finition avec Course sur 2e Ballon

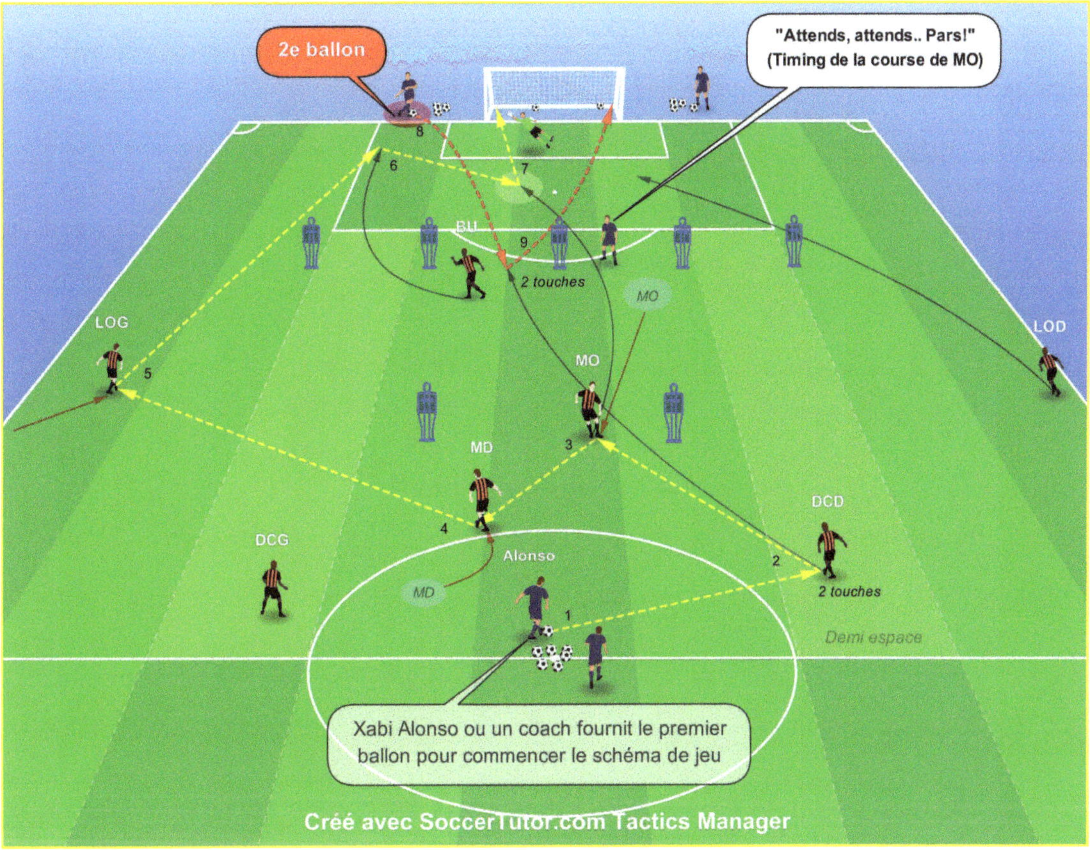

Les cerlces bleus montrent les positions de départ.

Description de l'Exercice

1-3. **Xabi Alonso** passe au défenseur central (**DCD**) dans le demo espace. Il reçoit et passe au milieu offensif (**MO**), qui décroche entre 2 mannequins et remet le ballon au milieu défensif (**MD**).

4-5. **MD** complète le renversement de jeu avec une passe au latéral gauche (**LOG**), qui fait une passe vers l'avant dans la course courbée du buteur (**BU**) en profondeur.

6-7. **BU** centre en retrait pour la course de **MO** qui marque. Le latéral droit (**LOD**) fait aussi une course dans la surface.

2e Ballon (8-9). Le coach proche du but passe un nouveau ballon dans la course de **DCD** qui arrive lancé, contrôle, puis frappe au but depuis l'extérieur de la surface.

Source: Séance de Xabi Alonso, Aviva Stadium, Dublin (Finale de l'UEFA Europa League) - 21 mai 2024

Exercices de Xabi Alonso : Schémas Offensifs + Finition avec 2e Ballons

2. Combinaison de Renversement, Passe & Va en Profondeur pour Finition sur Centre en Retrait + Tir sur 2e Ballon

Les cerlces bleus montrent les positions de départ.

Description de l'Exercice

1-3. **Xabi Alonso** passe au défenseur central (**DCD**) dans le demo espace. Il reçoit et passe au milieu offensif (**MO**), qui décroche entre 2 mannequins et remet le ballon au milieu défensif (**MD**).

4-6. **MD** complète le renversement de jeu avec une passe au latéral gauche (**LOG**), qui joue un passe & va avec le buteur (**BU**) pour recevoir en profondeur.

7-8. **LOG** centre à terre dans la course de **MO** pour marquer (le coach défend passivement). Le latéral droit (**LOD**) fait aussi une course dans la surface.

2e Ballon (9-11). L'entraîneur sur la ligne médiane passe un nouveau ballon à **BU**, qui contrôle, avance avec le ballon, puis tire de l'extérieur de la surface.

Source: Séance de Xabi Alonso, Aviva Stadium, Dublin (Finale de l'UEFA Europa League) - 21 mai 2024

Exercices de Xabi Alonso : Schémas Offensifs + Finition avec 2e Ballons

3. Long Renversement, Passe & Va en Profondeur pour Finition sur Centre en Retrait + Tir de Loin sur 2e Ballon

Les cerlces bleus montrent les positions de départ.

Description de l'Exercice

1-4. **Xabi Alonso** passes au défenseur central (**DCD**) dans le demi espace. Il joue un une-deux avec le latéral droit (**LOD**), puis joue un long renversement de jeu vers le latéral gauche (**LOG**).

5-6. **LOG** joue un passe & va avec le buteur (**BU**), qui se déplace pour soutenir, pour recevoir en profondeur.

7-8. **LOG** centre en retrait pour le milieu offensif (**MO**), qui fait une course courbée vers le premier poteau. Le coach défend passivement. **LOD** fait aussi une course dans la surface.

2e Ballon (9-11). L'entraîneur sur la ligne médiane passe un nouveau ballon à **BU**, qui contrôle, avance avec le ballon, puis frappe de l'extérieur de la surface.

Source: Séance de Xabi Alonso, Aviva Stadium, Dublin (Finale de l'UEFA Europa League) - 21 mai 2024

Exercices de Xabi Alonso : Schémas Offensifs + Finition avec 2e Ballons

4. Long Renversement Aérien, Passe en Profondeur, Finition sur Centre en Retrait + Tir de Loin sur 2e Ballon

Les cerlces bleus montrent les positions de départ.

Description de l'Exercice

1-4. **Xabi Alonso** passe au défenseur central (**DCD**) dans le demi espace. Il joue un une-deux avec le latéral droit (**LOD**), puis fait un long renversement aérien vers le latéral gauche (**LOG**).

5. **LOG** joue en profondeur en une touche pour la courbe courbée du milieu offensif (**MO**) dans la surface.

6-7. **MO** centre en retrait pour le buteur (**BU**), qui fait une course vers le point de penalty pour marquer. Le coach défend passivement. **LOD** fait aussi une course dans la surface.

2e Ballon (8-10). Le caoch sur la ligne médiane passe un nouveau ballon à **LOD**, qui recule, reçoit, avance avec le ballon vers la surface et tire au but.

Source: Séance de Xabi Alonso, Aviva Stadium, Dublin (Finale de l'UEFA Europa League) - 21 mai 2024

Attaque et Finition

Directement Tirés des Séances de Xabi Alonso

Exercices de Xabi Alonso : Attaque et Finition

1. Longue Transversale vers Joueur Excentré et Centre pour Finir dans la Surface contre un Défenseur + GB

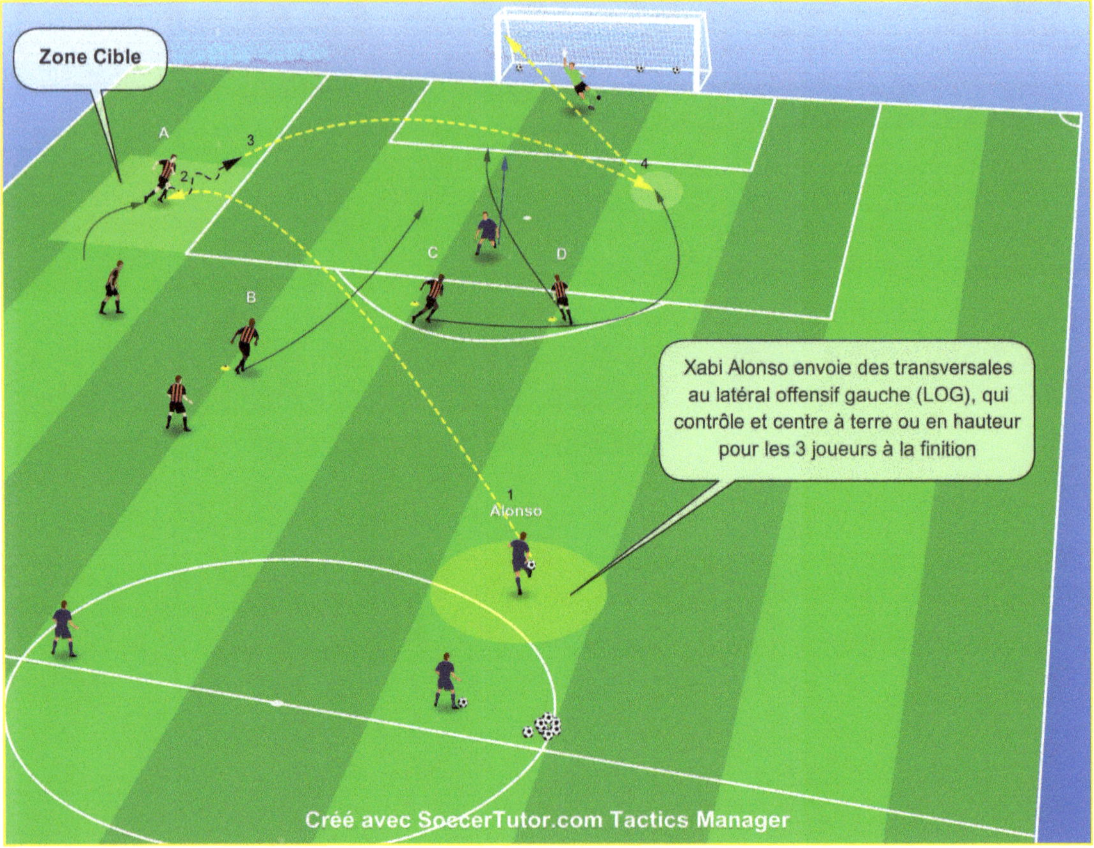

Zone Cible

Xabi Alonso envoie des transversales au latéral offensif gauche (LOG), qui contrôle et centre à terre ou en hauteur pour les 3 joueurs à la finition

Description de l'Exercice

- **Xabi Alonso** se met en position reculée comme indiqué, et un autre entraîneur lui donne des ballons. Il envoie des transversales au joueur de champ (**joueur A**) qui atterrissent toutes dans la zone cible en surbrillance.

- Le **joueur A** gère sa course vers l'avant pour contrôler la passe dans la zone cible, puis centre dans la surface où un coach oppose une résistance passive.

- 3 joueurs font des courses variées dans la surface pour essayer de marquer. Dans cet exemple, le **joueur B** court vers le premier poteau, le **joueur D** court vers la ligne des 6 mètres et le **joueur C** fait une course incurvée vers le second poteau.

- Pendant l'entraînement, les courses varient et les joueurs délivrent des centres au sol et aériens.

- L'exercice peut être répété sur le côté droit.

Source: Séance de Xabi Alonso au Bayer Leverkusen au terrain d'entraînement du Bayer 04 Leverkusen - 2024

Exercices de Xabi Alonso : Attaque et Finition

2. Compétition de Buts par Equipe Centrer et Finir avec Différents Types de Centres

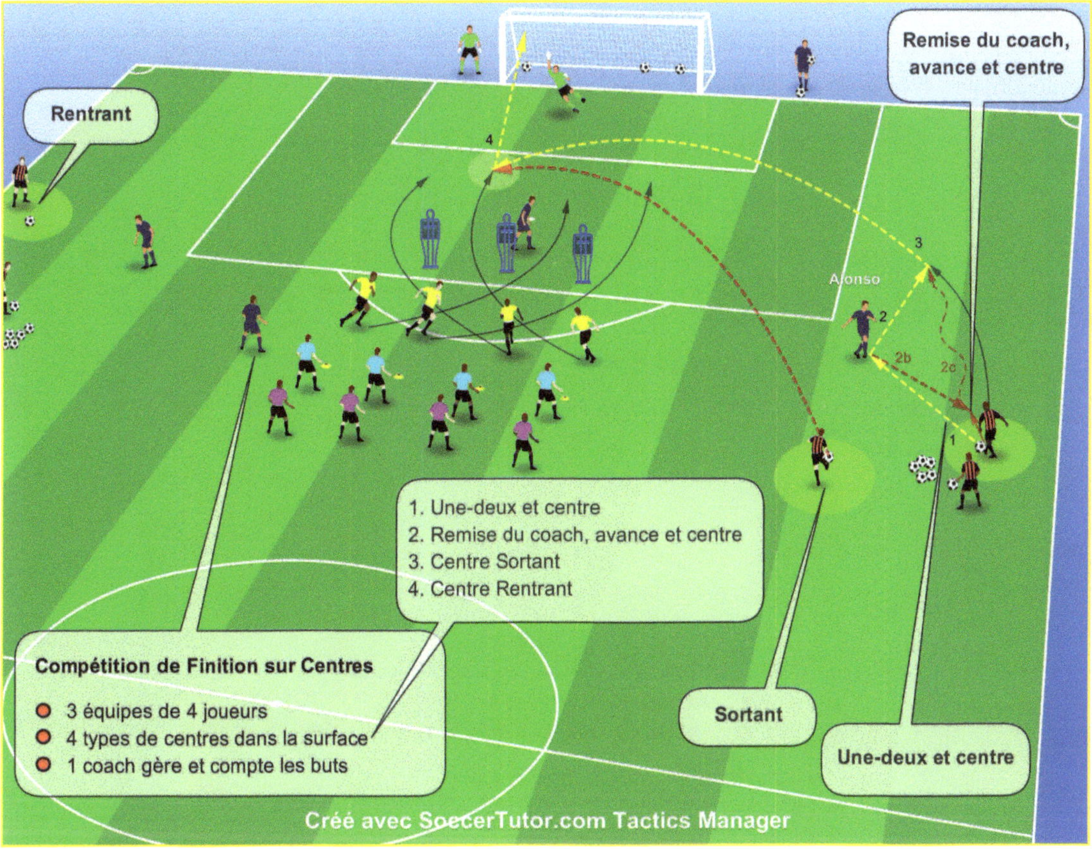

Description de l'Exercice

- Il y a 3 équipes (jaune, bleu et rose) pour cette compétition de finition.
- Le type de centre est alterné par les joueurs de l'équipe rouge sur le côté :

  1) Une-deux avec le coach et centre.

  2) Remise du coach, avance, et centre.

  3) Centre sortant de loin

  4) Centre rentrant depuis position haute.

- Chaque équipe se relaie pour faire des courses dans la surface et essayer de marquer à partir du centre délivré.
- Comme le montre l'exemple de diagramme, les joueurs doivent se coordonner pour faire des courses dans différentes zones de la surface.
- L'un des entraîneurs gère le score et compte le nombre de buts tout au long du jeu pour déterminer quelle équipe est la gagnante.

Source: Séance de Xabi Alonso au Bayer Leverkusen au terrain d'entraînement du Bayer 04 Leverkusen - 2024

Exercices de Xabi Alonso : Attaque et Finition

3. Construction, Combinaison Offensive sur le Côté, Centre et Finition + Jeu de Transition sur 2e Ballon

Les cercles bleus sont les positions de départ.

Description de l'Exercice

1. **Xabi Alonso** initie l'exercice en passant au défenseur central droit (**DCD**).

→ Le ballon avance jusqu'au latéral gauche (**LOG**), qui joue un passe & va avec le milieu offensif (**MO**) qui reçoit en profondeur.

→ **LOG** centre à terre dans la surface pour un joueur jaune pour marquer.

2. Les 3 attaquants jaunes font des courses dans la surface pour essayer de marquer (premier poteau, milieu, second poteau). Les 3 défenseurs bleus suivent les courses et protègent le but.

2e Ballon (3). Le coach dans la surface lance un ballon pour qu'un joueur bleu démarre une transition de la défense vers l'attaque (3v3) vers le but opposé.

→ Une fois finie, **Alonso** recommence et la combinaison est sur le côté droit.

Source: Séance de pré-saison de Xabi Alonso avec le Bayer Leverkusen à Donaueschingen, Allemagne - 29 juillet 2024

Jeux d'Entrainement

Directement Tirés des Séances de Xabi Alonso

Apprendre des Expériences

"Chaque match, chaque séance d'entraînement est une expérience d'apprentissage. Les meilleurs entraîneurs n'arrêtent jamais d'apprendre et cherchent constamment des moyens de s'améliorer, eux-mêmes et leur équipe."

Xabi Alonso

Exercices de Xabi Alonso : Jeux d'Entrainement

1. Jeu Réduit à 4v4 (+2 GB) "Vainqueur Reste"

Description de l'Exercice

- Dans la zone affichée, un jeu réduit classique à 4v4 (+2 GB) est joué. Le jeu commence avec un GB qui joue court.
- L'accent est mis sur **le jeu à haute intensité et à haute vitesse (tempo)** pour essayer et marquer aussi vite que possible.
- Dans cet exemple, les rouges débutent. S'ils marquent, ils restent et les bleus échangent avec les jaunes qui rentrent.
- Le jeu repart du GB de l'équipe jaune.
- Si une équipe récupère, ils essayent de marquer rapidement (tirs rapides).
- L'équipe qui a perdu le ballon réagit rapidement pour essayer de le récupérer le plus rapidement possible (transition rapide).
- Si le ballon sort, le GB de l'autre équipe relance avec un nouveau ballon.
- Les coaches comptent les scores.

Source: Séance de Xabi Alonso au Bayer Leverkusen au terrain d'entraînement du Bayer 04 Leverkusen - 2024

Exercices de Xabi Alonso : Jeux d'Entraînement

2. Jeu de Transition Construction contre Pressing Compact dans la Zone du Milieu 6v7 (+2 GB)

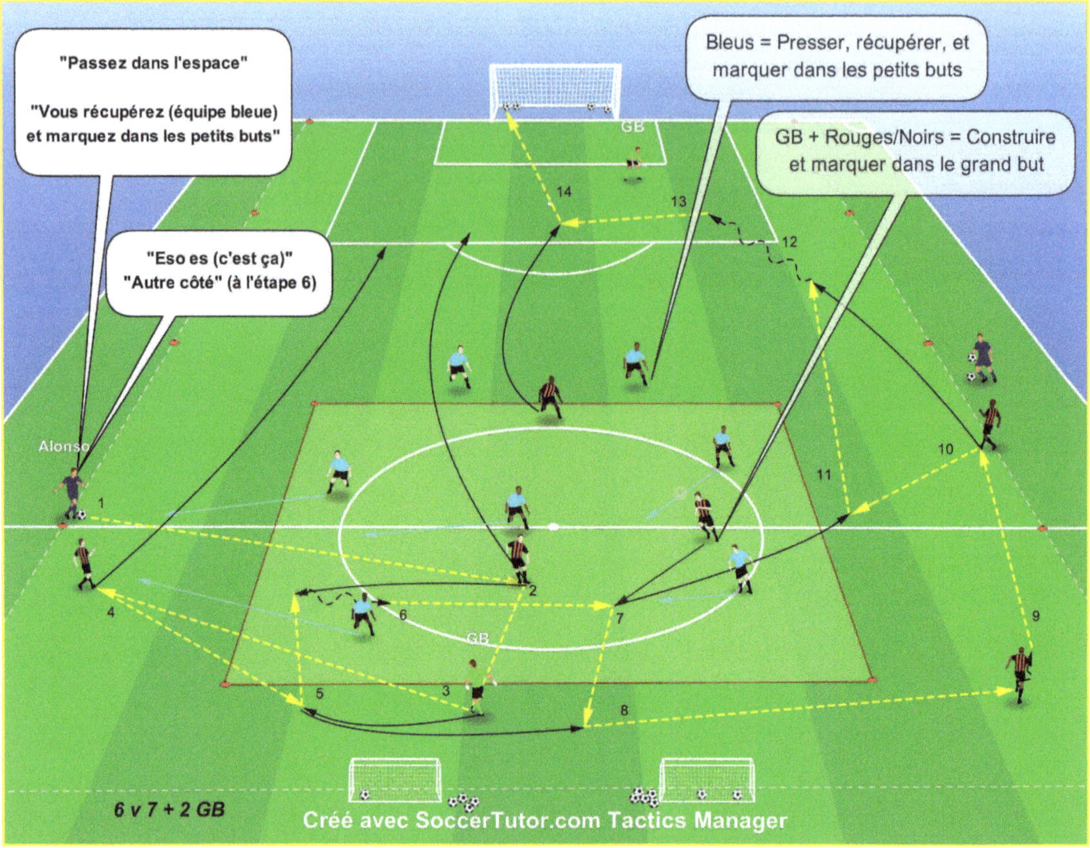

Description de l'Exercice

- Dans la zone représentée, il y a 6 rouges + GB contre 7 bleus + GB. **Alonso** passe un ballon pour débuter et les rouges construisent le jeu avec l'aide de leur GB. L'accent est mis **sur le déplacement du ballon d'un côté à l'autre pour maximiser l'espace, puis faire progresser le jeu**.

- Le schéma de passes pour construire dans le diagramme est celui observé pendant la séance de Xabi Alonso.

- Les bleus sont dans une organisation défensive centrale compacte mise en évidence par le carré dans le diagramme.

- Alors que les rouges visent à contourner la pression bleue et à marquer dans le grand but face au GB, les bleus cherchent à récupérer puis marquer dans les 2 petits buts.

- Une fois la phase complétée, **Alonso** passe un nouveau ballon et les deux équipes ont les mêmes objectifs.

Source: Séance de Xabi Alonso au terrain d'entraînement du Bayer 04 Leverkusen - 13 septembre 2024

Exercices de Xabi Alonso : Jeux d'Entraînement

3. Jeu Conditionné par des Zones, Combinaisons de la Défense à l'Attaque à 8v8 (+1) +2 GB

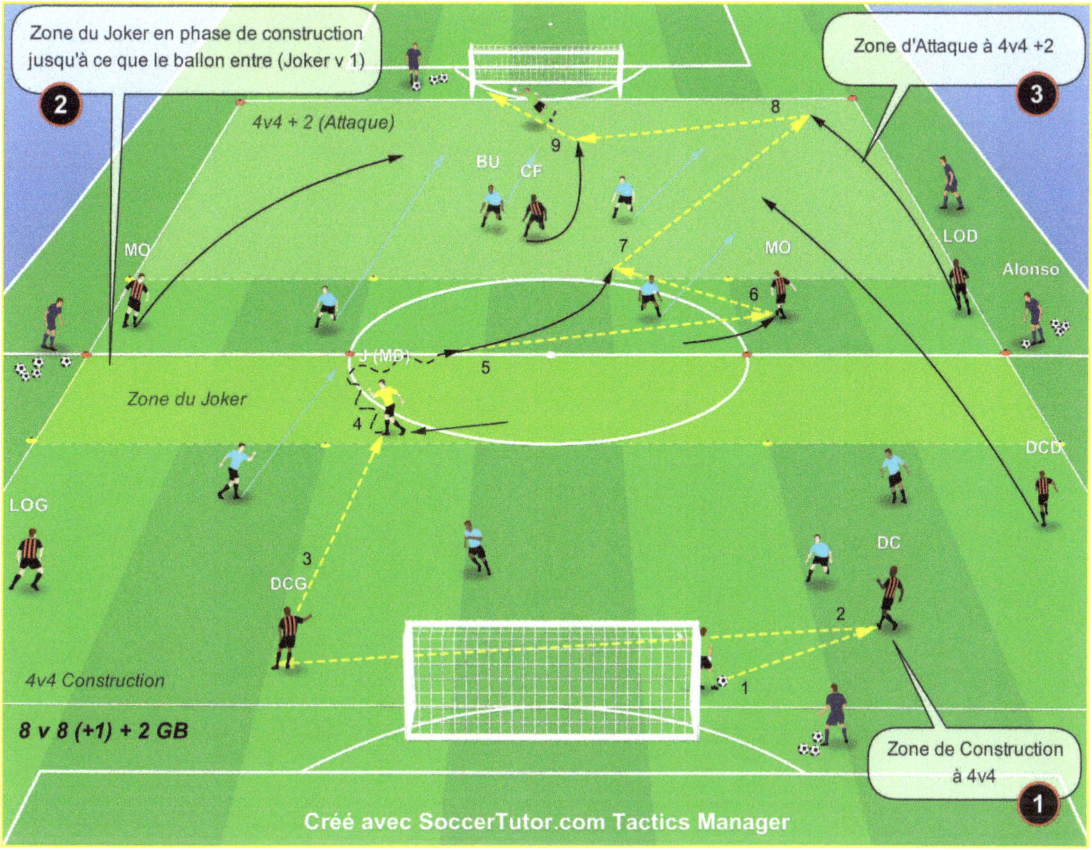

Description de l'Exercice

- Il y a 4 rouges et 4 bleus dans chaque moitié + 1 Joker jaune qui joue milieu défensif pour l'équipe en possession.
- Le GB relance et les rouges construisent dans un situation initiale à 4v4 (zone basse).
- Le but est de **jouer à travers la pression et de trouver le Joker (MD) dans la Zone du Joker**. Une fois fait, 1 joueur bleu peut revenir pour le presser.
- **J (MD)** initie l'attaque vs les 4 défenseurs bleus. Il y a 4 attaquants rouges + **J (MD)** + 1 joueur de plus (**DCD**) qui avance pour créer un attaque à 4v4 (+2).
- Si les bleus récupèrent ou le ballon sort du jeu, le GB bleu relance et les rôles des équipes sont inversés.

Jeu de Position

- Les 2 équipes utilisent le dispositif 4-2-4 *(voir pages 64-65)*.

Source: Séance de pré-saison de Xabi Alonso avec le Bayer Leverkusen à Donaueschingen, Allemagne - 29 juillet 2024

Exercices de Xabi Alonso : Jeux d'Entrainement

4. Jeu à 6 buts avec Règle du Hors Jeu, Construction et Jeu en Profondeur pour Marquer à 9v9 (+1)

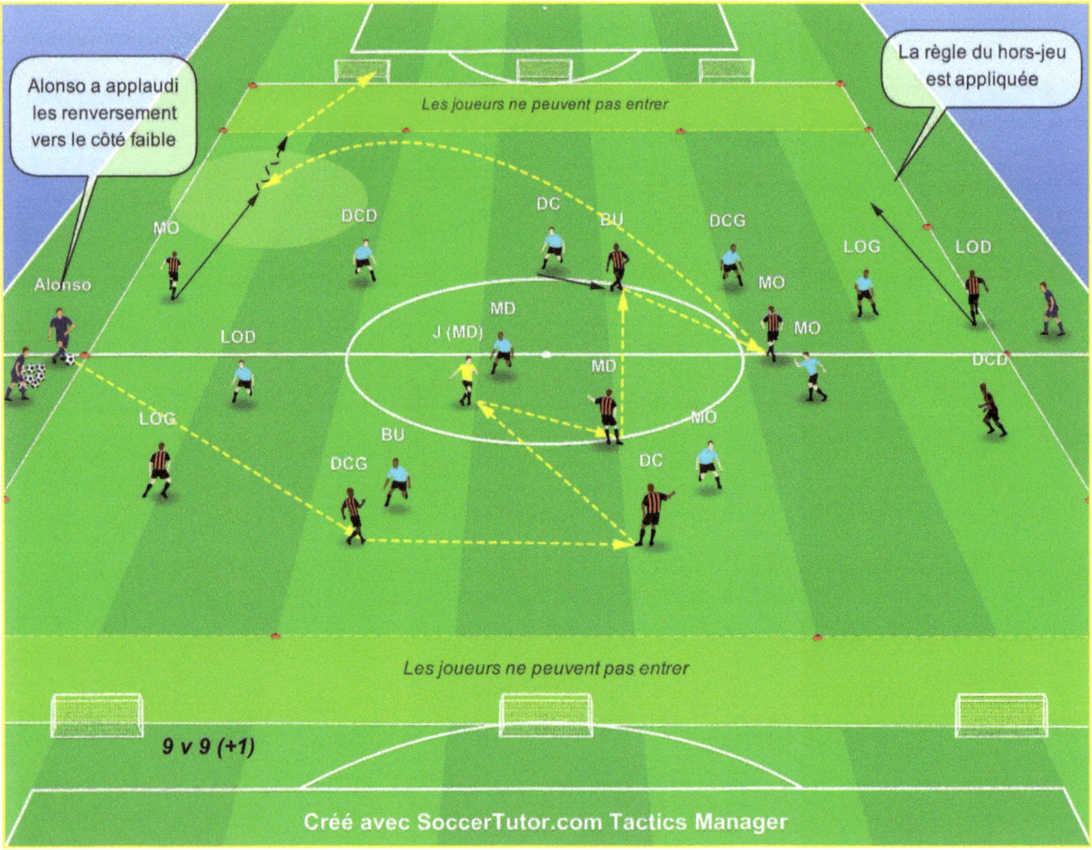

Description de l'Exercice

- Il y a 9 rouges vs 9 bleus + 1 Joker jaune qui joue milieu défensif pour l'équipe en possession.
- **Alonso** passe un ballon pour débuter construisent pour essayer de marquer.
- Le but est de **casser les lignes de pression et créer des espaces pour marquer** via des combinaisons rapides, une passe en profondeur, ou un renversement de jeu.
- L'accent est mis sur la gestion de la profondeur (règle du hors-jeu) et sur la finition avant les zones de fin qui ne peuvent pas être pénétrées.
- Si les bleus récupèrent, ils essaient de marquer. Si le ballon sort du jeu, Alonso joue immédiatement un nouveau ballon.

Jeu de Position

- Les deux équipes utilisent la formation en 3-4-2-1. En possession, ils jouent en 4-2-4 *(voir pages 64-65)*.

Source: Séance de Xabi Alonso au terrain d'entraînement du Bayer 04 Leverkusen - 2024

Exercices de Xabi Alonso : Jeux d'Entraînement

5. Jeu par Zones Combinaison de Jeu de la Défense à l'Attaque à 9v9 (+2 GB) + Transition avec 2e Ballon

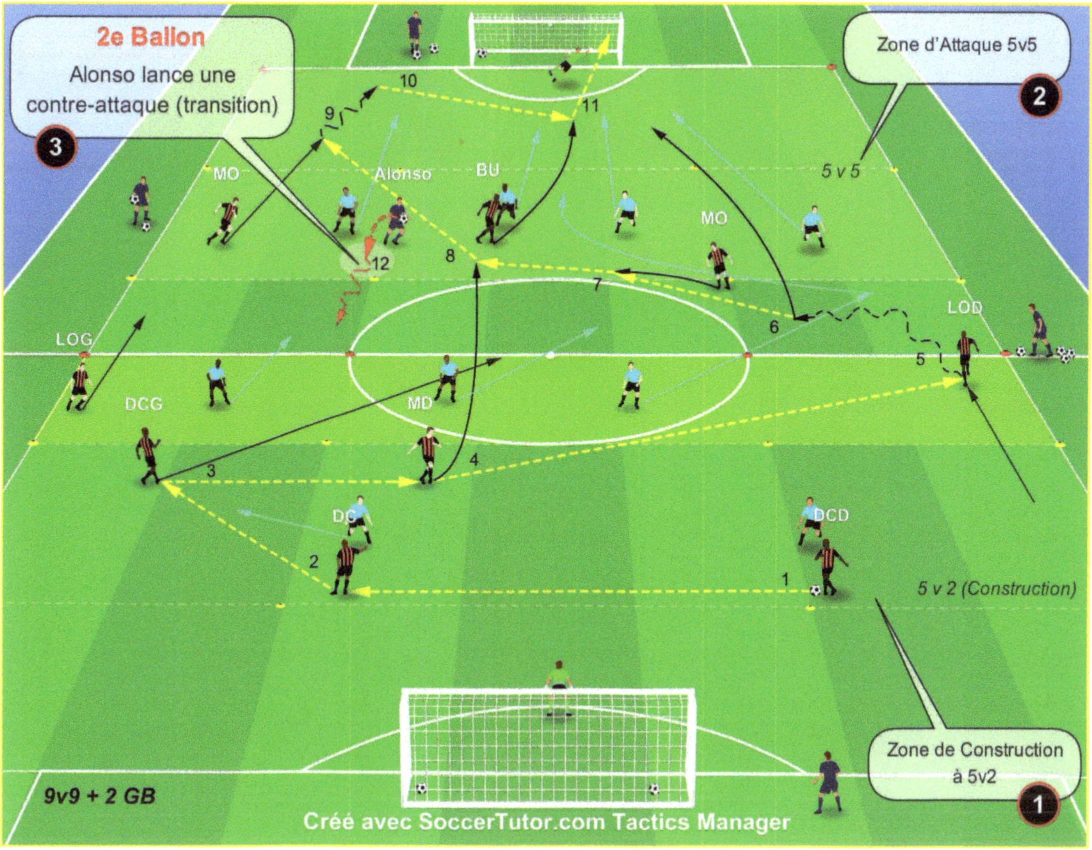

Description de l'Exercice

- Un latéral offensif (**LOD**) démarre bas, et l'autre est (**LOG**) dans la zone jaune.

- Depuis la **Zone de Construction à 5v2**, les rouges essayent de jouer à travers la pression de 2 attaquants bleus, éliminer les 3 milieux de terrain bleus, et marquer dans une attaque à 5v5.

- En construisant, les rouges doivent éviter les interceptions des 3 milieux bleus. Dans cet exemple, le **MD** passe sur le côté dans la course vers l'avant de **LOD**.

- De là, les rouges déplacent le ballon dans la zone d'attaque où se trouvent 3 attaquants rouges + 4 défenseurs bleus. 2 joueurs rouges (**LOD** & **MD**) + 1 milieu de terrain bleu s'y déplacent pour créer une situation de 5v5.

- Si les bleus récupèrent le ballon ou si le ballon sort du jeu, les équipes échangent les rôles.

Source: Séance de pré-saison de Xabi Alonso au Bayer Leverkusen à Donaueschingen, Allemagne - 29 juillet 2024

Exercices de Xabi Alonso : Jeux d'Entraînement

6. Jeu à 6 Buts Construire et Créer des Occasions de Marquer à 9v9 (+2) avec Conditions Variables

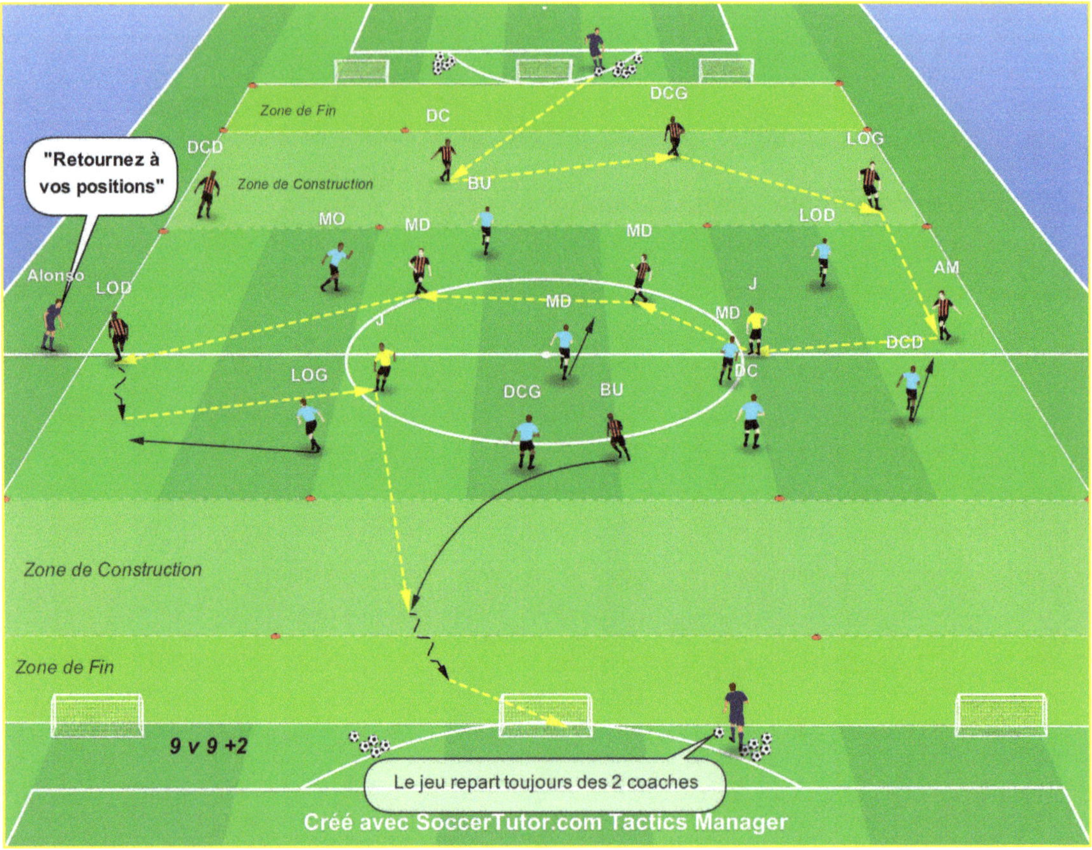

Description de l'Exercice

- Dans ce jeu à 9v9 (+2 Jokers), le but est de **casser les lignes de pression et créer des espaces pour marquer** avec des combinaisons efficaces. Les rouges débutent après la passe du coach.

- Les **zones ont des règles variables pour que les travailler différentes tactiques**.

- Au début, aucun joueur de l'équipe qui défend n'est autorisé à entrer dans la Zone de Construction. Plus tard, ils sont encouragés à y exercer un pressing haut.

- Au début, les joueurs doivent marquer depuis l'intérieur de la Zone de Fin. Plus tard, ils doivent marquer de l'extérieur.

- **Alonso ajuste le dispositif durant le jeu**, débutant en 4-2-3 tiré du 4-2-4 pour construire *(voir ce diagramme + pages 64-65)*. Il change également la taille de la Zone de Construction.

- Si les bleus récupèrent, ils essayent de marquer. Si le ballon sort, un coach en remet un en jeu immédiatement.

Source: Séance de Xabi Alonso au Bayer Leverkusen au terrain d'entraînement du Bayer 04 Leverkusen - 2023

Exercices de Xabi Alonso : Jeux d'Entrainement

7. Jeu pour Construire et Créer des Occasions de Marquer à 9v9 (+1) + 2 GB avec Conditions Variables

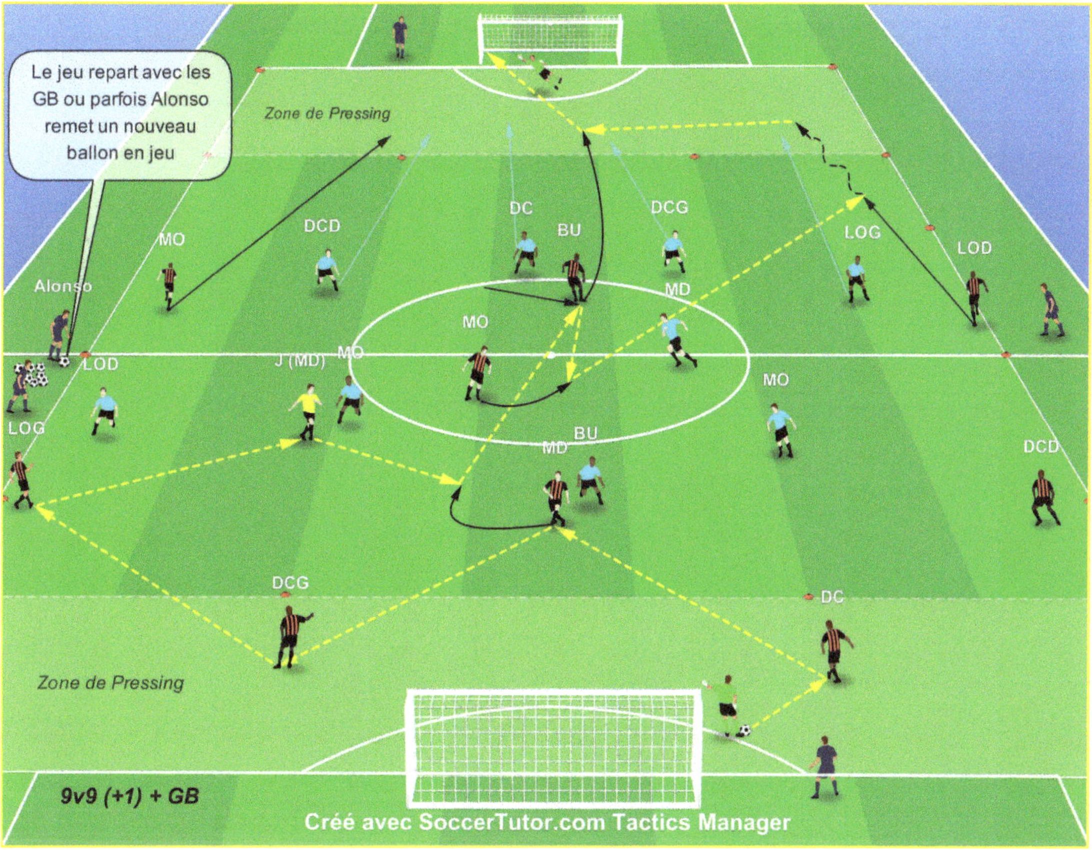

Description de l'Exercice

- Dans ce 9v9 + 1 Joker (+ 2 GB), le but est de **casser les lignes et créer des espaces pour marquer** avec des combinaisons efficaces. Le GB rouge commence en jouant court.
- Les **règles des Zones de Pressing sont modifiées pour que les joueurs pratiquent différentes situations de jeu**.
- Au début, aucun joueur de l'équipe en défense n'est en Zone de Pressing.
- Cela évolue tout au long de l'exercice avec 1 joueur autorisé à y presser, puis 2.
- Si les bleus récupèrent, ils tentent de marquer.
- Les relances se font du GB ou parfois depuis **Alonso** vers le GB.

Jeu de Position

- Les deux équipes jouent en 3-4-2-1. En possession, ils utilisent le 4-2-4 de construction **(voir pages 64-65)**.

Source: Séance de Xabi Alonso au Bayer Leverkusen au terrain d'entraînement du Bayer 04 Leverkusen - 2024

Coups de Pied Arrêtés Offensifs

Directement Tirés des Séances de Xabi Alonso

Exercices de Xabi Alonso: Coups de Pied Arrêtés Offensifs

1. Coordination du Timing et des Mouvements des Courses dans la Surface et Finition sur Corners Sortants

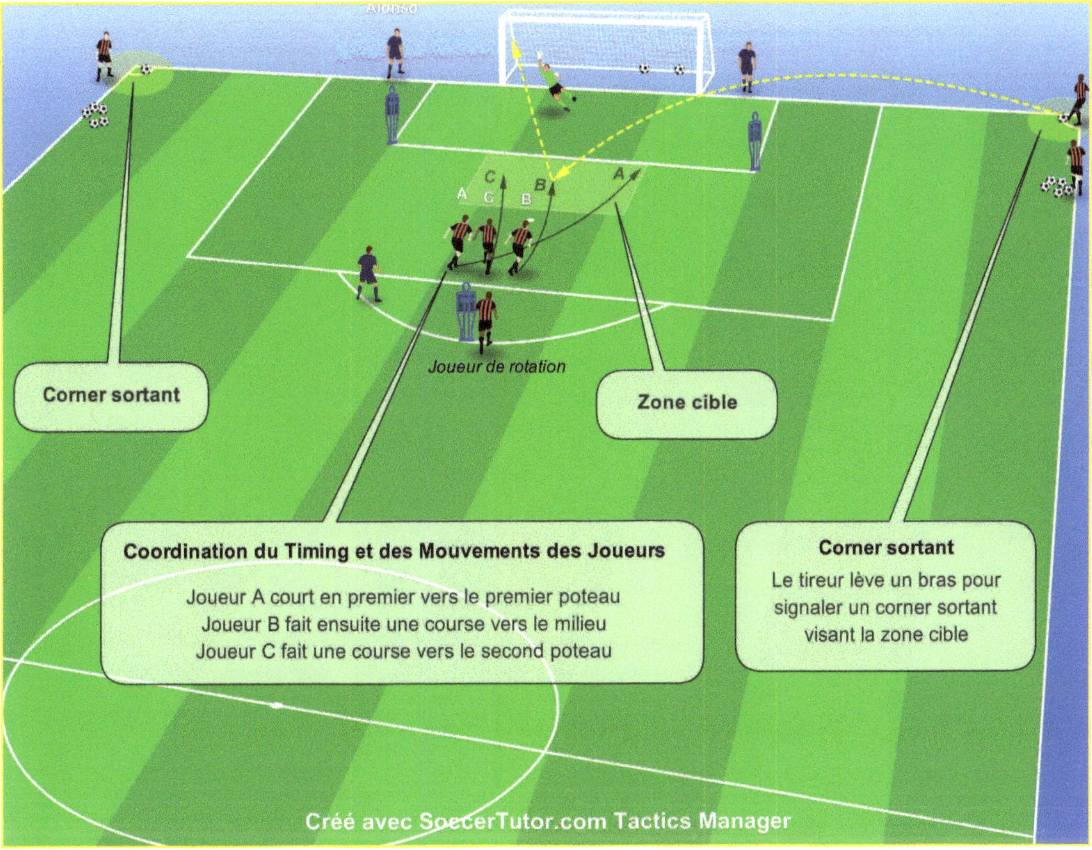

Corner sortant

Zone cible

Joueur de rotation

Coordination du Timing et des Mouvements des Joueurs

Joueur A court en premier vers le premier poteau
Joueur B fait ensuite une course vers le milieu
Joueur C fait une course vers le second poteau

Corner sortant

Le tireur lève un bras pour signaler un corner sortant visant la zone cible

Créé avec SoccerTutor.com Tactics Manager

Description de l'Exercice

- Il y a 3 joueurs frappant des corners.
- Il y a 4 joueurs à l'entrée de la surface, sur lesquels 3 participent à la fois, avec un joueur de rotation.
- Pour débuter, le tireur lève un bras pour signaler qu'il va frapper un corner sortant. La zone cible pour le tireur est surlignée.
- **Joueur A** fait sa course en premier, vers le premier poteau.
- **Joueur B** suit et fait sa course vers le milieu de la surface.
- **Joueur C** court vers le second poteau.
- Dans cet exemple, le corner centrant est frappé vers le milieu de la surface et c'est le **Joueur B** qui marque.
- L'exercice continue avec un corner de l'autre côté.

Source: Séance de Xabi Alonso au Bayer Leverkusen au terrain d'entraînement du Bayer 04 Leverkusen - 2024

Exercices de Xabi Alonso: Coups de Pied Arrêtés Offensifs

2. Coordination du Timing et des Mouvements des Courses dans la Surface et Finition sur Coups Francs Excentrés

Coup franc sortant

Zone cible

Joueur de rotation

Coordination du Timing et des Mouvements des Joueurs

Joueur A court en premier vers le premier poteau
Joueur B fait ensuite une course vers le milieu
Joueur C fait une course vers le second poteau

Coup Franc sortant

Le tireur lève un bras pour signaler un coup franc sortant visant la zone cible

Créé avec SoccerTutor.com Tactics Manager

Description de l'Exercice

- Il y a 3 joueurs qui centrent en frappant des coups francs excentrés.
- Il y a 4 joueurs à l'entrée de la surface, sur lesquels 3 participent à la fois, avec un joueur de rotation.
- Pour débuter, le tireur lève un bras pour signaler qu'il va frapper un coup franc sortant. La zone cible pour le tireur est surlignée.
- **Joueur A** fait sa course en premier, vers le premier poteau.
- **Joueur B** suit et fait sa course vers le milieu de la surface.
- **Joueur C** court vers le second poteau.
- Dans cet exemple, le centre sortant est frappé vers le premier poteau et **Joueur A** marque.
- L'exercice continue avec un coup franc de l'autre côté.

Source: Séance de Xabi Alonso au Bayer Leverkusen au terrain d'entraînement du Bayer 04 Leverkusen - 2024

Exercices de Xabi Alonso: Coups de Pied Arrêtés Offensifs

3. Coordination du Timing des Courses dans la Surface et Finition sur Coups Francs (au Niveau du Point de Penalty)

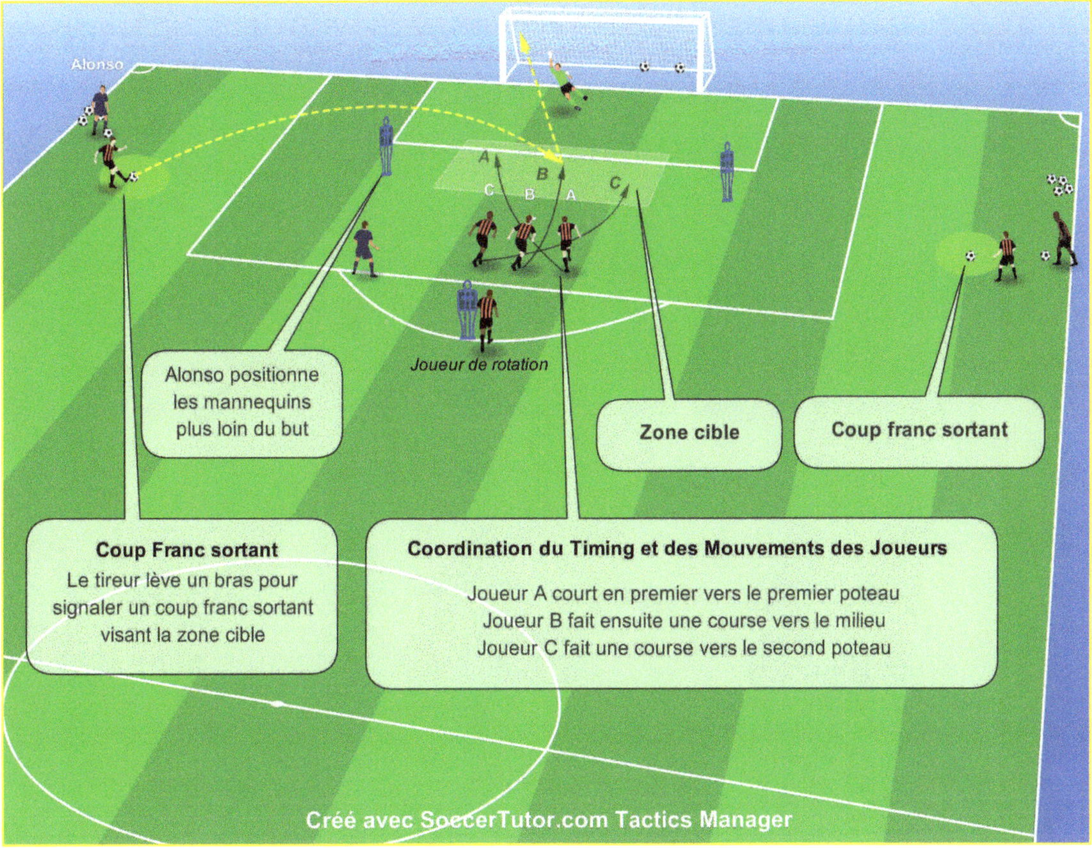

(Diagramme tactique)

- Alonso positionne les mannequins plus loin du but
- Joueur de rotation
- Zone cible
- Coup franc sortant

Coup Franc sortant
Le tireur lève un bras pour signaler un coup franc sortant visant la zone cible

Coordination du Timing et des Mouvements des Joueurs
Joueur A court en premier vers le premier poteau
Joueur B fait ensuite une course vers le milieu
Joueur C fait une course vers le second poteau

Description de l'Exercice

- Il y a 3 joueurs frappant des coups francs excentrés perpendiculairement au point de penalty. Il y a 4 joueurs à l'entrée de la surface, sur lesquels 3 participent à la fois, avec un joueur de rotation.
- Pour débuter, le tireur lève un bras pour signaler qu'il va frapper un coup franc sortant. La zone cible pour le tireur est surlignée.

- **Joueur A** fait sa course en premier, vers le premier poteau.
- **Joueur B** suit et fait sa course vers le milieu de la surface.
- **Joueur C** court vers le second poteau.
- Dans cet exemple, le centre sortant est frappé vers le point de penalty pour le **joueur B** qui marque.
- L'exercice continue avec un coup franc de l'autre côté.

Source: Séance de Xabi Alonso au Bayer Leverkusen au terrain d'entraînement du Bayer 04 Leverkusen - 2024

Exercices de Xabi Alonso: Coups de Pied Arrêtés Offensifs

4. Coordination du Timing des Courses dans la Surface et Finition sur Coups Francs (au Niveau de la Surface)

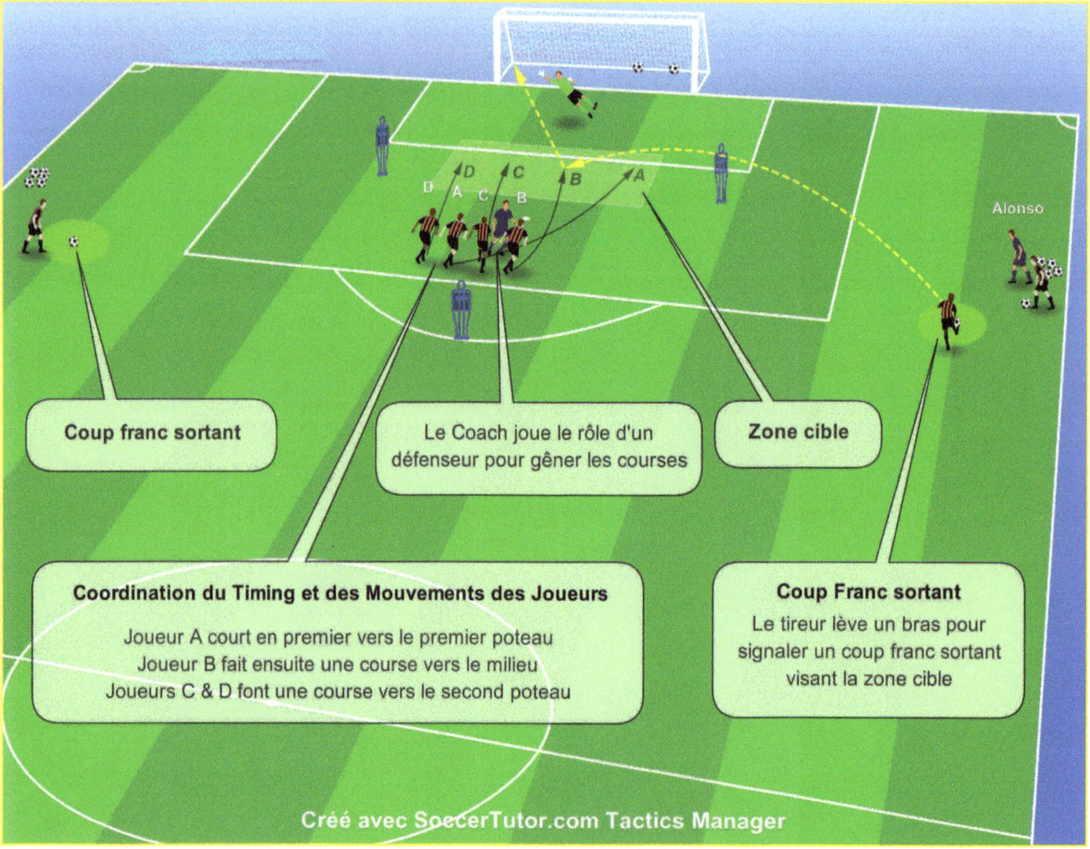

[Diagramme de l'exercice]

- Coup franc sortant
- Le Coach joue le rôle d'un défenseur pour gêner les courses
- Zone cible

Coordination du Timing et des Mouvements des Joueurs
Joueur A court en premier vers le premier poteau
Joueur B fait ensuite une course vers le milieu
Joueurs C & D font une course vers le second poteau

Coup Franc sortant
Le tireur lève un bras pour signaler un coup franc sortant visant la zone cible

Créé avec SoccerTutor.com Tactics Manager

Description de l'Exercice

- Il y a 3 joueurs frappant des coups francs excentrés perpendiculairement à l'entrée de la surface. Il y a 4 joueurs à l'entrée de la surface prêts à faire une course + 1 défenseur passif (un coach).

- Pour débuter, le tireur lève un bras pour signaler qu'il va frapper un coup franc sortant. La zone cible pour le tireur est surlignée.

- **Joueur A** fait sa course en premier, vers le premier poteau. **Joueur B** suit et fait sa course vers le milieu de la surface.

- **Joueurs C & D** vont vers le second poteau.

- Dans cet exemple, le centre sortant est frappé vers le point de penalty pour le **joueur B** qui marque.

- L'exercice continue avec un coup franc de l'autre côté.

Source: Séance de Xabi Alonso au Bayer Leverkusen au terrain d'entraînement du Bayer 04 Leverkusen - 2024

Exercices de Xabi Alonso: Coups de Pied Arrêtés Offensifs

5. Coordination du Timing et des Mouvements des Courses dans la Surface et Finition sur Coups Francs Rentrants

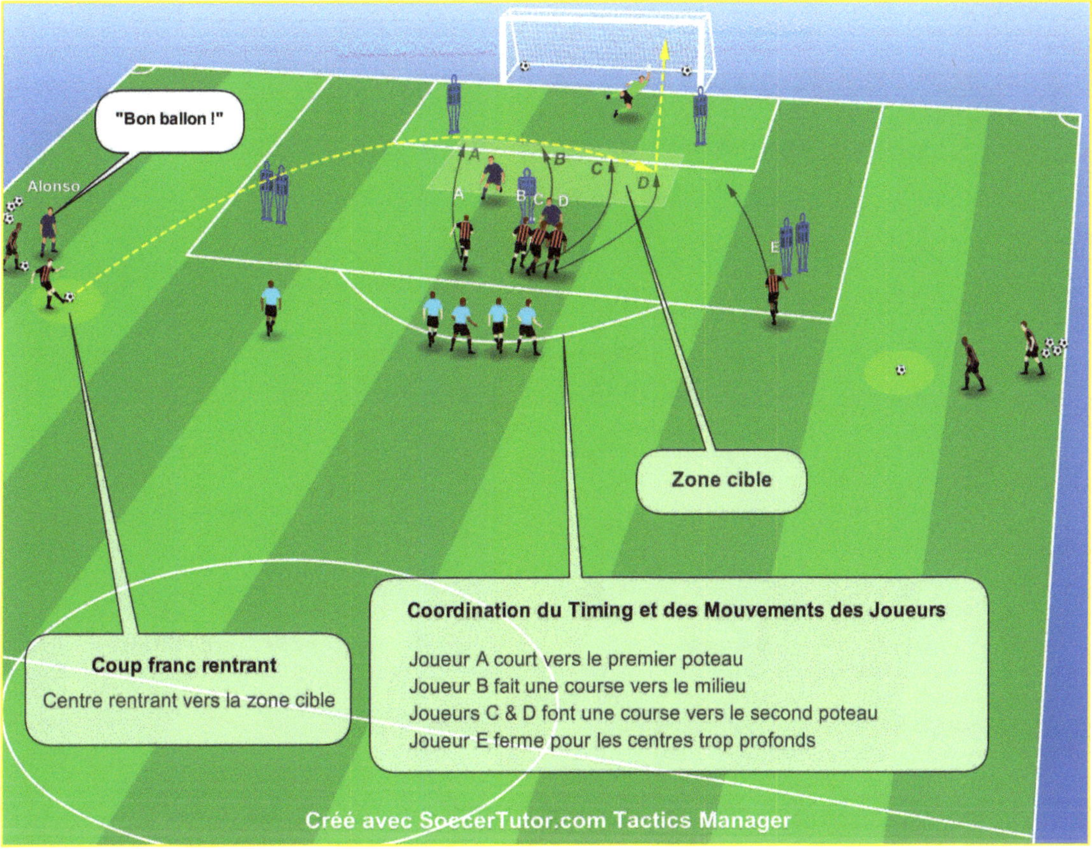

Coup franc rentrant
Centre rentrant vers la zone cible

Zone cible

Coordination du Timing et des Mouvements des Joueurs
Joueur A court vers le premier poteau
Joueur B fait une course vers le milieu
Joueurs C & D font une course vers le second poteau
Joueur E ferme pour les centres trop profonds

Créé avec SoccerTutor.com Tactics Manager

Description de l'Exercice

- Il y a 4 joueurs frappant des coups francs excentrés dans la position montrée. Ils frappent des centres rentrants et la zone cible est en surbrillance.
- Il y a 5 joueurs à l'entrée de la surface prêts à faire une course + 2 défenseurs passifs (coachs).
- **Joueur A** court vers le premier poteau.
- **Joueur B** court au centre de la surface.
- **Joueurs C & D** vont vers le second poteau.
- **Joueur E** ferme au second poteau pour tous les centres qui iraient au-delà.
- Dans cet exemple, le centre rentrant arrive sur **Joueur D** qui marque au second poteau.
- L'exercice continue avec un coup franc du côté droit et les joueurs bleus faisant des courses dans la surface.

Source: Séance de pré-saison de Xabi Alonso au Bayer Leverkusen à Donaueschingen, Allemagne - 29 juillet 2024

Exercices de Xabi Alonso: Coups de Pied Arrêtés Offensifs

6. Recevoir une Touche Sous Pression, se Retourner et Centrer + Timing et Sens des Courses dans la Surface et Finition

Coordination du Timing et des Mouvements des Joueurs

Joueur A court vers le premier poteau
Joueur B fait une course vers le milieu
Joueurs C & D font une course vers le second poteau
Joueur E couvre les centres trop profonds
Joueur F reste aux abords de la surface

Schéma de Touche Offensive

Le joueur qui reçoit tourne devant le coach (marquage de près) et centre dans la zone cible

Description de l'Exercice

- Il y a 3 joueurs rouges sur le côté vs 2 coachs incluant **Alonso**. Un joueur fait une touche vers un autre, qui se retourne sous pression passive et centre dans la zone cible en surbrillance.
- Il y a 6 joueurs prêts à faire des courses + 2 défenseurs passifs (coachs).
- **Joueur A** court vers le premier poteau.
- **Joueur B** court vers le centre de la surface.
- **Joueurs C & D** courrent vers le second poteau.
- **Joueur E** couvre le second poteau en cas de centre trop long.
- **Joueur F** reste à l'entrée de la surface.
- Dans cet exemple, le centre est pour **Joueur B** au centre de la surface.
- L'exercice continue avec la prochaine touhe depuis la gauche et les joueurs bleus qui centrent et finissent.

Source: Séance de pré-saison de Xabi Alonso au Bayer Leverkusen à Donaueschingen, Allemagne - 29 juillet 2024

Essai gratuit

Spécialiste de l'Entrainement de Football Depuis 2001

Tactics Manager
Créez vos propres Exercices, Tactiques et Séances !

Tactics Manager Appli

SoccerTutor.com

Spécialiste de l'Entrainement de Football Depuis 2001

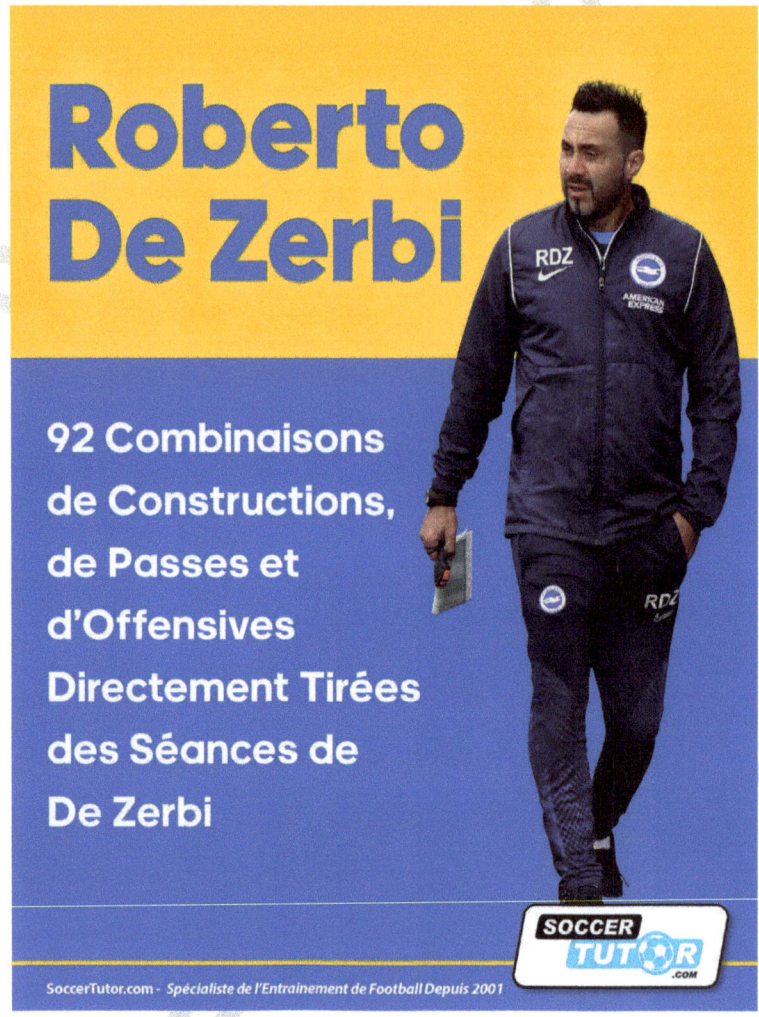

Livres de Coaching Disponibles Imprimés en Couleurs et eBooks !
PC | Mac | iPhone | iPad | Android | Chromebook

 **FREE** Coach Viewer **APP**

SoccerTutor.com

Spécialiste de l'Entrainement de Football Depuis 2001

Jürgen Klopp
102 Passing, Counter-pressing Possession Games, Speed & Warm-ups Direct from Klopp's Training Sessions

Vol. 1

Jürgen Klopp
80 Attacking Combinations, Finishing, Positional Patterns of Play, Transition & SSGs Direct from Klopp's Training Sessions

Vol. 2

Livres de Coaching Disponibles Imprimés en Couleurs et eBooks !

PC | Mac | iPhone | iPad | Android | Chromebook

 **FREE** Coach Viewer **APP**

SoccerTutor.com

Spécialiste de l'Entrainement de Football Depuis 2001

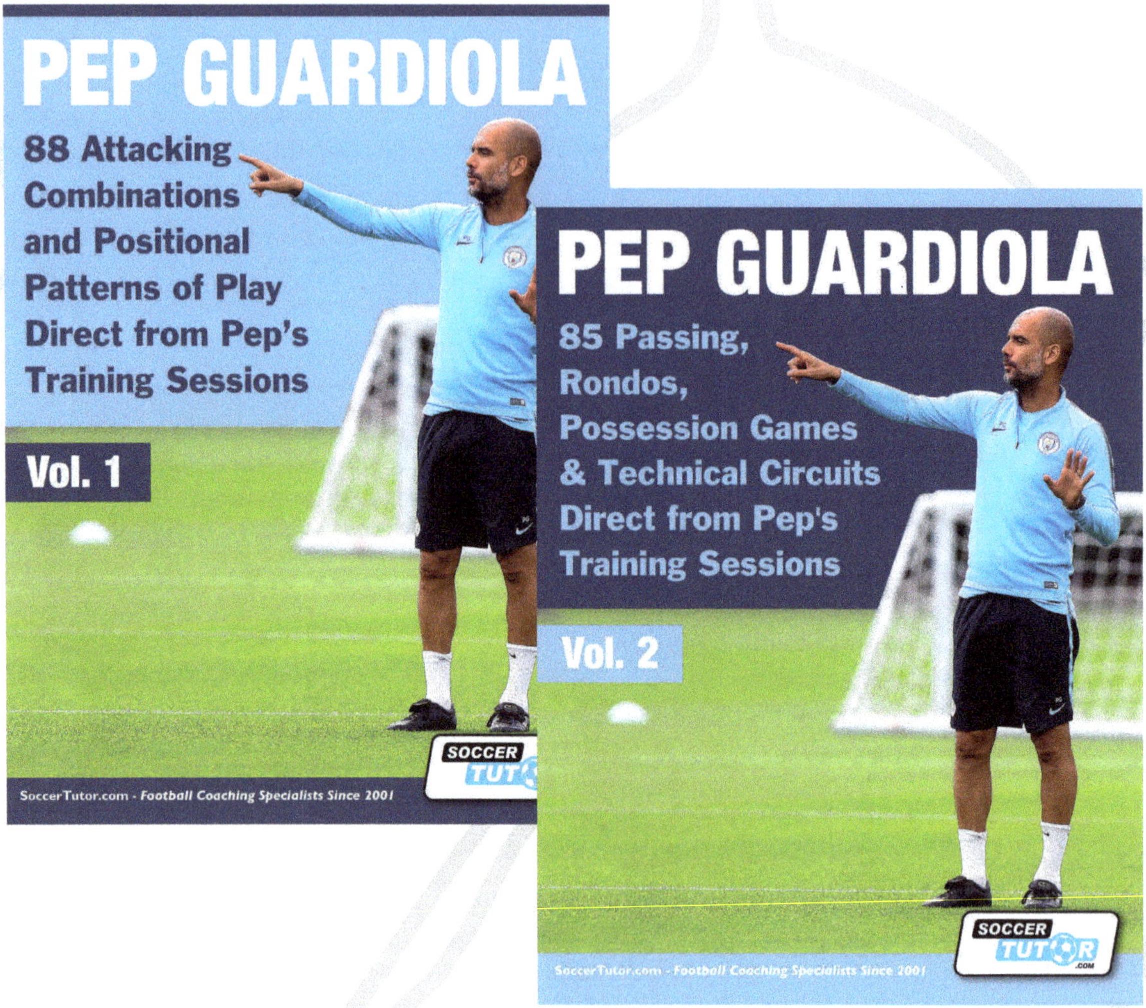

PEP GUARDIOLA
88 Attacking Combinations and Positional Patterns of Play Direct from Pep's Training Sessions

Vol. 1

PEP GUARDIOLA
85 Passing, Rondos, Possession Games & Technical Circuits Direct from Pep's Training Sessions

Vol. 2

Livres de Coaching Disponibles Imprimés en Couleurs et eBooks !
PC | Mac | iPhone | iPad | Android | Chromebook

 **FREE** Coach Viewer **APP**

SoccerTutor.com

Spécialiste de l'Entrainement de Football Depuis 2001

Livres de Coaching Disponibles Imprimés en Couleurs et eBooks !
PC | Mac | iPhone | iPad | Android | Chromebook

 **FREE** Coach Viewer **APP**

SoccerTutor.com

www.ingramcontent.com/pod-product-compliance
Lightning Source LLC
Chambersburg PA
CBHW061209230426
43665CB00028B/2956